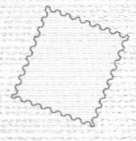

《走读泉州：宋元中国的世界海洋商贸中心》编委会

顾　问：刘群英　许维泽

主　任：刘宏伟

副主任：黄序和　沈耀钦　吴志雄

编　委：（按姓氏笔画为序）
　　　　刘宏伟　阮安徽　李妍菲　吴志雄
　　　　沈耀钦　宋文艳　宋晓文　林　坚
　　　　林高仑　易景东　岳晋闽　郑文礼
　　　　黄序和　蔡国烟

主　编：林　坚

审　读：蔡国烟　宋晓文

走读泉州

宋元中国的世界海洋商贸中心

林坚 ● 主编

厦门大学出版社
国家一级出版社
全国百佳图书出版单位

图书在版编目（CIP）数据

走读泉州：宋元中国的世界海洋商贸中心 / 林坚主编
. -- 厦门：厦门大学出版社，2023.4（2023.8重印）
ISBN 978-7-5615-8775-1

Ⅰ. ①走… Ⅱ. ①林… Ⅲ. ①海上运输-丝绸之路-泉州-宋元时期 Ⅳ. ①K295.73

中国版本图书馆CIP数据核字(2022)第189628号

出 版 人	郑文礼
选题策划	宋文艳
责任编辑	冀　钦
装帧设计	蒋卓群
技术编辑	许克华

出版发行	厦门大学出版社
社　　址	厦门市软件园二期望海路39号
邮政编码	361008
总　　机	0592-2181111　0592-2181406(传真)
营销中心	0592-2184458　0592-2181365
网　　址	http://www.xmupress.com
邮　　箱	xmup@xmupress.com
印　　刷	厦门集大印刷有限公司

开本	720 mm×1 020 mm　1/16
印张	21
插页	1
字数	366 千字
版次	2023 年 4 月第 1 版
印次	2023 年 8 月第 2 次印刷
定价	120.00 元

本书如有印装质量问题请直接寄承印厂调换

厦门大学出版社
微信二维码

厦门大学出版社
微博二维码

序诗

我的家乡在泉州

我的家乡在泉州

在世界遗产边上

那里有雄伟的开元寺东西塔

还有迷人的清源山老君像

我的家乡在泉州

在世界遗产边上

那里的洛阳桥安平桥举世闻名

那里的刺桐港是东方第一大港

泉州人与海相伴向海而生

北风下南洋南风就返航

到九日山祈风天后宫祈祷

再到南武当真武庙登高眺望

那里是海上丝绸之路的起点

是连接东西方文明的桥梁

        我的家乡在泉州

        在世界遗产边上

        那里有晋江磁灶和德化瓷窑

        还有安溪青阳古老的铁矿场

        我的家乡在泉州

        在世界遗产边上

那里有高高的六胜塔姑嫂塔
还有江口石湖如林的帆樯
泉州人与海相伴向海而生
冬季下南洋夏季就返航
到市舶司报关南外宗品茗
再到顺济桥德济门走走逛逛
那里是宋元世界海洋商贸中心
是泉州人扬帆远航的地方

我的家乡在泉州
在世界遗产边上
那里有冠甲东南的泉州府文庙
还有世界唯一的摩尼光佛造像
我的家乡在泉州
在世界遗产边上
那里的伊斯兰圣墓草木葱茏
那里的清净寺历经千年沧桑
泉州人与海相伴向海而生
青壮下南洋叶落要归航
那里有我的摇篮血迹
还有满街香料和茉莉的芬芳
那里是无数人向往的光明之城
是故乡游子魂牵梦绕的地方

目录

第一篇　涨海声中万国商——刺桐古港　——01
　　回望历史：辉煌与沧桑　——03
　　闽海扬波：三湾十二港　——14
　　海上丝路：艰辛与荣耀　——32

第二篇　扁舟帆影天际归——商贸往来　——45
　　九日山祈风石刻　——47
　　市舶司遗址　——58
　　德济门遗址　——71
　　天后宫　——81
　　真武庙　——91

第三篇　泉南佛国几千界——民间信仰　——101
　　开元寺　——103
　　清净寺　——114
　　老君岩造像　——129
　　草庵摩尼佛造像　——142
　　伊斯兰教圣墓　——153

I

第四篇　宋家南外刺桐新——文化史迹　——165
　　泉州府文庙　　　　　　　　　　　——167
　　南外宗正司遗址　　　　　　　　　——179

第五篇　每岁瓷铁通四海——生产基地　——190
　　磁灶窑址　　　　　　　　　　　　——192
　　德化窑址　　　　　　　　　　　　——202
　　安溪青阳下草埔冶铁遗址　　　　　——215

第六篇　飞梁遥跨海西东——交通网络　——226
　　洛阳桥　　　　　　　　　　　　　——228
　　安平桥　　　　　　　　　　　　　——239
　　顺济桥遗址　　　　　　　　　　　——250
　　江口码头　　　　　　　　　　　　——264
　　石湖码头　　　　　　　　　　　　——275
　　六胜塔　　　　　　　　　　　　　——285
　　万寿塔　　　　　　　　　　　　　——296

附录　邮说泉州"世遗"　　　　　　　——306

后记　　　　　　　　　　　　　　　　——325

第一篇 涨海声中万国商——刺桐古港

一部泉州古代史，就是一部泉州先民垦殖山林、扬帆海洋、拓展商贸的历史，一部刺桐城和刺桐港从默默无闻到举世皆知，从繁荣昌盛到衰落沉寂，从"闭关自守"到浴火重生的历史。

走进泉州海外交通史博物馆，宋代古船展览厅前悬挂的一幅大型国画——《涨海声中万国商》立即映入眼帘。画面上千帆云集，再现了宋元时代泉州海外交通的盛况：水深岸阔的港湾里，百船森列，千桅林立，装卸货的驳船在水上穿梭，码头上各种货物堆积如山，到处是人头攒动，有的在扯帆摇橹，有的在扛箱扛包，有的在检点货物，有的在交易生意，各具姿态，栩栩如生，仿佛那喧闹的人声和涨潮的涛声，就要冲出画面向你袭来似的。

涨海声中万国商（国画）

这幅画作出自福建著名画家李硕卿之手，画名引用了宋代诗人李邴《咏宋代泉州海外交通贸易》中的诗句："苍官影里三洲路，涨海声中万国商。"

李邴原籍山东巨野，北宋徽宗崇宁五年（1106年）进士，官至参知政事（副宰相）、资政殿学士，曾寓居泉州17年。诗人笔下的泉州，作为当时世界海洋商贸中心，商贾云集、帆樯如林，经济兴旺发达。然而，当诗人回望北方时，却发现故乡难回，只能独自在三洲路上踯躅、慨叹。一喜一悲，既反映出刺桐港海内外商人来往不绝的喧闹，也映射出"苍官影里"诗人的落寞。

"涨海声中万国商"是宋元时期泉州商贸繁盛的真实写照，诗画相映生辉，浓缩的是一千年前刺桐港向海开拓、刺桐城开放包容的历史。

回望历史：辉煌与沧桑

泉州，与海相伴，向海而生。她是古代"海上丝绸之路"的起点，是10至14世纪宋元中国的世界海洋商贸中心。刺桐港舶商云集，驰名世界，与埃及亚历山大港并驾齐驱。让我们一起穿越千年，回望这座曾经梯航万国的"东方第一大港"，领略她曾经的辉煌与沧桑。

早在春秋战国时期，闽越族人就在泉州这块土地上繁衍生息，从事渔猎活动，且"习于水斗，便于用舟"（《汉书》）。魏晋南北朝时期，由于中原战乱频仍，北方汉人相继南下，闽中人口逐渐增加。东吴永安三年（260年），吴国在闽中设立建安郡，下辖九县，包括在闽南设立的东安县，县治在今南安丰州。

此后，随着土地开发和人口增加，为了加强管理，西晋太康元年（282年），从建安郡分出一个以福州为中心的晋安郡，下辖八县，包括由东安县改名的晋安县。梁天监年间（502—519年），晋江流域开始进入较大规模的开发阶段，于是从晋安郡分出一个以闽南为中心的梁安郡（后改称南安郡），辖泉、漳、兴化等地，郡治仍设在南安丰州。丰州因此成为闽南的政治、经济和文化中心。

其时，流经丰州入海的晋江，"以晋之衣冠避地者多沿江以居，故名"。地处晋江入海口的梁安港遂成为对外交通的重要港口。南朝陈永定二年（558年），印度高僧拘那罗陀（真谛）抵达晋安郡（治所在今福州），住佛力寺译经；陈天嘉二年（561年），拘那罗陀"泛小舶，至梁安郡，更装大船，欲返西国"，因太守及信徒挽留，遂留住丰州延福寺翻译《金刚经》；陈天嘉三年（562年）九月，拘那罗陀乘信风欲还天竺，即从梁安港乘船，准备前往棱加修国（今马来半岛）和优禅尼国（今印度）。不料因风信不顺，于年底飘回南海沿岸，后流居广州。这说明，梁安港早在公元6世纪的南朝，就是泉州与海外交通的重要港口。

隋唐五代时期，泉州经济得到进一步发展。唐初，陈政、陈元光父子率领大批中原府兵、眷属入闽；唐末五代，王潮、王审知再次率领大批中原官兵、百姓入闽。这两次大规模移民不仅为当地增加了大量劳动力，而且引进了中原先进的生产技术和文化，从而加速了九龙江流域和晋江流域的开发。

唐开元六年（718年），泉州治所由南安丰州东移，并先后建设了衙城、子城（今泉州市区）。子城呈东西南北四方走向，有"东门行春、南门崇阳、西门肃清、北门泉山"，城外壕沟环绕，可通舟楫于城下，交通极为便利。农业生产技术的进步，使粮食生产获得较大发展，经济作物广泛种植，为发展海外贸易提供了物质基础。

唐天宝年间（742—756年），诗人包何在《送李使君赴泉州》一诗中写道："傍海皆荒服，分符重汉臣。云山百越路，市井十洲人。执玉来朝远，还珠入贡频。连年不见雪，到处即行春。"在诗人笔下，虽然依山傍海的泉州距离中原路途迢迢，但那里气候温暖，四季如春，商贸繁盛，南来北往的商人络绎不绝。诗人以此安慰赴泉州担任清源太守的好友，勉励他勇挑重任，为朝廷分忧，为百姓造福。

唐天宝十四年（755年），"安史之乱"爆发。这场长达八年、席卷半壁江山的战火，不仅使北方社会经济遭到严重破坏，造成中原移民大量南下；而且使通往西域的陆上丝绸之路中断和阻塞，对外商贸交流急剧衰落。"安史之乱"后，中国经济重心逐渐南移，海上丝绸之路取代陆上丝绸之路，成为丝绸、瓷器等外销产品的主要途径。

这一时期，阿拉伯帝国的阿拔斯王朝（唐书称"黑衣大食"）取代倭马亚王朝（唐书称"白衣大食"），并迁都巴格达，大力发展海上贸易，使丝绸之路西段由陆路转向海路，进一步加强与南海周边国家、印度洋乃至东亚地区的商业交往，原先已经形成的东亚和印度洋两大航运贸易圈被更紧密地串联了起来。

风云变幻的时局为泉州发展提供了良好的契机。泉州由此大力发展海外贸易，"南海番舶接踵而来，岛夷斯杂"。朝廷对海外贸易也十分重视，要求地方官"常加存问，除舶脚收市进奉外，任其来往通流，自为交易，不得重加率税"（《全唐文》卷75）。

唐会昌年间（841—846年），诗人薛能在《送福建李大夫》一诗中写道："秋来海有幽都雁，船到城添外国人"，描绘了泉州蕃商、使节频繁来往、对外贸易繁盛的状况。成书于唐会昌六年（846年）的《道里邦国志》，记载了阿拉伯人伊本·胡尔达兹比赫到泉州的情景，并将泉州与交州、广州、扬州并称为中国"对外贸易的四大港口"。唐天祐元年（904年），三佛齐国使蒲诃栗也在泉州登陆。朝廷为此设立录事参军，掌管蕃商、使节事务。

随着中外交流的密切，一些海外物种也被引进到闽南。如原产东南亚的刺桐（又称海桐），由海外传入泉州后，在城中大量栽植。晚唐诗人陈陶游历闽中时，盛赞泉州"海曲春深满郡霞，越人多种刺桐花""刺桐屏障满中都"。另一位晚唐诗人曹松则善意地提醒友人："帝京须早入，莫被刺桐迷。"

唐末五代是泉州海外贸易发展的重要时期。王潮、王审知治闽33年间，致力保境安民，发展经济，促进海外交通，泉州因此受益匪浅。先后担任泉州刺史的王审邽、王延彬父子，勤勉为政，俭约爱民，使泉州经济很快得到恢复。王延彬治泉期间，实行宽商政策，大力发展商贸，"尽去繁苛，纵其交易"，因此海内外客商都乐意到泉州经商，地方当局也得以用海外贸易收入来弥补财政收入的不足。《泉州府志》称，王延彬在泉"凡三十年，仍岁丰稔，每发蛮舶，无失坠者，人因谓之招宝侍郎"。

此后，留从效、陈洪进先后治理泉州，同样大力发展经济，鼓励海外贸易，大大促进了泉州海外交通、商贸的发展。南唐时期，泉州升为清源军，留从效出任清源军节度使。虽然他出身寒微，但素知民间疾苦，"在郡专以勤俭养民为务"；"异时津梁有征，关市有税，屯田极租，盐榷擅利，苛虐之政，刻剥是务，公独一切蠲除"。他十分重视海外贸易，多次"招徕海中蛮夷商"，鼓励泉州商人出海贸易，竞逐财富。

为了适应海外商贸、交通发展的需要，留从效在泉州设立榷利院作为管理海外贸易的机构，同时大举扩建泉州城。南唐保大四年（946年），他在唐代子城外扩建了罗城。城高1.8丈，城门从4个变成7个，包括东门仁风、西门义成、南门镇南、北门朝天，以及东南通淮、西南通津和临漳，范围从3里扩大为20里，为唐代子城的近7倍。他积极倡导百姓种植刺桐以环绕、护卫城池。刺桐树高而叶繁，初夏开花，花色艳红，被称为"瑞桐"。后来随着海外交通的发展和贸易的兴盛，泉州便以"刺桐城"和"刺桐港"而闻名世界。

这一时期，泉州大规模围海造田或开垦梯田，兴修水利，广泛种植经济作物，冶铁制铜，促进社会经济发展，为扩大海外贸易提供了必要的物质基础。如泉州城南就围垦了大片海滩，规模最大的是陈埭。《泉州府志》记载："陈埭，陈洪进所筑，其埭最大，合南浦诸水为陡门通归于大海，南洋田多仰焉。"

全国经济重心的南移，使得以东南海港为依托的"海上丝绸之路"日渐兴盛，泉州生产的各种瓷器、铁器开始大量外销，"取金贝而还，民甚称便"。由此可见，唐末五代时期泉州已成为中国海上贸易的重要港口。正如历史学家庄为玑所说："汉唐时期，中外通商依靠西部的'丝绸之路'，唐天宝之乱以后，陆路不靖，才改为海路交通。当时，我国沿海出现了四大海港（交州、广州、泉州、扬州），泉州是四大海港之一。"

两宋时期，泉州海外交通更加发达，300年内泉州港实现了三次飞跃：北宋中期赶上并超过明州（宁波），仅次于广州；南宋初年，成为与广州并驾齐驱的中国两大海港；南宋末年，超过广州，成为国内最大的港口。

北宋建隆元年（960年），赵匡胤代周称帝，建立了大宋王朝。留从效适时进贡，称藩于宋。建隆三年（962年）留从效去世后，其部将陈洪进奉表于宋太祖，并向宋朝廷进贡了"白金千两，乳香、茶、药皆万计"，其中乳香和药就是泉州从海外输入的。宋太祖龙颜大悦，改清源军为平海军，授陈洪进为节度使。太平兴国三年（978年），在宋军平定南唐后，陈洪进向宋太宗呈"献土表"，将所管辖的泉、漳两州共十四县"献于有司"，以表忠诚，先后被封为武宁军节度使、岐国公，位极人臣。

泉州也由此相对平静地由五代过渡到宋初，社会经济没有遭受战争的破坏。自唐朝中后期发展起来的泉州港，依然与海外各国保持密切的通商贸易关系。面对新王朝建立后出现的更广阔的国内市场，泉州港既可吸收大量转运而来的货物，也能提供更多的出口物产，为宋代的迅速发展创造了良好的环境。

北宋建立之初就十分重视海外贸易，先后在广州（971年）、杭州（989年）、明州（999年）设置了市舶司，赋予专营海外贸易之权。宋仁宗天圣六年（1028年），又诏书命广州转运使招徕番舶，发展海外贸易，一些来自东南亚和印度洋的海舶也伺机出入泉州。

宋神宗熙宁时期（1068—1077年），王安石实行变法以开源节流，泉州的海外贸易亦被纳入改革之中。为制止非法贸易引起的税收流失，新政规定泉州商人出海时必须先到广州市舶司呈报，领取公凭之后方可成行；回程时必须先到广州市舶司"抽解"（抽税），违规者严惩不贷。

这项新政给泉州海外贸易带来诸多不便。熙宁五年（1072年），福建地方官员即向朝廷提出在泉州设置市舶司的建议。宋神宗虽然对"东南之利，舶商居其一"印象颇深，但因在泉州设置市舶司牵涉面较广，主持新政的官员又有不同看法，于是只好暂时搁置下来。无奈之下，许多舶商便冒着被没收财产的危险，从泉州港直接出发。泉州海外贸易不但没有因此凋敝，反而逆势而上。只是风险集于海商一身，长此以往是难以为继的。

元丰年间（1078—1085年），再次担任泉州知州的陈偁向朝廷上奏："自泉之海外，率岁一往复，今遵诣广，必两驻冬，阅三年而后返。又道有礁石浅沙之险，费重利薄，舟之南日少，而广之课岁亏，重以拘拦之弊，民益不堪。置市舶于泉，可以息弊止烦。"

陈偁认为，泉州未设市舶司对海商十分不利。来往商舶皆须经广州，不仅多耗时日，使许多商人因错过季风而耽误行程；而且从广州至泉州的航线多沙洲地带，航行较为不便，常有海舶搁浅；这样对朝廷收入也会有很大影响，因此请求朝廷在泉州置司，仍未获准。

元丰八年（1085年），宋神宗病逝，宋哲宗继位，推行"元祐更化"，熙宁时期的贸易新政被重新审视。元祐元年（1086年），户部尚书李常奏请朝廷在泉州、密州置市舶司获得批准。元祐二年（1087年），泉州正式设立了市舶司。

市舶司的设立昭示泉州海外贸易进入了官方管理时代，泉州商人与海外番商均可在泉州名正言顺地经营贸易，大大提高了商贸效率，对泉州海外贸易产生了积极影响。到北宋中后期，泉州已经成为东南沿海一个"有番舶之饶，杂货山积"的繁忙港口。

南宋建炎元年（1127年），宋室南迁。泉州市舶司虽屡经罢、设，但鉴于市舶之利颇助国用，因此到绍兴十二年（1142年），泉州市舶司的独立建制恢复后便稳定了下来。

南宋立国江南，因此更加倚重海外贸易。宋高宗下诏称："市舶之利最厚，若措置合宜，所得动以百万计，岂不胜取之于民？朕所以留意于此，庶几可以少宽民力。"为了吸引海外舶商，朝廷在泉州设置"来远驿"，专门接待外国的使节和商旅，以"招徕远人，阜通货贿"。宋高宗还下诏："有亏蕃商者，皆重置其罪。"对"蕃商有愿随船来宋国者，听从便"；而对促进海外贸易有积极贡献的外商和华商则授予官职，尽力为外商活动提供种种便利。

一时大量番商云集泉州，世家豪族多在城南营造府第，构筑园林，南城不断被拓地增筑。泉州由此形成顶、中、下三个十字街，城中六条主要街道与各个城门连接，东到洛阳、西到丰州、南到江滨、北到朋山岭，东南可通东海。

泉州港由此迎来历史上的繁华时代，形成众多不同方向的海外航线：一是由泉州港北上经明州至高丽、日本航线；二是泉州至东南亚航线；三是泉州至南亚和西亚航线。

《马可·波罗游记》中描绘的泉州港

从海外诸邦进口泉州的宝货，多是珍珠、象牙、香料、药材、胡椒等天然产品，而从泉州出口至诸番的商货，则主要为陶瓷、丝绸、纺织品、茶叶、铁器等手工业制品，呈现出不同发展阶段经济体之间的贸易结构。"泉南地大民众，为七闽一都会，加以蛮夷慕义，航海日至，富商大贾，宝货聚焉。"这是当年泉州港商贸繁华的真实写照。

商业的繁荣使政府财政收入大幅度增长。南宋绍兴末期，广州、泉州两市舶司每年从海上贸易中"抽分及和买，岁得息钱近二百万缗"，泉州市舶司占一半左右，每年收入约一百万缗。而当时朝廷每年财政收入也不过四千五百万缗左右。相当于泉州一地的关税收入就占全国财政收入的五十分之一。

南宋后期，由于地方官吏"征榷太苛"，导致富商大贾"破荡者多，而发船者少"，"番舶畏苛征，至者岁不三四"。经真德秀、赵崇度等历任知州"同心划洗前弊，罢和买，禁重征，逾年舶至三倍"。当时到泉州经营海外贸易的著名番商，如蒲寿庚、佛连、蒲罗辛，以及三佛齐海贾和印度泰米尔商人，均长袖善舞。尤其是蒲寿庚，"擅番舶利者三十年""致产巨万，家僮数千"，不仅拥有大量海舶和资产，而且曾担任泉州市舶使，实际掌握了泉州对外贸易管理大权，海外联系广、声望高，成为一位亦官亦商、呼风唤雨的强人。

南宋末年，蒙古兴起于大漠之北，开始不断向外扩张。忽必烈登上蒙古大汗之位后，改国号为元，随后开始吞并南宋的战争。德祐二年（1276年），元军攻下临安，宋恭帝赵㬎出降。不愿降元的宋臣南下闽广，拥立益王赵昰。益王从福州南下泉州时，征用了蒲寿庚的船资作为军用，导致双方关系破裂。蒲寿庚公开叛宋降元，以保存自己的实力，攫取新的政治地位和经济利益。

历史有时就是如此吊诡，蒲寿庚的叛宋降元，虽然"大节有亏"，却在客观上使泉州城和刺桐港免遭战争涂炭，老百姓免于战火蹂躏。刺桐港在元军占领当年就重新开港，泉州海外贸易也得以继续向前发展。

至元十四年（1277年），元军占领泉州第二年，元廷在泉州设行宣慰司，并重建市舶司，对番商实施优惠政策，利用蒲寿庚等地方势力，使泉州港的海外贸易迅速得到恢复。次年改行宣慰司为行中书省，将泉州升格为泉州路总管府。忽必烈下诏行中书省唆都、蒲寿庚等曰："诸蕃国列居东南岛夷者，皆有慕义之心，可因蕃舶人宣布朕意，诚能来朝，朕将宠礼之，且往来互市，各从所欲。"（《元史》卷十）从至元十七年（1280年）大德元年（1297年），元廷又多次设、并福建平海行中书省，以泉州为治所。

这一时期，随着战争结束，时局逐步趋于稳定，泉州社会生产得到进一步发展，农业、手工业商品化程度大大提高，为海外贸易提供了大量外销货源。朝廷为了鼓励海外贸易，采取了一系列行之有效的措施，包括修订市舶司制度并改进相关法则，使市舶管理办法更加完善，大大降低了交易成本；以番商招番商，通过"素主市舶"的蒲寿庚向海外番商申明朝廷对海外贸易的优惠政策，广为招徕番商到泉州开展贸易；封海上保护神妈祖为"护国天妃"，以感化中外商人。低关税政策更是使海外番商纷至沓来，其他港口"番舶货物，十五抽一"，"惟泉州三十取一"。这些措施大大促进了泉州海外商贸的发展，刺桐港由此进入空前繁荣的时期，成为中外商品的集散地。

据记载，元代时与泉州通航贸易的国家与地区近百个，进口商品种类达330多种。陶瓷、丝绸、茶叶、铁等"中国制造"的外销商品，不仅种类繁多，而且深受海外消费者喜爱，利润十分可观。

得益于各方面有利条件，元代泉州港对外贸易的规模远超前代，港口对外辐射面囊括了东北亚、东南亚直至北非的广大地区。商贸的繁盛、人口的增加，使泉州城进一步向南拓展。新罗城建成之后，将城外天妃宫囊括入城内，港口与城市连成一片，形成了港市一体化的商业格局。拓展后的泉州城周长三十里，七座城门除南门改为德济门外，其他皆沿用旧名。

泉州港的繁华获得众多外国旅行家、学者赞誉，"刺桐城"闻名海内外。意大利旅行家马可·波罗在游记中写道："到第五天晚上，便到达宏伟美丽的刺桐城。刺桐城的沿海有一个港口，船舶往来如织，装载着各种商品，驶往……各地出售。这里的胡椒出口量非常大……刺桐港是世界最大的港口之一，大批商人云集于此，货物堆积如山，买卖的盛况令人难以想象。"

比马可·波罗晚到泉州的摩洛哥旅行家伊本·白图泰也说："我们渡海到达的第一座城市是刺桐港……这是一巨大城市，此地织造的锦缎和绸缎也以刺桐命名。该城的港口是世界大港之一，甚至是最大的港口。"

"……春帆连海市，暮鼓起香林。一笑归来好，高堂寿百金。"廖大圭赠经商友人曹吉的这首七言诗，不仅反映了时人的经商观念，也反映了泉州商贸繁华、"春帆连海市"的盛景。可惜，不到百年，这盛景便烟消云散。

元末，泉州遭逢大饥荒和瘟疫，导致大量人口非正常死亡，以致"死者相枕藉"。如至正十四年（1354年），灾荒极其严重，泉州路市民大批流散，甚至出现人吃人的现象。灾后不久，又发生了史称"省宪构兵"的内乱。至正十六年（1356年），时任福建行省平章政事的普化帖木儿和廉访使衙门（即"宪司"）廉访佥事般若帖木儿因争权夺利爆发冲突，以三旦八、安童为首的兴化乡兵和以赛甫丁和阿迷里丁为首的波斯色目人民兵（称"亦思巴奚军"）公开交战，曾任泉州市舶司提举的那兀纳也卷入其中。地方军阀混战，官兵肆意掳掠，使老百姓备受蹂躏，惨遭浩劫。直到至正二十六年（1366年），行伍出身的福建行省参政陈友定攻破泉州城，捉拿那兀纳，赶走色目人，才平定了"亦思巴奚之乱"。这场长达十年的战火使海外商人四散逃离，也使刺桐港雪上加霜，元气大伤。

至正二十七年（1367年），朱元璋的三路大军攻入福建，剿灭了陈友定和其他割据武装，福建归于统一。这不仅顺应了历史潮流的大势，也为福建的发展开拓了崭新的局面。但是，明初统治者为了防范倭寇骚扰、破坏和孤立散落在沿海岛屿上的地方残余势力，实行了严厉的"海禁"政策，规定百姓不得"私自出海"或"私通海外诸国"，禁止民间使用"番香番货"，甚至下达"寸板不许下海"的禁令。明王朝与海外的贸易完全由官方垄断、包办，与周边国家则实行朝贡贸易。

明洪武七年（1374年），泉州市舶司和广东、浙江市舶司一起被罢，对外开放的大门由此封闭，泉州港也从此走向沉寂。永乐元年（1403年）三地市舶司虽一度恢复，但作用已大不如前，泉州港被限定只能与琉球交往。明成化八年（1472年），福建市舶司正式从泉州迁往福州，结束了从北宋元祐二年（1087年）开始设立的长达386年之久的历史，成为泉州港由盛转衰的重要标志。泉州港由此从官方贸易港变为私商贸易港，并逐渐萎缩成一个地方性小港。

在漫长的历史岁月中，刺桐港曾是闻名世界的东方巨港，是海上丝绸之路上最耀眼的一颗明珠，为东西方经济文化交流做出了巨大贡献，产生了重要而深远的影响。虽然她后来逐渐走向衰落沉寂，但这段色彩斑斓的传奇在历史长河中积淀，至今仍闪烁着耀眼的光芒。

泉州后渚港（古刺桐港）

闽海扬波：三湾十二港

《山海经》曰："闽在海中。"闽海扬波，天地氤氲，在中国东南沿海造化出泉州三湾十二港，在世界海洋商贸舞台上演了一幕幕惊天动地的历史活剧。

泉州地处福建东南部，南邻厦漳，北接莆仙。西北部有雄伟峻奇的戴云山脉，地形由西北向东南呈阶梯状倾斜，依次形成山地、丘陵、平原；东南滨海，与台湾岛隔海相望，海岸线蜿蜒曲折、漫长，由此形成众多港湾，兼具河口港和海湾港的优点；浩浩晋江由发源于永春和安溪的东、西两溪在南安汇合而成，从泉州古城西南穿流而过，注入大海；喇叭型的泉州湾开口大，航道深，内河水域宽，便于航船直接进入内河停泊避风，加之东南沿海气候温暖，全年不冻，造就了一系列天然良港，具有发展海上交通、贸易的优越条件。

泉州港口群的形成不仅得益于大自然的恩赐，也来自敢于搏击风浪的泉州先民的努力。早在唐初，泉州港的贸易就已粗具规模。宋元时期，泉州港历经发展，形成了著名的"三湾十二港"。"三湾"即泉州湾、深沪湾、围头湾；"十二港"从北到南，依次有泉州湾的洛阳（乌屿）、后渚、法石、蚶江港；深沪湾的祥芝、永宁、深沪、福全港；围头湾的金井（围头）、东石、安海、石井港。

1. 泉州湾：位于泉州港北部，北起崇武半岛，南至晋江祥芝，东濒台湾海峡，地处晋江与洛阳江交汇处，海岸线长达140千米，湾内有大坠岛、小坠岛、七里礁、南乌礁、北乌礁、马头礁等30多个大小岛屿，主航道在马头屿、小坠岛之间，水深13米。

泉州湾内海系泥沙质岸，入海处属侵蚀性山地花岗岩岸，外宽内窄，宽达42千米，水域面积500余平方千米，潮差6.4~7.7米。实际上，古泉州湾水域面积比现在更深更广，如南宋时，海潮、海船可到达丰州九日山下的金鸡桥，退潮时还可乘舟返回郡城。泉州湾有后渚、法石、洛阳（乌屿）、蚶江等多个港口，尤以后渚港为最。

后渚港背山面海，港口向东南敞开，南北纵深2.5千米，东西弧长1千米，面积2.5平方千米，被大坠岛、小坠岛分隔为几条航道，紧邻海口，港区由花岗岩及第四纪变质岩构成，属岩岸，港为泥沙底质，水深高潮时达9米，潮差6.4~7.7米，为天然良港。由于港道深、水域宽，便于大型海舶停靠，离泉州城又近，水陆交通便捷，自然成为泉州湾的中心港区和刺桐港海外交通的咽喉所在。

南宋迁都杭州后，统治中心移驻东南，泉州、明州、杭州海道相通，地理上较广州更为方便。龙泉、处州、建州等出口瓷窑，又都与泉州相近，广州的一些大食商人，也移居泉州经商。因此，后渚港虽然开发较迟，但发展很快。

宋末元初，掌控泉州贸易的蒲寿庚家族的大量海舶就停靠在后渚，并在港湾高处建望海楼，以观望海舶进出。元朝至元年间，元军东征日本（1280年），南击缅甸（1282年）、占城、安南（1284年），南征爪哇（1292年），皆从后渚港出发；元代马可·波罗护送蒙古公主远嫁、伊本·白图泰来华，也皆从后渚港出入。

从后渚港入城的水路，经晋江入海口的蟳埔，沿晋江下游河道，过法石、溜石，至泉州城南的厂口、富美码头和车桥头一带装卸。陆路则分南北两线，北线越桃花山入仁凤门；南线越宝觉山入通淮门（涂门）或德济门（即南门）。

宋代后渚属临江里，元代后归后渚铺。古渡头迄今仍存当年航船主祭海神的五座风水塔，塔石上刻着"至元癸未廿年"（1283年）。由于后渚港在海内外的名气最大，因此常被作为"刺桐港"的代称。

法石港位于晋江下游，枕山漱海，既是通商贸易的天然良港，也是兵家驻守设防之所。南宋时担任泉州知州的真德秀称："法石水面广阔，内足以捍州城，外足以扼海道。"南宋淳熙十三年（1186年），泉州城东置法石寨，城南置宝林寨，分兵守卫，与乾道八年（1172年）始置的永宁寨，并称"左翼水军三寨"。

宋元时期，法石港有圣殿、长春、美山、文兴、坂头五个码头，如今只遗文兴古渡与美山古渡两处遗迹。1959年在法石附近的乌墨山澳挖出了一些船板、船桅、船碇及缆绳；1982年又在法石挖掘出一艘南宋沉船。

法石也是一个商贸繁盛、文化底蕴厚重的集镇。宋元时这里住有大批阿拉伯人，蒲寿庚的哥哥蒲寿晟就曾在法石云麓建造花园，种植阿拉伯国家传入的素馨花、茉莉花等。美山宫后的山坡上还辟有一片伊斯兰教墓地，石构造的墓室造型奇特，雕刻精美。宋代诗人黄公度在《自法石早归》一诗中写道："避暑寓只园，黎明度远村。桑麻迷杜曲，鸡犬散桃源。径草细将合，溪流深不喧。幽怀未能惬，城郭已朝暾。"诗中描绘了自己从法石村归来途中看到的景色，令人遐想联翩，乐不思归。

从法石港溯晋江而上，约5千米就是南关港（泉州港的内河港口）。五代时留从效因应海上贸易需要，对唐代罗城"重加版筑"，其南垣已移近江岸。当时江面宽广，水深港阔，自泉州湾入口的海潮可涨至丰州金鸡桥下，即"海潮西上接金鸡"。南关港因有海潮顶托优势，又是城下港口，在宋元两代大出风头。"四海舶商，诸番琛贡，皆于是乎集"，货物堆积如山，成为最繁忙的装卸作业港口。

南关港周边的车桥澳（圆通港）、打帆庭还建有多个修造船的船坞和编帆篷的工场，以致有"破船收入圆通港"的民谚。北宋政和五年（1115年），朝廷在番舶聚集的泉州城南（车桥头）设置来远驿，用于接待外国客商、贡使的宾馆。直到明成化八年（1472年）泉州市舶司移置福州，来远驿才被废除。

泉州南关港的繁忙景象

16世纪西班牙公使团奥斯定会士在描述泉州时说："这是一个普通城市，环绕着一条长长的河流，可能有7万户人家，交通贸易繁盛，供应各种各样的东西。由于海只离这里两里路，船舶顺流可入大海，有一个桥架在河上面……靠近桥有一千多条船停在河里，那么多的船只和三樯帆船充满整条河流。"奥斯定描述的正是泉州南关港帆樯林立、贸易繁盛的景象，他笔下那条长长的河流就是晋江，架在河上面的桥则是顺济桥。

洛阳（乌屿）港指位于洛阳江出海口南侧的乌屿港，它与位于洛阳江出海口北侧的洛阳万安渡不同。万安渡在宋代主要是舟楫摆渡、沟通南北的渡口，且经常巨浪滔天，并非海舶停靠、避风的优良港口。因乌屿港与万安渡同处洛阳江口，彼此隔海相望，相距仅二里，且洛阳桥名气大，因此都被当作洛阳港。此外，位于洛阳江中上游的梧宅（吴宅）港，是洛阳江的主要内港，有时也称为洛阳港。

乌屿港是泉州湾的重要港口之一。据《方舆纪要》记载：乌屿"在府东北二十里。四面潮水环绕，民居辐辏。"由于泉州古城被晋江与洛阳江环抱，因此，内陆山区货物通常由晋江而到达后渚港，或由洛阳江而到达乌屿港，海外番船运来的货物也先运抵这里再转运内地。

地处江海交汇处的乌屿，又称凤屿，虽然面积不大，只有0.5平方千米，而且孤悬海中，但港口航道深邃，有"乌屿潭"之称，是古代的深水良港。史籍称："乌屿大若弹丸，四面环海，宋、明间，洋船常停泊于此，商贾络绎。"由于乌屿、后渚与海外商贸往来十分繁盛，乃至民间有"金乌屿、银后渚"的说法。

南宋宝祐年间（1253—1258年），后渚港番船云集，装卸货码头严重不足，给海上贸易带来诸多困难。加之乌屿岛上人口众多，与陆地往来时常被海水阻隔。虽然古有石路，但"潮至则不可行"，给货物运输和民众往来造成许多不便。宝祐初年（1253年），白沙灵应寺住持道询主持募捐，建造了乌屿岛北至洛阳桥南的跨海大桥，历时6年，于宝祐六年（1258年）建成，命名为"盘光桥"。

据明《八闽通志》记载："凤屿盘光桥，在三十八都……宋·宝祐中，僧道询募缘建桥，计一百六十间，长四百余丈（约1260米），广一丈五尺（约4.7米）。"也就是说，盘光桥比洛阳桥还要长、还要宽，桥墩和疏水孔道也更多（达160孔），桥面的石板又长又厚，以致民间有"洛阳（桥）好栏杆，乌屿（桥）好桥板""七十三、八十四"的说法。

盘光桥的建成解决了乌屿岛与陆地往来的困难，大大方便了海内外客商，促进了后渚、浔美、万安等地码头或转运渡口的繁荣。由于这座梁式跨海大石桥横架在洛阳江出海口，显得特别宏伟壮观，距举世闻名的洛阳桥又只有2000米，因此有"洛江双虹"之称。明何乔远《闽书》曰："乌屿桥与洛阳桥，海中望之，犹如二虹"。"洛江双虹"后来成为洛阳江八景之一。

与盘光桥同时建成的还有盘光塔、盘光亭。盘光塔为六层方形石塔，塔身高约15米，矗立于村东一块天然巨石上，突兀在海天之间，是镇守盘光桥头的宝塔，也是船舶进出港的航标。盘光亭坐落在盘光桥头，呈四方形结构，由十余根石柱支撑着，其中一根亭柱上刻有"下马过桥"字样，俗称"下马亭"。清末修缮盘光桥时，当地名士庄俊元在盘光塔顶镌刻一诗："凤江常见水消消，磐光昼夜去还潮。波江坪现鱼鸟动，浪里尚见拉舟摇。"形象地描绘了盘光桥的水文地理和岛上渔业盛况。

随着乌屿码头的兴起和盘光桥的竣工，与之相邻的泉州东门窑的瓷器和梧宅港的铁器源源不断地输送到乌屿港，从这里装船运往世界各地。东门窑位于泉州东门外碗窑村（南窑）、后路村（北窑），窑址规模较大，产品以青白瓷为主，也烧青釉器，种类有碗、洗、执壶、瓶等，胎质灰白、厚重，俗称"土龙泉"。梧宅港位于洛阳江中上游，是古洛阳小海的主要港口，梧宅的下堡铁矿场是泉州距海最近的冶铁基地，所产铁器质优价廉，在海外十分畅销。梧宅村外的水道很宽，可直通洛阳江，外接大海。商船在梧宅一地装载货物，通过江海联运，即可扬帆海外。

宋元时期，乌屿成为泉州港与海外诸国通商的重要海岛码头。东门窑因此盛烧了数百年之久，在海外赢得"土龙泉"的美誉；而梧宅港的成块铁渣则堆积如山，后来采集的铁渣标本含铁量达百分之五十四以上，说明铁矿的质地相当不错。

处于乌屿港与后渚港之间的浔美（浔尾），也是一处重要的桥渡码头。由于后渚港"通互市于海外者，其国以十数"，而港口的桥渡（即伸入海中的码头）吞吐量有限，制约了海外贸易的增长。为了满足货物出口激增的需要，宝庆二年（1226年）春，僧道询主持募捐建造了普济桥渡（又称浔尾桥、无尾桥），全长约700多米，历时五年，于绍定三年（1230年）夏竣工并投入使用，专供海船装卸、交易货物使用，大大缓解了后渚港码头装卸货的紧张状态。与后渚港隔海相望的乌屿港和浔美渡，因此成为泉州港的重要支港和后渚港的副港。

蚶江港扼泉州湾出口处，是泉州港的门户，原名岱屿，又名锦江、锦里。上襟崇武、獭窟，下带祥芝、永宁，以石湖为门户，以大小坠岛为藩篱。港岸为侵蚀性台地花岗岩基岩，距岸600米即为10米深线。航道长9.5

千米、宽0.4～0.65千米，水深11.5～22米。内通浦内、洛阳、法石、后渚诸港，直通晋江东、西溪。

蚶江港开发较早，唐开元年间（713—741年）就建有林銮渡，由临海的几块巨礁组成；北宋元祐年间加筑的通济栈桥，将巨礁与海岸连接起来，成为一条延伸到海中的顺岸码头。北宋元符、绍熙、乾道年间，为方便番舶客商往来，先后修建了蚶江桥、玉澜桥和海岸长桥，作为港口的配套设施，使货物吞吐和转运更加便捷。宋代蚶江港已有较大规模，成为泉州湾的一处重要海港；元代港口繁荣一时，据称有十八渡口，经常千帆云集。

蚶江港有内外港之分，内港有前垵渡、后垵渡等多处码头。前垵澳古渡头，位于锦江村滨海，依沿岸石坡开凿，并于滨海两块盘石上架三座石桥，上以石板纵横砌铺至码头尽处，全长82.3米、宽2.3米。后垵澳古渡头，位于蚶江村后垵滨海。全长115米、宽2.75米，由151块巨石板纵横铺设。修凿石坡32米，岸边建有一座"宝箧印经式石塔"（俗称"四面佛"），作为镇风塔。

蚶江外港即石湖港，位于蚶江港东突出部的石湖半岛，三面临海，背依金钗山，有3千米长的深水港道延伸入蚶江港。林銮渡作为宋元时期蚶江外港的主要渡口，是古代泉州通往海外的商船停泊点，也是番舶常来常往的地方。蚶江因此成为水陆交通要津、商旅贸易集镇，泉州府五县的商旅船货由陆路（蚶江桥）或水路（晋江、洛阳江）聚集蚶江，然后出洋。海上交通贸易盛极一时。蚶江也是著名的海防要地，北宋熙宁初就建有石湖寨城，拨军守卫，明代置巡检司。

北宋政和三年（1113年）在金钗山上建造了六和塔，亦称石湖塔，与南宋绍兴年间（1131—1162年）建造的姑嫂塔遥相对望，成为泉州湾的两座标志性建筑物，起着海岸航标的作用。每当海外商船驶近泉州湾时，都能望见这两座在海岸边傲然挺立的石塔。

六胜塔下的石湖港

从蚶江东渡台湾海峡至鹿港,昼夜就可直达,是泉台之间最短的航线。因此清廷于乾隆四十九年(1784年)开放蚶江与鹿港对渡贸易,并将福宁府通判移至蚶江,负责挂验、巡防、督催、台运及近辖词讼等事务。乾隆五十七年(1792年)又开放八里岔(淡水河口)与蚶江及福州五虎门对口通航。

为加强管理,清廷以蚶江港为泉州总口,设在蚶江的海防通判厅也改属州府,下设海关、营盘、厘金(税务)、水讯、陆讯等口。从此,泉州所属一府五县(晋江、南安、惠安、同安、安溪)的对台贸易,都需经蚶江港出入。蚶江得以重新兴旺起来,"大小商渔,往来利涉,利之所在,群趋若鹜"。直至清光绪二十一年(1895年)《马关条约》签订,台湾被日本割占后,蚶江海防官署才关闭。

20世纪20年代后,由于航道日见淤浅,内港航运衰落。蚶江港码头仅作为城乡之间渡船驳运轮渡小码头,有机电船航行于蚶江至泉州之间。

20世纪90年代,石狮建市后,鉴于蚶江外港的海床为平底花岗岩结构,常年不淤，水深18米，退潮时最浅14米，涨潮时最深36米。港道从石湖外屿至北线，滩宽2000米，长7200米，可停泊大量海船，是良好的深水锚地。在蚶江内港航运衰落后，新石湖港成为外海轮船往来泉州的主要寄泊锚地，重现了蚶江古港丰采。

2. 深沪湾：位于泉州港中部，北邻泉州湾，南靠围头湾，是泉州湾通向海外的必经之路，也是东南沿海的海防军事要地。从深沪湾到围头角，海岸线曲折，一系列沙质优良、坡度适宜的弧形海湾与基岩岬角相间出现，别具一格。湾内碧波万顷，沙滩金黄开阔，景色蔚为壮观，素有"峙海金狮"之称，是著名的泉州"十八景"之一。

深沪湾有祥芝、永宁、深沪、福全等四个港口。海舶从后渚港经蚶江、石湖往海外航行，南下深沪湾，先经祥芝，后经永宁，其地已临大洋；再往南的深沪港处于深沪湾的中心，是重要的渔港、商港；继续往南的福全港是捍卫海疆的前哨军港，明朝曾在此置千户所。

祥芝港位于深沪湾北端，其地突出海滨，岸长3千米，航道长9.5千米，宽0.25～1.2千米，水深10～15米。历来是泉州的主要渔港，渔民出海捕鱼常从此出入，外来商舶也多在此贸易。据传南宋时道士赵永嘉曾在这里采撷芝草，赠予乡人饲养耕牛，乡人遂将其采草之山称为芝山，出海口称为祥芝澳。

据《西山杂志·祥芝》记载："祥芝，古之上施也。济阳蔡氏航海卜居此……乡居海滨，自古以来，俱从航舟远运。"生活在宋末元初的西桥公刘君辅（1251—1321），在定居祥芝后不久就转向开发海滨，以海为田。"设经画以取鱼虾，有鱼虾以贸粟米"，令刘氏一族家业甚巨，并带动乡里繁荣。刘氏家族至少在元代已是一方望族，刘君辅先后出资修建或重修了后湾平成桥、海会堂、刘氏书塾、刘氏祠堂、虎岫寺、芝山忠仁庙、芝山慈济宫、丰山岩等地方公共工程。因其对地方公益的贡献，去世后被塑像陪祀于祥芝慈济宫。

祥芝港是捍卫泉州港的要冲之地。《闽书》载，"祥芝港东抵外洋大海，南至永宁尾，与崇武所相对。明初徙石湖巡检司于此"。明洪武二十年（1387年）朝廷将巡检司从石湖迁至祥芝，屯兵驻守，以备倭寇。倭患消除后，重现渔港的繁忙景象。若恰逢返航时分，数千渔船聚集港湾，桅樯簇拥，颇为壮观。

永宁港位于祥芝港之南，古称水澳，是泉州港海外交通贸易的一个重要支港。南宋绍兴年间（1131—1162年），僧介殊在永宁附近宝盖山巅建关锁塔，有"镇南疆而控东溟"之势，是"泉城关锁水口之镇塔也"，登高可瞭望商舶来往，成为深沪湾的重要航标。

南宋乾道年间有菲律宾浪人从水澳登陆，恣行凶暴，残害乡民。知州汪大猷遣兵围击，后置水澳寨，官称永宁寨，取"永保安宁"之意，与泉州城南宝林寨、城东法石寨同为左翼水军三寨之一，元末置巡检司。明初永宁已成为人口密集、经济富庶的泉南重镇和著名海港，洪武二十年（1387年），江夏侯周德兴奏请改永宁水寨为永宁卫，并在这里建立卫城，成为东南沿海军事重镇。在深沪湾众多港口中，其军事地位最为突出。

深沪港位于深沪湾南部，与永宁港隔湾相望，是典型的渔区和商贸港口，经常海舶云集。深沪建于唐开元六年（718年），古称壁山里、弦歌里，元代正式定名深沪。明洪武二十年在此置深沪巡检司并筑司城、造烽火台，与永宁犄角相向。明代抗击倭寇的烟墩山烽火台至今尚存。始建于宋代的崇真殿，奉真武帝为海上保护神，其香火远播海外。

宝泉街是深沪的一条古街，形成于宋元年代，最繁荣的时期是清末民初，成为晋南一带的商业中心。宝泉街的一头连着旧码头，每当渔船入港，刚从海里捞上来的鱼虾从船上搬下来，摆了满地，各地的鱼商鱼贩汇集到这里，叫卖声比海浪声还要响亮。始建于唐代中叶的宝泉庵，奉祀两尊保生大帝，其中一尊从台湾分灵而来，成为两岸宗教、文化交流的见证。

福全港位于深沪湾之南，北连深沪、南接围头，与围头港一样，常作为船舶避风之所，号称"百家姓，万人烟"。据《海防考》载："福全西接深沪与围头、峰上诸处并为番舶停泊避风之门户，哨守最要。"《闽书》称"福全汛有大留、圳上二澳，要冲也"。

唐代光启年间，林廷甲就到福全来戍守。宋代泉州贸易兴盛时，这里的港市也十分繁荣。福全港历来是海防要冲之地，明代初期在此设千户所。《万历泉州府志》载："北自乌屿，南属东石，中间若福全所，永宁卫，龟湖，浔美诸处，各有支海穿达，能荡涤氛瘴，通行舟楫，利运鱼盐。"后来倭寇入侵时，福全千户守城与军民共同抵御外侮，倭寇围攻四个月而城不破，谱写了一曲荡气回肠、捍卫海疆的壮歌。

深沪湾的四个支港多为驻军设防的所城、卫城，具有军事保障的重要功能，这是它与泉州湾诸港的不同之处。

3.围头湾：位于泉州港南部，呈葫芦状，直面大海，前丰后削，港口深广，半腰以下为狭长港道，从湾口向内进深达30千米以上，可容纳大批海舶驻泊、避风。围头湾有金井（围头）、东石、安海、石井等4个港口。

金井（围头）港是围头湾最外侧的港口，西南与金门岛隔海相望，是沿海南来北往船只的必经之地。因围头村属于金井镇管辖，有时也被称为金井港。沿围头湾海岸向北上溯为石井港，与东石港互为犄角。再往上为安海港，是围头湾内的港口，由此登岸到泉州古城区仅30千米，登舟赴金门、厦门或放洋海外也极为方便。

围头港古称围头澳、围头角，"与金门之料罗洋相对峙"。其地理位置特殊，成为海舶的避风良港。每到风汛时，各路商船皆来此停泊避风。围头古渡头建于宋元时期，由3处码头组成，均为花岗岩丁顺方式交错砌筑，历代有修缮。

早在宋代时围头就是海上交通要地，自南洋海道入州界，围头与烈屿同起控扼作用，而且可控扼石井一带，实为港口冲要。因此也常受到海寇骚扰袭掠，南宋嘉定十一年（1218年）真德秀移宝林寨兵戍围头，在此置宝盖寨，成为海防军事要地。

东石港位于围头湾中部，古称"龙江澳"，因为海域开阔，水深礁石少，背面群峰遮掩，舟楫既不受东北季风影响，也不受潮汐限制，是得天独厚的避风良港。南宋时期，东石偏安一隅，农渔经济相对发达，航运业开始兴起，出现万家灯火的升平景象。

据《林氏海书》记载，早期东石港有十大商运码头，其中五个以姓氏命名，包括肖家港、王家港、柯家港、张家港、李家港。《金墩黄氏祠堂图记》也记载了宋代当地乡族利用优良港湾开辟港口、通商贸易的事实："东石、石井之处，实安平志而巨鳌也。……海水东入内市浦边庵前，西入于西安曾埭，商舶亦至其乡，与居人互市，其屋宇鳞鳞于次，北接曹店，南接内市，故二乡有市店之名。"

清朝中期，东石人大力发展航运，在一条长4000米、宽60米的海湾建造码头，供大批商船出入，即著名的"开新港、号十房"。很多东石人以家族为中心建立商号，整个东石商行达到50家左右，来来往往的商船也有200多艘。东石与安海形成了良性的互补，以致民间有"安平出商人，东石出船行"之说。

记忆中的安海港（黄鸿仪作）

安海港古称安平港，位于围头湾最北部的安海古镇（原称湾海或石井津），扼晋江、南安之水陆要冲，海湾曲折。港内有白沙、石井两澳夹峙成海门，海门内港阔水深无风涛之险。许多从海外运货来刺桐港贸易的海舶都愿意在这里靠泊，因为可以少走从围头湾至刺桐城的一百多里水路，而且便于避风。于是，"客舟自海到者，州遣吏榷税于此"，商业贸易十分繁荣，港内居民也多以从事海上贸易为生。

唐代时番商来泉就在安海港互市，朝廷则在安海设参军署榷税。南宋时在此建安平桥、镇安桥，贾胡互市无处不有、无处不到。商客纷至，使安平由草市升格为镇市，并扩展为全国最大的镇市之一，市政建设和市容面貌也大为改观。据《安平志》记载："安海于宋全盛时，东有新市，西有旧市，无非贸易之处，店肆千余座。盖四方射利索必趋，随处成交，惟直街为最盛。"

在以安平港为中心的多层次商业网络上，缀满了由聚落成长而成的"市店"，如池店、新店、五店市等，通过水道直接与海商建立购销关系，形成一个以集散、购销海商贸易商品为主的市场网络，对刺桐港的商贸发展产生了重大的影响。宋末元初，安海港因围海造田，通航不便，曾一度衰落。元末泉州内乱，其他港口受战乱影响，许多商舶转到这里贸易，使安海港重新恢复生机，逐渐又繁荣了起来。

安平人得地利之便与风气之先，自古就有出海经商的传统，"商则襟带江湖，足迹遍天下，南国明珠，越裳翡翠，无所不有；文身之地，雕题之国，无所不到"。明朝末年，闽南人闯荡海疆，逃避官府禁制，占据沿海港澳，在广袤的东西洋上与外国商人私自交易，或推行掠夺式贸易，其中安平商人"冲锋在前"，可谓极尽海上走私贸易之能事。

明末清初，郑芝龙的海上武装走私集团以安海港石井澳为据点，起初仅有数十艘船，至天启六年（1626年）已有一百二十艘，明崇祯年间（1628—1644年）竟达千艘，一众私商倚其护航，遂成为纵横东南海上霸主。后来郑芝龙接受明廷招抚，官至福建总兵，建豪华府第于安平，使安平港极尽繁华。

郑成功继承父业后，秉持"通洋裕国"理念，继续扩大海上贸易，为"反清复明"大业奠定经济基础。直至顺治十八年（1661年），清政府实行"迁界"，安海港从此风光不再，郑氏家族雄踞海上的时代也一去不返。

石井港位于围头湾北部，古称井江澳。如循围头澳转西，入港处有白沙、石井两澳东西对峙，是为海门。舟入海门，海面开阔，港岸弯深，流平无礁，随处有避风良坞，是天然避风港。正因为这些得天独厚的条件，历来为航海者所向往。

石井因白鹤山下有一个天然石井，泉清甘美，井旁有一奇石形似仙鹤，作俯琢饮水之状，故名。石井港既是南安海防要塞、重要渔港，也是历史悠久的海外通商良港，有"海都"之称。隋大业年间（605—616年），隋炀帝遣使开发流求（台湾），就曾在此停靠；宋时设"石井津"（辖石井、水头、安海、东石）。全镇海岸线长24千米，有石井、营前、淅江、莲河四澳，沿岸居民多以泛海为生，每年海舶纷至沓来、经营贸易，店肆众多。

如淅江港古称淅浔沃，是石井南端最为理想的天然港沃，西北凤山为屏障，东南海面辽阔，流水深平。船可直接靠岸，是一天然良港。淅江李氏族谱载：北宋宣和七年（1125年）。佘氏自仙游迁入淅浔中部，置舟穿航漳石码七县，收入颇巨。南宋建炎二年（1128年），吴姓自泉州东观西台迁来淅浔西南部，其资力雄厚，不断购置巨舸多至四十余艘。驰骋南北，北线至山东烟台，南线达广东，至越南等国贸易。前后经过九代经营，堪称巨富，盛极一时，居闽南之冠。航运延续九代。

建炎四年（1130年），"石井津"委官监临，其时"商贸发达，千帆百舸出入港口，乘风顺流转输货物如山积，装卸货物工以百计。"南宋绍兴十四年（1144年），为保证来往贸易客商及海舶之安全，在石井设立了巡检司，管理船舶出入口岸工作。元代泉州港进入极盛时期，石井商旅络绎。

南安英都的"翁绢"和德化的瓷器均从石井输出。

明末，郑芝龙曾以石井港为据点，编结船队，多达千艘，作海外贸易。清初，郑成功屯兵金门、厦门两岛，编组东西洋船队，航行于日本、吕宋和我国台湾等地，石井港亦为其货物集散、船队停靠的主要港口之一。郑芝龙、郑成功父子相继在南安石井建立造船坊，营造军、商两用船，年修造船数十艘。

在古泉州"三湾十二港"中，尤以后渚港、安平港和南关港三个主港区最为耀眼，号称"北有后渚，南有安平，内有南关"。其他众多支港则如"众星捧月"，和遍布闽南腹地的许多集贸乡镇一起，发挥着双向集散的作用：从城乡各个角落集中输出商品货物，运送到主港区；又从主港区分发进口舶货，疏散到各个港口乡镇，以致穷乡僻壤。

古泉州"三湾十二港"，虽然说法不一，但每个港口都有自己的独特定位，并在不同历史时期扮演着不同角色。无论是官方贸易还是民间走私，也无论是海上贸易或军事驻防，每个港口都曾各领风骚，繁荣一时，留下许多与"海丝"有关的陈年往事。除这些港口外，位于泉州湾北部的崇武、獭窟、秀涂港等，在泉州不同时代的对外商贸中也曾"风樯鳞集，舶计骤增"，发挥过重要的作用。

阅尽千年风云，听惯涛声依旧，如今泉州三湾十二港多数仍然舟楫拥簇，汽笛声声，但也有个别港口早已淤泥塞港，风帆远去，成为历史的积淀和舶商的记忆。

曾经见证过宋元泉州海外交通繁荣昌盛的后渚港，至今留有郑和下西洋时船队停泊候风、走访穆斯林后裔的接官亭和"郑和堤"等历史遗迹。1974年，考古人员在后渚港发掘了一艘宋代沉船，一时轰动海内外。

这艘宋代沉船残长24.2米，宽9.15米，载重量约200吨。船体为尖底造型，船身上部扁阔，底部较窄，呈V字形。共有13个水密隔舱，可增强海船的抗沉性和船体的坚固性。船的舷侧用三重板叠合，船底用二重板叠

泉州湾后渚港宋代沉船

合，便于抵抗风浪，适于远洋运输，泉州民间称之为"福船"。该船出土物品有香料药物、木牌木签、铜钱、瓷器等，是中外贸易的历史见证。

在后渚港发掘出土的这艘宋代古船，是当时国内发现由海外返程且已出土的唯一一艘古代海船，不仅重现了700多年前宋船航行的商贸历史与生活图景，而且其龙骨拼接、水密隔舱、多重船板等船体结构，也使后人得以窥探宋代商船修造的技术秘密。1984年，英国著名的科学史专家李约瑟博士在参观泉州古船之后，盛赞"这是中国自然科学史上最重要的发现之一"。

让这艘宋代古船得到如此关注的，首先是中国古代造船工艺史上的一项重大发明"水密隔舱"技术，即利用水密隔板把船舱分成互不透水的舱室，每个水密舱室由隔舱板、船壳板、水底板、船甲板围成，隔板与船壳用铁钩钉钩联在一起，并在两旁装置"肋骨"，起到支撑船壳板的作用。同时，以苎麻、石灰和桐油为原料，按一定比例调和成"艌料"，嵌塞进船舱木板之间的缝隙中，使其密不透水，不仅增加了船体强度，也提高了船舱的水密性，还便于货物的分舱管理。经由这层层厚实的隔舱板的隔断，并与船壳板紧密钉合，在一定程度上起到肋骨的作用，使船体更为坚固。

这种将船身分隔成若干舱位的船体结构，使船只在航行过程中即使破损一两处也不至于全船进水沉没，提高了航行的安全性能，是我国在造船技术上的伟大发明之一。

关于这一技术的运用，马可·波罗在其游记中曾做过细致的描述："此外有若干最大船舶有内舱十三所，互以厚板隔之，其用在防海险，如身触礁或触饿鲸而海水透入之事，其事常见。盖夜行破浪之时，附近之鲸见水起白沫，以为有食可取，奋起触船，常将船身某处破裂也。至是水由破处浸入，流入船舱，水手发现船身破处，立将浸水舱中之货物徙于邻舱，盖诸舱之壁嵌隔甚坚，水不能透，然后修理破处，复将徙出货物运回舱中。"

西方对这种技术的运用，要比中国晚了近五百年。1795年，英国海军总工程师塞缪尔·本瑟姆受英国皇家海军的委托，设计制造了六艘新型船舶，这也是西方第一次将中国发明的水密隔舱技术运用于新型军舰的制造。如今，这种技术仍被广泛应用于现代船舶制造中。

这艘宋船体现的"多重船板鱼鳞搭接建造技艺"，也是古代流传于泉州的一种船舶建造工艺，民间俗称为"鱼鳞册"。船两侧的船壳板不是单层的，而是用二层或三层宽大的船板一片一片叠合、榫接而成，船缝用麻絮、竹茹、桐油灰捣合的艌料填满，再用铁钉钉合，使整艘船的结构紧密妥帖，密不透水。这种"多重船板"的搭接方式，对于增强船体强度、分散风浪冲击力有着至关重要的作用。它使船壳外表面成纵向的锯齿形面，提升了船舶横摇阻力，从而减小船舶摇摆幅度，为海船提供了重要的安全保障。同时，也使海船船体能够更好地抵御海蛆的侵蚀。

在《马可·波罗游记》中，对这种奇特的多重板结构也作过详细描述："此种船舶，每年修理一次，加厚板一层，其板刨光涂油，结合于原有船板之上，其单独行动张帆之二小船，修理之法亦同。应知此每年或必要时增加之板，只能在数年间为之，至船壁有六板厚时遂止。盖逾此限度以外，不复加板，业已厚有六板之船，不复航行大海，仅供沿岸航行之用，至其不能航行之时，然后卸之。"在古船出土之前，人们对游记中这段描述仍将信将疑，没想到却在700多年后被这艘海船所证实，这也是我国古代匠师长期修造木帆船实践的经验总结，具有技术的先进性。

　　这说明，早在宋元时期我国造船航海技术就达到相当高的水平，"海舶"也因此成为"泉州制造"的强项，《诸蕃志》称之为"泉舶"。如今，这艘宋代沉船就陈列在泉州开元寺东侧的泉州古船陈列馆内，供人们参观；而"中国水密隔舱福船制造技艺"也被联合国教科文组织列入《急需保护的非物质文化遗产名录》。

海上丝路：艰辛与荣耀

1000年前，依山傍海的刺桐城，成为世界海洋商贸版图上的重要地标，呈现出"涨海声中万国商"的盛景；1000年后的今天，环湾向海的泉州城，成为世界遗产地图上的文化坐标，吸引着人们前来寻找和品读宋元中国。

偏居东南一隅的泉州，何以能在陆上丝绸之路衰落后，成为"海上丝绸之路"的起点？又何以能在宋元之际跃居"东方第一大港"，成为世界海洋商贸的中心？这无疑是一个有趣的问题。它并非上天的恩赐，而是历史发展的必然产物，是由当时国内外发生的一系列重大历史事件，由泉州所处的特殊区位环境和条件共同造成的；自然，它也是泉州先民历经无数艰辛努力后获得的荣耀。

1. 从宏观大环境看：它与唐宋时期中国经济文化重心的逐步南移，欧亚大陆局势和丝绸之路的变化，古代贸易模式的重大转变，朝廷强有力的制度保障以及开放的经济文化环境，有着密切的关系。

第一，是全国经济、文化重心的逐步南移。虽然全国性的政治中心长期在北方，从秦汉时期的关中长安，魏晋南北朝时期的中原洛阳、山西太原，到五代、北宋时期的河南开封和元明清时期的北京，莫不如此，南方仅在南朝和南宋时曾以江南的南京和杭州作为政治中心，但经济重心却呈现出逐步南移的趋势。如魏晋南北朝时期衣冠南渡，南方大开发，经济水平已经开始赶超北方；隋唐时期，南方经济全面超越北方，隋炀帝开大运河，"天下赋税仰仗江淮"，充分显示全国经济重心逐步转向南方。

北宋定都汴京（开封），政治、军事中心虽然仍在北方，但南方经济总量已远超北方，南方人口户数已占全国人口总户数的百分之六十三。汴京的兴盛也是靠南方经济的支撑，正如陆游所说："朝廷在故都时，实仰东南财赋，而吴中又为东南根柢。语曰'苏湖熟，天下足'。"靖康之变后，宋室南迁，以杭州为临时行在，使得政治、经济、文化中心全面向南转移，进一步促进了南方经济的大发展和文化的大繁荣。这是海上丝绸之路在宋朝达到鼎盛和泉州能够成为海上丝绸之路起点的重要原因。

第二，是欧亚大陆局势和丝绸之路的变化。隋唐以前，陆上丝绸之路是东西方贸易交流的主渠道，西域则是陆上丝绸之路能否畅通的要害区域。唐代中期前各王朝始终注意控制西域，但"安史之乱"后，唐帝国对周边少数民族的控制削弱，特别是吐蕃强势崛起，与唐朝分庭抗礼，一度控制河西走廊乃至整个大西北，阻断了陆上丝绸之路。与此同时，阿拔斯王朝（又称东阿拉伯帝国、黑衣大食）开始崛起，不仅控制了中亚，而且阻断了陆上丝绸之路的通行。

宋朝建立后，西北地区仍被西夏、回鹘占据，北宋外战乏力，无力占据河西走廊，自然也无法打通陆上丝绸之路。南宋以杭州为临时行在，先后与北方的金、元对峙，更无心打通河西走廊。从唐朝后期到宋朝长达四百多年中，陆上丝绸之路被长期阻断，迫使丝绸之路从陆地向海洋转移，进而促进了海上丝绸之路的繁荣发展。

第三，是古代贸易模式的重大转变。我国封建王朝与海外番邦的贸易关系，大致可分为朝贡模式和互市模式。朝贡模式是番邦向中土王朝进贡，表示臣服，并换回丰厚的回馈。其政治意义远大于经济意义，贸易只是附带。它虽是一种不平等模式，但由于给番邦的回赐价值远超其贡品，因此也得以长期维系。互市模式则是双方本着平等、独立的原则通商，重在互惠互利，沟通有无，本质上与其他贸易形式没有根本区别。

宋代以前，朝贡模式和互市模式并存，以朝贡模式为主。宋王朝建立后，朝廷开始抑制朝贡模式，倡导互市模式，并限制各国朝贡使团的规模。北宋时要求朝贡使团一般不超过十人，最多不得超过二十人；南宋时规定"商船不得擅载外国入贡者"，否则"徒二年，财物没官"。与此同时，大力鼓励民间互市，包括通过海上丝绸之路，进口珍珠、象牙、香料、药材、胡椒等天然产品，出口陶瓷、丝绸、纺织品、茶叶等高附加值商品。每年进出口总额约二千万缗（贯），大多为顺差，关税收入近二百万缗，可谓空前绝后。从朝贡模式到互市模式的转变，反映了宋朝统治者的务实思路，也是海上丝绸之路鼎盛的重要因素。

第四，是朝廷强有力的制度保障。宋朝统治者高度重视并大力鼓励海外贸易，设立主管机构，依法加强管理，包括在广州、泉州、杭州、明州、密州等重要港口设立市舶司，在秀州、温州等次级港口设立市舶务，在更次级的临海州县设立市舶场，负责发放"公凭"（即贸易许可证）、抽税、进口商品、维护港口、打击走私等。同时，不断健全相关法律法规，保护外商利益。如宋神宗元丰年间（1078—1085年）制定《广州市舶条法》，系统规定了海外贸易的主管机关、贸易主体、出入境管理、经营许可证、外商保护制度等内容，成为世界上最早的成文海商法；南宋高宗时还曾下诏规定"有亏蕃商者，皆重置其罪"，对外商投诉广州市舶司抽税过重、导致外商亏损的状况，迅速采取措施，将广州市舶使降职处分，并调整政策，恢复以往的抽税比例。此外，还设置专门机构，包括在广州、泉州、杭州等重要港口设立"望舶巡检司"，严厉打击海盗，保护海上贸易安全。这些政策措施极大促进了海外贸易的发展。

第五，是开放的经济文化环境。宋朝君臣思想开放，清醒地认识到"与其追求朝贡的虚荣，不如追求互市的实惠"，因此重视经济，不"耻于言利"，对发展海外贸易采取务实态度，不但鼓励本国海商到海外贸易，而且积极招徕番商来华贸易，对"蕃商有愿随船来宋国者，听从便"。同时，对外商一视同仁，以开放的胸襟鼓励他们来华贸易，并欢迎他们在华定居。如广州、泉州就专门设立番坊，供来自东南亚、南亚、中东等地的外国人居住，尊重他们的宗教信仰、生活方式和风俗习惯，让番坊自选番长实行自治，或修建番学供番商子弟读书。允许外国人与本国人通婚及进入朝廷为官，人们对外国商人娶中国女子，乃至世代定居习以为常。在如此开放的经济文化环境中，海上丝绸之路在宋朝达到鼎盛也就不足为奇了。

2. 从泉州的区位环境、条件看：它与泉州优越的地理位置和气候条件，商业化的社会经济结构，造船业和航海技术的发达，广阔的经济腹地和发达的手工业，安定的社会环境和便利的交通设施，地方当局的开明政策和保驾护航，以及泉州人"爱拼才会赢"的拼搏精神等，都有着密不可分的关系，从而为泉州成为世界级商埠创造了有利的条件。

第一，是优越的地理位置和气候条件。对于一个贸易港口而言，最重要的自然是港口条件。泉州港处于江海交汇之地，从北面泉州湾到南面深沪湾、围头湾，都有深邃的水道可以通航，沿途可供商船停泊的贸易港湾众多，且终年不冻、四季可行，是十分难得的天然良港。泉州港恰好又处于海上丝绸之路"东航道"和"南航道"中位，地理位置可谓得天独厚。

古代船舶在海上航行主要依靠风力，随季节变换的季风和船舶风帆的应用为大规模航海活动提供了必备条件。泉州夏季盛行东南风，船舶可乘风北上明州或朝鲜、日本；冬季则盛行东北风，船舶可南下广州及东南亚。

从刺桐港出发的海舶，走东南亚太平洋航线和南亚印度洋航线，可利用两洋夏季吹东南风、冬季刮西北风的季风规律来航行，即"船舶去以十一月、十二月，就北风；来以五月、六月，就南风"。每年冬季十月、十一月或夏季四月、五月，泉州市舶官员都要举行祈风仪式，祈求神灵保佑海上航行顺风就是这个缘故。正如南宋泉州郡守王十朋在诗中所云："北风航海南风回，远物来输商贾乐。"嘉定、绍定年间曾两知泉州的真德秀有《祈风文》云：

惟泉为州，所恃以足公私之用者，蕃舶也。舶之至时与不时者，风也；而能使风之从律而不愆者，神也。是以

国有典祀，俾守土之臣，一岁而再祷焉。……俾舳舻安行，顺风扬飓，一日千里，毕至而无梗焉。是则吏与民之大愿也。

这篇祭文言简意赅，道出了祭祀"海神"、祈求消除海上灾害天气，保护船舶航海平安的原因，从中可以窥见13世纪泉州成熟的海神信仰体系及官方对海上贸易的支持与推动。

在风帆贸易时代，因需要等待风向转换，泉州还承担起了东、南两个航道之间货物中转枢纽港的功能，于是"驿骑通途，楼船涨海，农士工商之会，东西南北之人"皆可聚集，从而成为我国东南沿海最重要的海洋商贸港口和海上丝绸之路的起点。

第二，是商业化的社会经济结构。泉州历史上人多地少，尤其是沿海一带盐卤地多、缺水，以耕田为生颇为艰难，为求生计许多人只好下海经

九日山上的石刻，印证了郑和等航海家对季风的精准利用

商。唐五代以来，随着外来人口的增长和密度的增大，"人多地少"的矛盾更加突出。泉州的自然条件似乎更有利于发展工商业而非传统农业，到宋元时期逐渐形成以工商为主、以农业为辅、以海外贸易为主导的社会经济结构。

宋室南迁后，泉州更加靠近政治中心和消费中心，当时从海外进口的货物中，香药、珠宝等奢侈品占了很大比例，主要供宫廷和上层社会享用，乳香等更是政府禁榷专卖的物品，由市舶司全部收购，调运京师。南外宗正司迁至泉州后，大批皇亲贵族定居在这里，不仅扩大了消费市场，而且提升了消费档次。香料、宝货等在泉州有了更大的需求和销路，海外舶商自然纷至沓来。

为适应海外贸易发展和商业人口增加的需求，泉州城区不断扩大，各种制造、销售外贸商品的手工业作坊和商铺不断增多，水陆交通和商业网络发达，使城市商业化程度不断提高，为泉州成为世界海洋商贸中心奠定了良好的基础。

第三，是造船业和航海技术的发达。我国古代造船业和航海技术在世界上一直处于领先地位，泉州造船业的规模大，不仅有许多造船场和修理船舶的船坞，可造大型商船及各种战船、运兵船、漕运船，而且所造海船的质量在国内居首。"泉州造"的海船船头小、船底尖，便于破浪前进；船身扁宽，船体高大，结构坚固合理，安全稳定性好；多樯、多帆、多锚，加之密封隔仓等技术的应用，十分有利于远洋航行。朝廷遣使海外也经常使用这种海船。宋人谢履《泉南歌》云"州南有海浩无穷，每岁造舟通异域"，说明泉州造船业十分发达。

航海技术方面，早在北宋末年，中国"四大发明"之一的指南针作为导航仪器已应用于航海，加上方位盘和航海图的利用，远洋海船对航行海域的地形地貌、水文要素、定位条件以及船舶在海洋中的位置已较为清楚，可以说获得了全天候的航海能力，摆脱了"白天看太阳，晚上看星星"的传统导航模式，远航能力大大加强。同时也造就了一大批经验丰富、技术高超的航海团队，每条海舶上都配有纲首（船长）、火长（领航员）、舵工（掌舵之人）、直库（负责管理武器的水手）、水手等，为海上丝绸之路的

法石港：宋代古船遗址

鼎盛提供了强大的技术保障。

第四，是具有广阔的经济腹地和丰富的外销产品。泉州依山傍海，北有兴化，南有漳州，腹地广阔。兴化军在宋初之前一直归泉州管辖，由于人稠地少、缺粮严重，从商风气浓厚，加之莆仙平原气候湿润，雨量充沛，适宜甘蔗栽种，历来盛产各种蔗糖制品，成为仅次于瓷器、锦绢、酒类的重要外销商品。漳州在唐初建州前隶属南安郡，五代又归属半独立的泉州管辖，虽然人口较少，但农业条件优越，物产十分丰富，人称"麦收正月尽，茶摘上元前。绿笋供春看，黄蕉入夏筵"，是远近闻名的鱼米之乡。在刺桐港崛起过程中，漳州以发达的农业和丰富的手工业制品为泉州海上贸易提供了有力的支撑。

泉州城郭周边，各种馆驿、草市、乡镇密布，沿晋江东、西溪上溯的安溪、永春、德化等地，瓷场、窑址众多。德化瓷窑、安溪魁斗窑，泉州东门窑，永春玉斗窑，同安汀溪窑，晋江磁灶窑等都是著名的陶瓷产地。窑址遍布泉州各县，达164处之多，所产陶瓷种类繁多，远销世界近百个国家和地区，是东南沿海重要的外销陶瓷产地。

茶叶、丝绸也是泉州出口的大宗产品。蔡襄在《茶录》中就提到，泉州七县皆有植茶，茶出于闽中者，尤天下之所嗜；伊本·白图泰对泉州生产的绸缎赞不绝口，认为"刺桐缎"即泉州产的天鹅绒锦缎远胜于杭州、北京的丝绸。矿冶业方面，北宋开宝年间（968—976年），泉州就设置矿冶场务201处，开征铁课。元代泉州矿冶业规模进一步扩大，据《岛夷志略》记载，有51个国家和地区从泉州刺桐港输入铜、铁器皿。

泉州能成为东西方贸易的大商埠，丰富的手工业产品是重要支撑。海上贸易的繁荣带动了泉州经济作物和手工业的发展，反过来为海上贸易提供了大量外销商品。正如日本学者三上次男所说，泉州外销瓷器连接了东西两个世界，形成了一条沟通东西方文化的"陶瓷之路"。

第五，是安定的社会环境和便利的交通设施。从唐中期到五代，以至

水天一色的安平桥

北宋、南宋和元初,北方战事频仍,中原人民纷纷南下避难,而地处东南沿海的泉州远离战火,处于相对和平安定的社会环境。农业、手工业和商业不断得到发展,百姓安居乐业,海外商人自然愿意来此经商。在南宋抗金的长期战争中,泉州成为皇族、士绅的避风港;在宋末蒙古铁骑的入侵中,由于蒲寿庚的降元客观上也使泉州免受战争破坏。

宋元时期泉州对外交通十分发达,为了适应货物转运、商民往来的需要,地方出现了修建道路、桥梁、港口、码头、航标塔的热潮。据《泉州府志》记载,泉州历代造桥260座,其中至少有一半以上是宋代建造的,如著名的洛阳桥、安平桥、石笋桥、玉澜桥、龙津桥等,以致有"闽中桥梁甲天下,泉州桥梁甲闽中"之誉。作为刺桐港代表的后渚港,有多条通往市区的陆路,走水路也十分便捷,使货物能及时集散。

第六,是地方政府的开明政策和保驾护航。宋元时期朝廷鼓励对外贸易，并于宋元祐二年（1087年）设立了泉州市舶司，使泉州成为国家级对外港口。地方政府闻风而动，积极招揽番商来华，保护番商合法权益，为扩大对外贸易规模提供各种制度和法律保障。番商在交易或生活过程中发生意外，也能得到地方当局的保护和救助，使番商能够"往来互市，各从所欲"。

每年到泉州来的商船准备离港归国时，泉州市舶司提举官和守臣照例都会设宴相送，犒劳诸国番商，请他们来年继续来泉贸易。宴会场面宏大，"番汉纲首（船长）、作头、梢工人等，各令与坐，无不得其欢心"。北宋雍熙四年（987年），宋太宗还特地"谴内侍八人赍敕书金帛分四纲，各往海南诸蕃国勾招进奉，博买香药、犀牙、真珠、龙脑；每纲赍空名诏书，于所至处赐之"。

市舶司对船舶的管理规范有序。据元代《通制条格》记载：凡本国船舶到海外贸易，事先须向所在地市舶司申请，由市舶司发给公验、公凭。公验是发给大商船的证明文书，公凭是发给本船自带的柴水小船的证明文书，即"大船请公验，柴水小船请公凭"。公验内"开具本船财主某人、纲首某人"以及直库、梢工、杂（事）、部领、碇手的人数，船舶的基本情况（樯高、船身长等），并写明所往地方、拟买货物。自海外回航时，要回原发舶港市舶司接受检查、抽分，然后才允许自由贸易。由于条例规定明确合理，因此执行起来效果良好。

第七，是泉州人不畏风险、"爱拼才会赢"的拼搏精神。伴随着宋元时期泉州经济的发展，泉州人逐渐形成了"爱拼才会赢"的拼搏精神和不畏风险、勇于下海竞逐财富的时尚潮流。虽然常有风浪之险，泉州人却丝毫没有胆怯之意。

在这些泉商中，有的是自己打造海舶经营贸易，有的是租用他人船只、舱位从事贸易。虽然海舶大小不一，经营方式不同，但大家在向海洋"讨生活"中，毫无例外都展现出勇猛、勇敢的精神，勇于闯荡海洋，征

宋代洛阳桥

服海洋。其中不少家族世代以海上贸易为业，闽南族谱中也常见"贩在南洋""商游吕宋"之类的记载。

总之，海上丝绸之路在宋元达到鼎盛，是由政治、经济、文化、科技等众多因素决定的，得益于历史的变迁和时势的造就，以及历朝对海外贸易的倚重，因此是历史的必然。这一时期，泉州港凭借"水陆据七闽之会，梯航通九译之重"的地理优势，凭借泉州商人不畏艰险、勇闯海洋的胆略和气魄，承担起中国东南沿海对外贸易的重任，逐步发展成为世界海洋贸易中心，这是泉州对世界做出的重大贡献，促进了中华文明的繁荣昌盛和整个人类文明的进步。

往事越千年。作为宋元中国的世界海洋商贸中心，刺桐城和刺桐港历经宋元时期的辉煌与沧桑，也历经明清时期的艰辛与沉寂。庆幸的是，众多历史遗存在岁月变幻中得到了精心呵护和活化利用。被称为"天下无桥长此桥"的安平桥，依然静卧在围头湾畔，吸引着南来北往的游人；傲然耸立在金钗山上的六胜塔，见证了宋元时期刺桐港的潮声帆影，也见证了新时代石湖码头的繁忙景象；世界独一无二的草庵摩尼光佛，拂去千年的尘埃，向联合国官员和世人展现出自己独特的魅力……

21世纪海上丝绸之路的重新起航，使泉州迎来了新的机遇、新的辉煌。2021年7月25日，在第44届世界遗产大会上，中国提出的"泉州：宋元中国的世界海洋商贸中心"项目顺利通过审议，列入《世界遗产名录》，成为中国第56处世界遗产。

该项目涵盖的22个遗产点，包括行政管理机构遗址，由城门、城墙、路网等构成的城市格局关键设施遗迹，多元社群宗教建筑和造像，文化纪念地史迹，城市干道与水系，陶瓷和冶铁生产基地，以及由桥梁、码头、航标塔组成的水陆交通网络。人们从中可以触摸到宋元泉州从生产运输到销售贸易、从山区腹地到沿海平原、从多元社群到城市结构的多元繁荣景象。这些遗产点构成一个复合型系统，形成了彼此关联、特色鲜明的系列遗产，完整体现了宋元时期泉州高度整合的"产—运—销"一体化海外贸易体系，以及支撑其运行的制度、社群、文化因素所构成的多元社会系统。

在对系列遗产整体价值的支撑上，这22处遗产点凸显出各不相同的价值特征。例如，官方设立管理海洋贸易事务的市舶司遗址，以及官员和皇室成员为海外贸易商舶举行祈风仪式的九日山祈风石刻，体现着保障贸易运行的官方制度；佛教寺院开元寺和伊斯兰教寺院清净寺等体现着贸易带来的多元社群；洛阳桥、安平桥和石湖码头等则体现着海外贸易的强大运输网络。它有力地证明，"涨海声中万国商"的盛景背后，是国家和地方对海洋贸易发展的重视，是强大的制度保障、生产基地、运输网络与多元社群共同作用的结果。

可以说，宋元时代的泉州，不仅是一座繁荣的海港城市，更是10至14世纪世界海洋贸易的典范，是大航海时代到来之前多元包容的"世界体系"

的代表。

读万卷书，行万里路。让我们走进泉州，走进这座美丽的海滨城市，走进宋元中国的世界海洋商贸中心，去领略它开放、多元、包容的城市气质，去品读22个世界遗产点的独特价值，去感受多种文明在泉州"和谐共生"的美好景象。

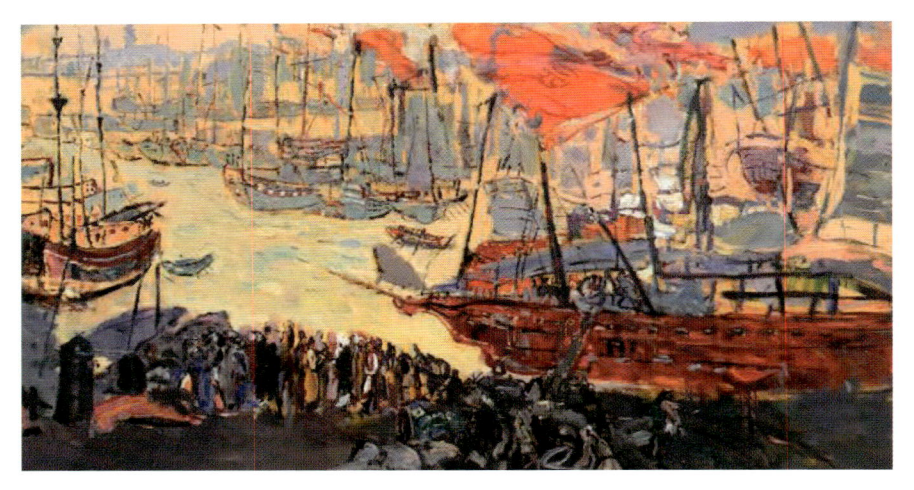

涨海声中万国商（张立平作）

第二篇 扁舟帆影天际归——商贸往来

"一眺人间万事非，海鸥山鸟便忘机。林端仿佛见帆影，知有扁舟天际归。"宋代诗人傅伯寿在七言绝句《一眺石》中，描绘了九日山下梁安港"扁舟帆影天际归"的绚丽景色，与唐代大诗人李白的"孤帆远影碧空尽"有异曲同工之妙。

傅伯寿（1138—1223年）是南宋晋江人，隆兴癸未元年进士，曾任道州、漳州、建宁郡守，官至礼部尚书、端明殿学士。返乡时节，诗人登上九日山远眺，晋江浩浩荡荡奔流向海，远处的帆影渐行渐近，从水天交接处迤逦而来。诗人神驰目注，心潮起伏。

崛起于唐代中期的泉州港，到南宋时已和广州港并称为中国两大对外通商口岸，成为中国与东南亚、南亚地区开展海外贸易的重要港口。

有宋一代，宋王朝实行对外开放国策，采取了一系列促进海洋贸易的措施。元祐二年（1087年），泉州市舶司作为朝廷在泉州管理海洋贸易实务的行政机构正式设立，标志着泉州成为国家对外开放的外贸口岸；南外宗正司的设置进一步强化了国家政权对海洋贸易的推动。历任泉州郡守和市舶司主管，如蔡襄、王十朋、赵汝适、赵崇度、真德秀等人，兴利除弊，发展生产，扩大贸易，成效显著。

到元代，泉州港一跃成为"东方第一大港"。马可·波罗在自己那部著名的游记中称："刺桐港是世界最大的港口之一，大批商人云集于此，货物堆积如山，买卖的盛况令人难以想象。"

从南熏门到德济门，从真武庙到天后宫，一座座城门连通古今，传承

45

文明；一处处宫庙寄托信仰，传递情感。泉州这座舶商云集的东方巨镇，展现了中国完备的海洋贸易制度、发达的经济水平及多元包容的文化，成为宋元中国与世界对话的窗口。

泉州市舶司（国画）

九日山祈风石刻

世遗名片：九日山位于晋江（金溪）北岸，是我国著名的海外交通史迹，也是历代文人墨客郊游的风景胜地。九日山祈风石刻记载了宋代泉州地方官员、市舶司主管及皇室成员等为海外贸易商舶举行祈风仪式的盛事，反映出海神信仰对海洋贸易的促进作用，体现了国家力量对海洋贸易的倡导和管控。

九日名山

暮春时节，出泉州城区，西行十五里，来到南安丰州古镇。登九日名山，赏祈风石刻，俯瞰金溪两岸，峰峦叠翠，树木苍郁，溪泉映流，景色醉人。

九日名山

九日山为泉州清源山支脉，也是闽南文化的发祥地之一，因"邑人重九登高"、寄托乡思而命名。虽然高只有百余米，却因峰峦秀丽、文风鼎盛而闻名遐迩。

九日山鸟瞰

　　九日山坐北朝南，有东西北三峰环拱，状如交椅。西峰因唐代诗人秦系在此隐居，故称西台或高士峰；东峰因唐代宰相姜公辅贬谪泉州时曾寄迹山中，故名东台或姜相峰；北峰连接东西两峰，称为北台。三峰环抱一坞，白云出岫，碧潭幽涧，流水潺潺。摩崖石壁上，镌刻着清康熙年间福建提督马负书题写的"九日山"三个大字，显得格外雄浑、遒劲。

　　两晋南北朝时期，统治者崇奉佛教，大兴寺院。丰州作为古梁安郡（南安郡）邑治，佛教尤盛，号称"泉南佛国"。晋武帝太康九年（288年），九日山下出现了闽南最早的佛刹延福寺，此后中外高僧纷至沓来。据《拘那罗陀传》记载，南朝梁武帝中大同元年（546年），印度高僧拘那罗陀由海道来华，游历于广州、南京等地，并于陈天嘉二年（561年）"泛小舶至梁安郡"，住延福寺翻译梵文佛经，前后两年。至天嘉三年（562年）才"泛舶西引",成为泉州与异域海上之路相通的佐证。

延福寺屡经扩展,到宋代进入全盛时期,有54个院落、几百名僧众,成为闽南最大禅林之一。延福寺东院的昭惠庙,奉祀通远广利王,亦称通远王祠或海神庙。传说唐人李元溥为躲避战祸曾隐居此地,因医术高明、乐善好施,百姓立庙祭祀。北宋嘉祐三年(1058年),泉州大旱,郡守蔡襄求雨辄应,后赐额"昭惠",加封通远王,由山神演化为水神、海神,有神通广大及保护船舶平安远航之意。

九日山下的金溪,系晋江流经丰州段之称,宋时海潮可达,至双溪口而止。明代诗人林胤昌有诗曰:"影落虹桥披匹练,风来兔魄散流金。凌波片叶潮初到,隔岸疏钟响乍沉。"描写了金溪海潮初到、月色皎洁的动人景象。

地处金溪河畔的梁安港(亦称金溪港)是历史上有名的天然良港,也是梁安郡(辖兴、泉、漳之地)对外贸易的重要港口,南朝时就有船舶从这里航行南洋诸国开展贸易。拘那罗陀当年到延福寺译经也是从梁安港出入的。说明隋唐以前梁安港的远洋航运就已相当发达。

中唐以后,随着经济社会的发展和河流的变化,州郡东移泉州,港口也随之外移,但梁安港作为内河航运港口仍十分活跃,车船云集,成为沿海与内地货物贸易的集散地。金溪上本无桥可通,只有古渡,称"金鸡渡",是古代安海一带北上到南安县治丰州的必经之地。

北宋宣和二年(1120年),乡贤江松、江谨在金溪上"造舟相连为浮桥",以沟通南北;南宋嘉定元年(1208年),泉州郡守叶廷珪请延福寺僧守静募款,在金鸡渡建石墩木梁桥。后真德秀继任郡守,大力续建,成为泉州第三座横跨晋江的桥梁。时桥长117丈(约386米),广2丈(宽约6.6米),墩17座,巨木为梁,墩为睡木沉基,两墩间距约6丈半,上压巨石条叠砌而成。桥上竖柱横梁,钉桷盖瓦,上有屋盖,成廊屋93间,下有护栏。

金鸡桥是古代晋江最长、规模最大的屋桥。曾多次毁于火灾,又多次重修复建。清顺治五年（1648年）被倭寇毁坏后重建，康熙五十三年（1714年）再次毁于大火，从此南北往来只靠舟楫摆渡。

历代诗人对金溪桥及其两岸景色情有独钟，吟咏之作屡见不鲜。如明代诗人史继偕有《题重兴金鸡桥》一诗："逶迤远势卧长虹，西引地形接郡雄。一日舆梁思惠政，万年舟楫属神功。弦声满邑随风转，桃色盈庭映面红。自是仙郎深雨露，褰裳不假沐恩同。"清代诗人陈桂洲也有《题金鸡桥二首》："九日山涵碧水流，虹桥横锁一溪秋。金鸡唱彻人间晓，惊起卧龙霄汉游。横梁百尺截溪流，拍水长天一色秋。忆昔通行人迹稳，而今坍塌褰裳游。"

20世纪50年代，在金溪建设引水工程，修建金浦水闸，灌溉晋南土地。1962年10月郭沫若到福建考察时，曾赋诗盛赞金鸡水利工程："金鸡唱，灌青阳。晋江入渠，浩浩荡荡。""金鸡吟，产黄金。内涝归海，海波不侵。"1965年10月，在古金鸡桥遗址上动工兴建了气势雄伟的金鸡拦河闸（全长327米，有28孔闸门），成为集水利灌溉和陆路交通于一体的枢纽工程。为金溪添加了浓墨重彩的一笔。

祈风石刻

俗话说"山不在高，有仙则名；水不在深，有龙则灵。"九日山因祈风石刻而扬名中外，有"山中无石不刻字，九日名山藏至宝"之誉。

九日山现存78方摩崖石刻中，尤以十方宋代祈风石刻最为珍贵。这十方石刻分布在东西两峰崖壁上，其中东峰八方，西峰两方，分别记载了宋代泉州官绅"祈风送舶"的活动盛况，是研究古代泉州海外交通、商贸的珍贵史料，具有突出的文物价值。

宋代尤其是南宋以来，北方战乱频繁，朝廷逐步南迁。统治者为了开辟财源，增加收入，十分重视发展南方经济和海外交通贸易。泉州凭借其港湾深邃，丝绸、瓷器、茶叶等特产丰富，造船业发达，靠近南宋首都临安（杭州）等优越条件，积极与海外通商。当时与泉州有贸易关系的国家

九日山祈风石刻

和地区达50多个，海舶远航可达日本、朝鲜、东南亚各国及印度、波斯湾、阿拉伯半岛、东非等地。

泉州帆舶航海主要靠季风，通常"去以十一月、十二月就北风，来以五月、六月就南风"，即"北风航海南风回"。如果风候不顺，就可能延误航期，威胁航行安全，影响贸易收入。为此，每年夏四月、冬十月，当地官绅都要到昭惠庙"祈风"，祈求海神保佑船队出入顺风安全，泉州古老的祈风传统也由此而形成。

宋时晋江下游河宽水深，海舶不仅可达泉州南关港码头，而且可上溯金溪，抵达九日山下的梁安港。由于九日山麓庙宇林立，又有一座奉祀海神的昭惠庙（通远王祠）。因此，"每岁之春冬，商贾市于南海暨诸番夷者，必祈谢于此"。祈风活动原以民间为主，后转为官办。每当船队出航或返航季节，泉州地方郡守、市舶司官员都要在这里举行"祈风送舶"活动，并定为"常典"。

"祈风"典礼始于北宋元丰年间（1078—1085年），仪式十分隆重，通常由泉州郡守或提举市舶使率领众多僚属、缙绅参加。斯时九日山下鼓乐喧天，通远王祠檀香缭绕，金溪水面舟舶遮江，旗幡蔽日。祈风礼毕后，众人一起登山游赏，赋诗留念，并勒石纪事。

祈风石刻最早出现在南宋淳熙元年（1174年）。这年十二月初一，泉州市舶提举虞仲房率众幕属及皇族成员，到通远王祠举行祈风盛典，包括上香祭拜、奏迎神曲、宣读祈风文等，最后勒石记载当日祈风活动："淳熙元年，岁在甲午季冬朔，吴人虞仲房帅幕属洪子用、朱彦钦、赵德季、赵致孚，祈风于延福寺通远祠下，修岁祀也。与者许称叔、吴景温、闻人应之、赵子张。"这方祈风石刻文字简短，但时间、地点、人物、事件等交代得一清二楚，主祭的虞仲房又是知名书法家，其隶书苍劲古朴。因此这方石刻的文物、艺术价值都很高。

后来的九方祈风石刻，也分别从不同角度记载了祈风和海交活动的情况，其中五方记载冬季启航祈风，三方记载夏季回航祈风，还有一方冬夏皆有。祈风石刻文字通常寥寥数字，却是字字珠玑，含义深远。如"遵令典祈风于昭惠庙……"，说明祈风已成为当时官方正式制度；"待潮泛舟而归"，说明宋时海潮可达九日山下，参加者乘船而返。

祈风石刻中有几方比较特殊：一是淳熙十五年（1188年）林枅等人"舶司岁两祈风于通远王庙"的石刻，是唯一记载一年两季祈风的石刻；二是宝祐六年（1258年）方澄孙等人的祈风石刻，是唯一既祈风又求雨的石刻；三是淳祐七年（1247年）赵师耕的祈风石刻，碑文仅24字，是祈风文字最少的一方石刻；四是南宋度宗咸淳二年（1266年）的祈风石刻，是年代最迟的一方石刻。

祈风典礼既是官方仪式，故每次必有市舶司和地方官员参加。据统计，十方石刻碑文记载的参加者，包括泉州郡守等地方军政官员58人，市舶司提舶使等官员9人，皇族宗室成员18人。它证实了祈风祭典的"官方属性"

及典礼规格之高、分量之重，反映出宋代官方对海外交通贸易的重视，是中外经济文化交流的历史见证。

这里的每一方石刻，都是一份珍贵的历史档案。它记录的海洋贸易与季风周期性变化等历史信息，与宋代泉州郡守真德秀、王十朋等在诗文中记载的祈风盛事互为佐证，对研究宋代泉州海外交通史弥足珍贵。

九日山祈风石刻是我国现存唯一有关航海官方祭典的石刻文字记录，也是宋代中国与世界各国通商贸易及泉州作为海上丝绸之路起点的最有力的实物证明。

1991年2月，由30多个国家组成的联合国教科文组织"古代海上丝绸之路"国际考察队，乘坐"和平号"考察船抵达泉州，首站就到九日山参观考察，并留下一方纪念石刻："作为朝圣者，我们既重温这古老的祈祷，也带来了各国人民和平的信息，这也正是联合国教科文组织丝绸之路——对话之路综合研究项目的最终目的。为此，特留下这块象征友谊与对话的石刻。"这方英文石刻写下了考察团成员的共同心声，成为当代中外文化交流与对话的历史见证。

郊游胜地

九日峰前八十秋，禅庵遥枕晋江流。

师心应共山无动，笑指云霞早晚休。

九日山风景优美，文物荟萃，林木滋蔚，山岩生色。金溪"溪流湾漾，峰峦映发，奥衍明秀，隐为一区"。因此，中外僧道、文人、官绅接踵而至，在九日山翻经隐居，登栖吟啸，游览怀古。据《南安县志》记载："自晋以来，士大夫避世氛，多游息赋咏于此，至唐而益盛，笔墨与兹山并传。"在这些隐士、文人中，名气最大的是秦系、姜公辅、欧阳詹、韩偓等4人，被称为唐代泉州"四贤"。

秦系（724—810），中唐著名"隐逸诗人"，越州会稽（今浙江绍兴）人，以诗驰名，赴举不第，漫行吴越。唐德宗建中元年（780年），因避安史之乱,离浙入闽。见九日山峰峦映秀,遂结庐西峰,筑室隐居,笃志注《老子》,终年与烟霞为伍,过着"日有溪山长相伴,夜听松涛暂入眠"的隐士生活。

姜公辅(730—805),中唐时爱州日南人,进士出身,唐德宗时曾任宰相。因直言敢谏,伤及权贵,被贬为泉州别驾。他辞官不就,卜

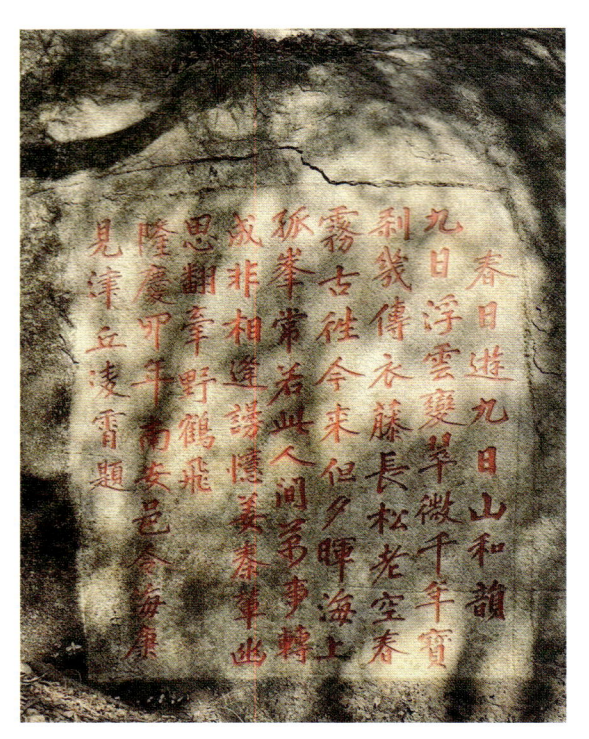

九日山春游石刻

筑九日山东峰,与隐居西峰的秦系结为挚友,两人朝夕相伴,共同论史注书,前后十三年,去世后葬于东峰南麓。

欧阳詹(755—800年),晋江人,后迁居南安,是泉州历史上第一个进士。唐贞元八年(792年)与韩愈等人同登进士第,时称"龙虎榜"。朱熹曾为其故宅撰联云:"事业经邦,闽海贤才开气运;文章华国,温陵甲第破天荒"。他在参加科举前后常来九日山交游,与秦系、姜公辅结为忘年契交。

韩偓(约842—923年),京兆(今西安)人,进士出身,官至兵部侍郎。因不愿依附权奸遭到排斥,挈其族人入闽,投奔闽王王审知,定居南安潘山"招贤院",与秦、姜等成为至交,去世后葬于九日山中。

后人景仰秦、姜、欧、韩的人品学问和气节,不仅为之修葺坟墓,而

且建祠纪念，赋咏凭吊。如"秦君亭""姜相墓"，以及纪念他们四人的"四贤祠"，纪念秦、姜、韩的"三贤祠"等。后来又将他们隐居之地命名为"高士峰""姜相峰"，以示后人"仰其高躅而不忘也"。

在九日山长期隐居的，还有无等禅师、罗隐等人。无等禅师于唐时慕名而来延福寺挂锡，后在山中筑室，结草为庐，隐居四十余年。罗隐则因科场失意和婚姻挫折，从浙江南下福建，足迹遍及八闽，诗文名擅一时。

九日山景色幽美，群峰叠翠，山明水秀，自然成为文人雅士吟咏之地和释家修行入禅之所。唐代"四贤"等寄寓九日山，更是泽及古邑文化教育。历代文人墨客、名公巨卿来此兴学、踏春、瞻仰留题者不可胜数。

五代时，王审知和王审邦为了礼待四方名贤，在九日山下招贤里（今丰州）创办了"招贤院"，先后接待韩偓、李洵、杜袭礼、崔道融等名贤及徐寅、王涤、王标、夏侯叔、王拯、罗隐等文士，使招贤院轰动一时，成为闽中文教兴旺的标志。

南宋时，大理学家朱熹曾与好友陈知柔邀游九日山，泛舟金溪，留下许多诗词佳话。如"频年因送客，携酒访山灵。大笑下山去，潮平月满汀"等。他还在九日山建"思古堂"（怀古堂），以纪念唐代隐居于此的秦系、姜公辅，并亲书"仰高"二字作为堂匾。

九日山东西两峰的摩崖石刻琳琅满目。《南安县志》称："九日山为我邑第一名胜，前代名公巨卿，贤人君子来游此者，卒有诗词题咏。"现存的十方诗刻，描绘九日山的山光水色、禅宇古迹，或兴古论今、咏怀名人。如宋代赵时焕的"天宽野水白，松润石崖青"；元代泉州郡守偰玉立的"花县屯烟山谷里，金钲跃浪海门边"；明代覃怀的"春色满林三岛外，清岩横岱九霄间"等，情景交融，声色并茂，对仗工整，堪称是脍炙人口的佳句。

这些摩崖石刻，篆、隶、楷、行诸体均备，古朴苍劲，遒丽多姿。如北宋蔡襄的纪游楷书残刻，苏才翁的"高士峰"篆书题额，苏绅的"姜相峰"楷书题额,以及马负书题写的"九日山"特大楷书,均是上乘的书家碑刻,为这座名山增色不少。每当游人来到九日山时,"九日山"三字立即扑入眼帘,令人叹为观止。

明代隆庆元年(1567年)春,丁一中出任泉州府同知。游九日山时他写下《初春日九日山限韵一首》:"青阳淑气正熙微,九日山巅一振衣。岩谷千年余胜概,冠裳万里共春晖。秦君亭废名犹在,姜相祠荒世已非。欲觅辽东旧时鹤,御风仍向海天飞。"表达了自己对秦系、姜公辅的怀念之情。眼前苍翠的山色,让他增添了几分豪气;而荒草萋萋的秦君亭、姜相祠,又让他有恍若隔世之感。

九日山人杰地灵,古迹遍布。无论是印度高僧拘那罗陀的翻经石,还是秦君亭、姜相台,或是宋代祈风石刻群和满山的摩崖题刻,都写满了历史的厚重。每到早春时节,延福寺旁嫣红的木棉花缀满枝头。穿过寺庙,徐步而上,山中绿树成荫,一步一景,水光岚影交相辉映,让人心胸恢廓,

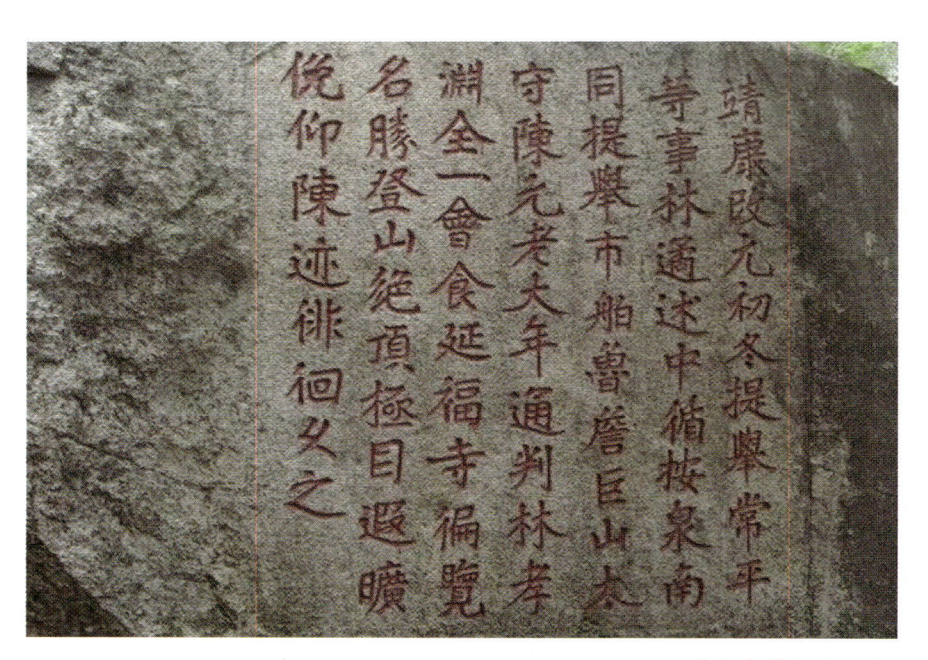

南宋官员纪游石刻

如梦如幻。

晚唐诗人张为的《题九日山诗》云："风触薜萝鸿鹄语，谷生烟雾鹧鸪啼。游人步步出林去，碎月玲珑满石梯。"描绘的正是这样一种风轻云淡、鸟语花香、月色朦胧的动人情景。宋代泉州郡守王十朋偕友同游九日山，写下《十日同知宗提舶游九日山延福寺》一诗："十日同游九日山，山中好处略跻攀。桑田改变松犹在，车马往来心自闲。昨日风应吹紫帽，今朝菊已带衰颜。登临称惬南来意，好逐飞飞倦鸟还。"诗人登临此山的惬意心情溢于言表，官员、挚友间的亲密关系也跃然纸上。

"雄奇壮伟的祈风崖刻，在九日山上耸起了一座文明的丰碑。"（李灿煌语）这是宋元中国海洋文明的丰碑，也是5000年华夏文明的璀璨丰碑。

"九日山"摩崖石刻

市舶司遗址

世遗名片：泉州市舶司始置于北宋元祐二年（1087年），是宋元朝廷设置在泉州专司海洋贸易事务管理的行政机构。其设置标志着泉州正式成为国家对外开放的贸易口岸，对宋元泉州的经济繁荣、文化交流以及海洋贸易的发展有至关重要的意义。

泉州市舶司遗址位于鲤城区海滨街道，濒临笋浯溪，是宋元泉州作为世界海洋商贸中心的历史见证。

笋浯溪畔的市舶司

晋江流经泉州古城时，一条支流斜斜地从古城区西南流淌而过。它上接笋江、下通浯江，"萦回曲折，景色秀丽"，"深阔可通舟楫，殊增郡城之胜"。它就是笋浯溪，又称"破腹沟"，全长虽然只有3000多米，却是古城区内沟河中最大、最繁忙的水系，著名的泉州市舶司就坐落在笋浯溪畔。

从北宋到明代近四百年间，海内外舶商在这条溪流上舟楫往来，络绎不绝，领取"公凭"，报关纳税。泉州市舶司因此"财源广进"，成为宋代

"三大市舶司"之一和南宋朝廷的重要财政支柱。

岁月悠悠，随着泉州市舶司遗址的发掘，当年刺桐港万商云集、商贸繁盛，古海关人头攒动、人声鼎沸的景象，仿佛又回到人们的记忆中。

一波三折

作为我国古代管理海上对外贸易的官方机构，市舶司通常设立在沿海重要港口，遵照朝廷律令，统一管理对外贸易事务，市舶使也由朝廷直接任命。然而，泉州市舶司的设立，却是一波三折，举步维艰。

唐朝初年，我国海外贸易曾由地方官管理，如广州海外贸易就由广州刺史或南海太守兼管。唐代中期，随着海外贸易的发展，由地方长官兼管海外贸易的体制已难以适应。唐玄宗继位之后，于开元二年（714年）在广州设立岭南市舶司，并任命右威卫中郎周庆立为岭南市舶使，专管海外贸易。泉州则设立"参军事"，负责管理出入境事务。

五代时，王延彬、留从效、陈洪进先后主政泉州，他们对海外贸易都十分重视，专门设立榷利院以加强对海外贸易的管理。北宋初年，为促进海外贸易发展，朝廷先后在广南路和两浙路设立了广州、杭州、明州（今宁波）三个市舶司，规范管理海外贸易，以期增加国家财政收入。

朝廷最初对进口货物实行垄断包买制度，即将全部进口货物交由榷利院销售，并制定严厉的禁榷刑律，不许民间商人与蕃商直接交易，否则轻则罚款，重则治罪。这种做法虽然能收一时之效，却不利长远发展，导致来华舶商迅速减少。太宗淳化二年（991年），朝廷鉴于包买制"良苦相杂，官益少利"，决定采行"包买与自卖"相结合的制度，大大调动了舶商的积极性，使海外贸易得到恢复和发展。

随着经济复苏和人口激增，许多"欲耕而无寸土者"只好向海讨生，并迫使朝廷进一步放宽对海外贸易的限制。仁宗嘉祐年间（1056—1063年）朝廷颁布新法，对"应犯榷货，并不根究来历，止以见在为坐"，即对走私货物只罚款，不株连，实际上为民间商贸打开了一个缺口。许多外国舶

宋朝泉州市舶司遗址

商纷纷来泉,甚至出现"舶商岁再至、一舶连二十艘,异货禁物如山"的盛况。

与此同时,也有不少泉州商人前往海外经商。由于福建路未设市舶司,给他们出行带来诸多不便,去南海者须在广州"请给官券",去朝鲜、日本者须在明州领取凭证;而每年只有一季顺风,辗转领证需要多费时间,有时还会被舶司官员故意刁难。

熙宁元年(1068年),宋神宗继位后,鉴于仁宗在位时长期受"三冗"所窘,财政困顿,决心变法以求"强兵富国"。熙宁二年(1069年),宋神宗在谈到海上贸易的好处时说:"东南利国之大,舶商亦居其一焉。昔钱(镠)、刘(鋹)窃据浙、广,内足自富,外足抗中国(指中原朝廷)者,亦由笼海商得术也。卿宜创法讲求,不惟岁获厚利,兼使外藩辐辏中华,亦壮观一事也。"宋神宗把海上贸易视为富国一大渠道,希望属下"笼海商得术",以使朝廷能"岁获厚利"。

时任福建转运使罗拯(1016—1080年)曾奉宋神宗之命,派遣商人赴海外联络，对海外贸易带来的巨大利益深有体会，便建议朝廷在舶商出入频繁的口岸增设市舶司。熙宁五年（1072年），宋神宗"诏发运使薛向曰：'东南之利，舶商居其一。比言者请置司泉州，其创法讲求之'。"（《宋史·食货志》）

薛向（1016—1081）时任江南六路发运使，虽然他对泉州设司之事十分赞同，但朝臣意见不一。新政派认为变法时期应统一事权，海外贸易对国家财政收入影响甚巨，更应集中管理，因此反对在泉州设司。最后朝廷决定先在京城设立"市易务"（次年改称市易司），总辖各州商贸事务，并任命三司判官吕嘉问为市易务提举。

吕嘉问上任后，极力扩张市易务权力，希冀暗中控制市舶司，笼利蓄货，甚至把主张在泉州设司的提议视为与变法唱反调。熙宁七年（1074年），市易司因滥用权力被朝廷追究查办，吕嘉问也受到廷责。

熙宁八年（1075年），陈偁（1015—1086）出任泉州知州。他深知舶商往来泉州须先到广州办理手续，会给舶商带来诸多不便，认为"若欲船泛外国买卖，自泉州就可放洋"，因此向朝廷提出在泉州设置市舶司。但不久他被调往安徽任职，设司之事只好搁浅。元丰二年（1079年），陈偁再度出任泉州知州，此时他虽年逾六旬，但对设司之事仍十分支持，民间设司呼声也日益增多。

元丰三年（1080年），中书省公布《广州市舶条法》，明令"诸非广州市舶司，辄发过南蕃纲舶船，非明州市舶司，而发过日本、高丽者，以违制论"，并由常驻泉州的福建路转运判官王子京兼任"觉察拘拦"，负责督察、追捕走私。王子京以此为由，对海外回舶未到广州市舶司核查的，一律按走私处理，弄得人心惶惶，怨声载道。一向关注民生的陈偁为此向朝廷上奏："自泉之海外，率岁一往复，今迁诣广，必两驻冬，阅三年而后返。又道有礁石浅沙之险，费重利薄，舟之南日少，而广之课岁亏，重以拘拦之弊，民益不堪。置市舶于泉，可以息弊止烦。"

在他看来，舶商赴海外原本一年可以往返，如果来回都要到广州办手续，不仅程序烦琐，而且浪费时间。只有在泉州设立市舶司，才能兴利除弊。但王子京只关心自己的"罚没款"，对陈偁的提议无动于衷，甚至反诬陈偁包庇商民，阻挠国法，两人几乎形同水火。陈偁的奏疏上报后便杳无音信。

直到元丰八年（1085年）宋神宗病逝，宋哲宗继位后推行"元祐更化"，许多被排挤的官员回到朝廷，变法时期的大部分措施被罢废，泉州设司之事才重新被提请朝议。

如愿以偿

元祐元年（1086年），吏部尚书李常被调任户部尚书，负责掌管财政。李常（1027—1090），南康建昌（今江西永修）人，仁宗皇祐元年（1049年）进士。他是黄庭坚的舅舅、苏东坡的至交，为人正直，为官清廉，曾因反对"青苗法"被贬。由于他与时任刑部尚书苏颂（泉州人）颇有交谊，因此对泉州海外贸易存在的问题心知肚明。在查阅过往公文时，他发现了陈偁申请设司的奏疏，觉得事不宜迟，于是正式向朝廷上奏，请求在泉州新置市舶司。

由于李常所提建议较为中肯和切合实际，加之朝廷当时的政治风气旨在革除新法弊端，对变法期间反对的事大都被首肯。因此，奏疏上报后很快就获得批准，并于次年付诸实施。据《续资治通鉴长编》记载："泉州增置市舶，从户部尚书李常请也。"对李常提请在泉州设司的功绩给予充分肯定。此时陈偁虽然已卒于泉州（1086年），但泉州百姓感念其勋绩，不仅给予隆重追悼，而且将其牌位移入泉州先贤祠祭祀。

宋哲宗元祐二年（1087年），泉州"如愿以偿"设立了市舶司。虽然这一天迟到了十几年，但却代表着朝廷对泉州海外贸易的认可和重视，标志着泉州成为中国东南沿海的重要贸易口岸。

泉州市舶司的设立，与朝廷对南海区域的新认知也有很大的关系。我国与南海周边国家和地区的贸易原本只限于和广州西南之国家和地区的交易，海舶基本上沿中南半岛海岸航行，外商来华率以交州为门户。后来航海术进步，南海季风规律也逐渐被掌握，波斯商贾在穿过马六甲海峡后已敢越南海航行，使隋唐时代广州贸易大盛，成为我国对外贸易的大商埠。

当时从广州去南洋，大多于冬季乘东北季风南下，即可抵达三佛齐（印尼一带），后来随着爪哇、渤尼（文莱）及菲律宾群岛的逐步开发，我国与南海周边国家和地区的交往日渐扩大，由广州沿马来半岛顺风南下的航线无法到达新的贸易地区；而从泉州东出台湾，直接南下菲律宾，不必绕道广州、交州，既可节省时间，又可减少风险，因此成为福建路舶商开辟的新航线，大大促进了福建与南海周边地区的贸易。

据《梦粱录》记载，当时民间海商都知道"自泉州便可放洋"，而不必绕道广州，但由于朝廷权贵不了解实际民情，死抱旧法不变，致使泉州设司一事迟迟不决，连海外来的使者都觉得不可思议。泉州市舶司的设置，使泉州舶商不必再承担去广州查验商船的成本和风险，顺应和推动了泉州外贸发展的大势。此后，泉州市舶司虽几经废、设，直到南宋初年才稳定下来，但这些变动并没有影响泉州海商力量的稳步发展。

泉州市舶司设立后，即把官署设于府治南水门内（今水门巷竹街南薰门遗址西北），即西到水仙宫、东到三义庙，北到马坂巷、洪厝山一片区域。

泉州市舶司遗址

舶商从泉州港出海或登陆，须先到市舶司登记；从海外运货抵港，也要先到市舶司交税，否则船货将被没收并治罪。

北宋朱彧在《萍州可谈》中，对宋代市舶管理程序作了详细描述："舶至，帅漕与市舶监官莅阅其货而征之，谓之抽解，以十分为率，真珠龙脑凡细色抽一分，玳瑁、苏木，凡粗色抽三分，抽外官市各有差，然后商人得为己物。象牙重及三十斤并乳香，抽外尽官市，盖榷货也。商人有象牙稍大者，必截为三斤以下，规免官市。凡官市价微，又准他货与之，多折阅，故商人病之。舶至未经抽解，敢私取物货者，虽一毫皆没其余货，科罪有差，故商人莫敢犯。"从中可以看出，宋代市舶司的管理职能包括船舶管理、征收关税、稽查走私、招徕接待等七个方面。

一是船舶管理。宋代凡经营海外贸易的商船，必须在指定港口发船，海商出海前要向市舶司报备并领取"公凭"，并由市舶司会同转运司派人上船查验，按公凭所开列货物品种、数量进行核对，验明没有夹带违禁品，方准予起航。船舶回航必须到原来发舶港口，由巡检司派人监管，防止货物未经征税而自行交易；同时由市舶司会同转运司派人上船查验，防止货物走私。发现走私货物隐藏不报者，全船所载货物一律充公。

二是征收关税，即"抽解"。因征收实物关税，以十分率进行抽解，又叫"抽分"。各个时期抽解的数量不同，不同产品抽解的比例也不同。如元丰三年（1080年）朝廷制定的《市舶法》，将舶货分为粗细两种，"细色值钱之物，十分抽解一分，其余粗色十五分抽解一分"；绍兴十四年（1144年）曾因"一时措置抽解四分"。元代实行土货"单抽"与番货"双抽"，如至元二十年（1283年）"市舶抽分例"规定，"舶货细者十分抽一，粗者十五抽一"，即税率为百分之十和百分之七。至元三十年（1293年）又规定，泉州产品三十取一，余皆十五取一。

三是实行专卖，即"禁榷"。舶货禁榷制度始于太平兴国元年（976年），规定所有舶货都由官方垄断，不准自由买卖。后来政策有所放宽，除珠贝、玳瑁、牙犀、珊瑚、玛瑙、乳香等8种为禁榷物，其余37种药物放行。此后又增加紫矿和瑜石等10种工业原料为禁榷物。到南宋，牛皮、筋角因可制作兵器也被列为禁榷品。元代为鼓励外商来华贸易，取消了禁榷制度，但对金银、铜钱、弓箭、军器、马匹等，不许私贩诸番，违者严惩。

四是官方收购，即"博买"，又称和买或官市。除禁榷物品外，一些获利较大的商品由官方统一收购，剩余物品才准许舶商自由买卖。仅香料一宗朝廷就获利匪浅，据《宋史》记载："宋之经费，茶、盐、矾之外，惟香之为利博，故以官为市焉。建炎四年，泉州抽买乳香一十三等，八万六千七百八十斤有奇。"博买起初按市价收购，到北宋后期则多打折，成为官府盘剥舶商的重要手段，"故商人病之"。元代取消了"博买"制度，舶货经抽分后即可自由交易。

五是稽查走私。宋代严禁铜钱、铜器、熟铁、战马、书籍出口，并"重立赏格，使人告捕"。虽然朝廷三令五申，处罚也十分严厉，如"钱出中国界及一贯文，罪处死"，但由于有厚利可图，因此屡禁不止，大量违禁物品仍流往海外。参与走私的不仅有富商、官员，还有水军将官。

六是招徕接待。市舶司负责接待贡使，收受表文。政和五年（1115年）泉州设置了来远驿，每年遣发番舶之际，地方官员和市舶司都要设宴招待诸国番商，以示朝廷招徕远人之意。邀请番汉纲首、作头、艄公等一并参加，体现了朝廷对海外贸易的重视。

七是奖优罚劣。为了鼓励番商来华，对积极参与"招商"、成绩显著的官员和商人给予"补官"或金钱奖励；对那些巧立名目、挟权营私、勒索番商的市舶官员则予以降职或"放罢"。如绍兴六年（1136年），泉州知州连南夫奏请"诸市舶纲首能招诱舶舟抽解物货累价及五万贯、十万贯者，补官有差"。泉州番舶纲首蔡景芳、大食番商蒲罗辛等人就因招商业绩突出被补为"承信郎"。嘉泰三年（1203年），福建市舶提举曹格则因"移易乳香"而被放罢。元代对玩忽职守或受贿容纵者处罚更为严厉，不仅以枉法论罪，甚至给予"决杖"。

泉州市舶司设立后，不仅规范了舶货管理，给番商和当地海商提供了进出口贸易的便利；而且由于番商来泉者众，税收显著增加，为舶司带来了高额收入，为朝廷增加了巨额财富。从建炎二年（1128年）到绍兴四年（1134年），泉州港市舶收入平均每年达近百万缗，市舶收入逐渐成为南宋朝廷的主要收入。正如宋高宗所说："市舶之利，颇助国用。"建炎四年（1130年），宋高宗南迁杭州、明州，立即"命福建市舶司悉载所储金帛见钱自海道赴行在"，以弥补军费开支，稳定军心。到绍兴三十二年（1162年），泉、广两市舶司舶税一年净收入就达到200万缗（贯），约占南宋年度财政总收入的二十分之一。

随着泉州市舶司的兴起，浙江市舶司逐步衰落。乾道二年（1166年），朝廷为了节省开支，决定"罢两浙路提举市舶司"。泉州由此成为南宋两大市舶司之一，海外贸易进入长期稳定发展阶段。进出口货物的不断增加，带动了各个行业的发展和市场的繁荣。尤其是造船业、纺织业、制瓷业发展更快，泉州纺织品远销东南亚诸国，晋江、德化等窑口的瓷器价廉物美，畅销海内外。造船业更是异军突起，1974年在后渚港发掘的宋代海船，就是当年泉州造船业兴旺发达的最好见证。

南宋中期，市舶管理受到来自多方面的挑战：一是舶货到港后，市舶司官员从中渔猎、贪污；二是地方官员搜刮贪取，巧取豪夺；三是水军将领私自派船出海，夹带私货，扰乱市舶秩序。对海商的各种盘剥，导致他们入不敷出，"番舶畏苛征，至者岁无三四"。许多商船不得不转到其他港口，或者干脆不来，导致进入泉州港的商船日渐减少，当地供货短缺，甚至无商可榷。

为了扭转这一颓势，朝廷多次派出官员整顿泉州市舶秩序，严禁文武官员走私，以根除舶司积弊，减轻商人负担。如郭晞宗出任泉州市舶提举后，大胆处理舶司积弊，使"岛夷闻风，来者衔尾"；真德秀出任泉州知州后，与市舶司提举赵崇度"同心划洗前弊，罢扣买，禁重征，逾年舶至三倍"。

经过整顿，泉州市舶秩序明显好转。此后百年，泉州刺桐港进入鼎盛时期，海上丝绸之路畅通，与阿拉伯商人的贸易往来不断扩大，不仅财政收入大大增加，而且使泉州成为世界著名的通商港口，开创了"刺桐港时代"。

到元代，泉州海外贸易达到极盛，对外通商的国家和地区由南宋时的58个增至98个，进出口货物达四百种以上。进口商品以香料、药物为主，出口商品则以丝织品和瓷器为大宗。许多番商人由此获得了丰厚的商业利益，如色目人出身的巨商蒲寿庚，宋元之际先后担任泉州市舶司提举和行省参政知事，"擅番舶利者三十年"，积累了许多财富，成为实力雄厚、"财大气粗"的官商。

宋元时期，随着泉州对外经济文化交流的增多，各国传教士、使者、旅行家、贵族乃至平民纷至沓来，其中不少人在泉州定居，繁衍后代。各种外来宗教大多也在这时传入泉州，与本地的道教、儒教和民间信仰互相融汇，相安无事。

明王朝建立后，倭寇、海盗的侵扰和朝廷实施的"禁海"政策，严重影响了泉州港的对外贸易交流。明成化八年（1472年），福建市舶司迁往福州，从而结束了泉州市舶司近400年的历史，刺桐港从此辉煌不再，并逐渐走向没落。

遗址重光

自北宋元祐二年（1087年）至明成化八年（1472年），泉州市舶司作为朝廷派出机构，为泉州海外贸易发展和朝廷财政收入增长做出了重大贡献，在我国古代航海、贸易和对外交通史上写下了辉煌的一页。

其时，城南水门沟渠纵横，舟楫往来，络绎不绝。远渡重洋而来的番商溯晋江入城，然后换乘轻舟，从破腹沟外划入水门关口，到岸上的市舶司报关。市舶司业务十分繁忙，税收不断增加。到南宋极盛时期，泉州市舶司年收入达百万缗之巨。

严格的制度管理，保证了泉州海外贸易的规范与统一，对当时的社会风气也有很大影响。中外商人频繁往来，国家岁入不断增加，为泉州市舶司带来了近四百年繁华盛景。

身为市舶司提举的朝廷命官，不仅位高权重，而且勤勉敬慎，如王十朋、真德秀、胡长卿、赵崇度等人，皆是一时之选。王十朋在出任市舶司提举时，就在《泉州到任谢表》中写道："况闻为负山带海遐僻之乡，而泉乃富商大贾往来之会。讵容庸缪，可备使令！"他认为自己承蒙圣恩，皇帝陛下"知臣无剥下益上之罪，恕臣有抑强扶弱之偏，悟即墨之浮言，界清源之善地"，因此，"臣敢不清白奉己，循良牧民。富而可求，第守不贪之宝；老之将至，尚怀有犯之忠"，表达了自己一定要遵纪守法、勤政爱民，成为一名廉吏的决心。

他们不仅这样说，也是这样做的，因此在任上留下了良好的口碑。如胡长卿，字元之，吴县（今苏州）人。乾道二年（1166年）进士，曾任将作监丞、军器监丞等职。淳熙十五年（1188年）任泉州市舶提举，在任时廉洁奉公，为地方办了不少好事。后调任崇化知县、吉州知州及提点广西刑狱、广西转运判官等职。在他离开泉州后当地市民感念他的勋绩，在市舶亭边建了"胡寺丞祠"，表达对他的爱戴。

历任泉州市舶司提举（简称"泉使"）与当地郡守及南外宗正司官员彼此"惺惺相惜"，共促一方经济发展，闲暇时诗词往来，互相唱和，其乐融融。如王十朋诗曰："忆昔江东会众仙，诗筒来往走山川。造楼游戏偶成凤，炼石辛勤能补天。堪叹交游隔生死，尚余文字带芳鲜。欲受膏馥增前集，舶使新诗自合编。"表达了对故友的思念和"辛勤补天"的愿望。

历经三个朝代、存续385年后，泉州市舶司北迁福州。据道光《晋江

市舶司遗址考古现场

县志》记载:"市舶司迁榕城后,司荒废,后渐为民居,现仅存遗址。"遗址中的市舶亭及周边的水关、城墙、鹊鸟桥、舶司库巷等至今有迹可循。

市舶亭又名"清芬亭",位于市舶司官衙内,是一座戒贪、颂廉亭。亭边的胡寺丞祠,是泉州百姓为纪念胡长卿而建的祠堂,南宋初傅伯成有"岁晚松篁期苦节,春光桃李任多情"的诗句,颂扬了胡长卿的气节。部分官衙遗址后来被改建成宫庙,供奉玄天上帝、真武大帝及田都元帅等神灵。与市舶司相邻的"白丝库巷",因泉州方言白与"舶"、丝与"司"谐音,久而久之就被叫成了"舶司库巷",从中也可看到当年市舶司的影响。

2019年8月,中国社科院考古研究所考古队开始对泉州市舶司遗址进行考古发掘,揭露出铺砖地面和石墙、石墩、石构、鹅卵石铺面等宋元建筑基址,并陆续出土大量花卉纹瓦当、脊兽、文字砖等建筑构件和越窑青瓷、龙泉窑青瓷、景德镇青白瓷等高档瓷器,证明这里有大型较高等级官式建筑群的存在。结合古城区内外水系、道路等因素以及"造市舶亭蒲"等文字砖的发现,证明此处确为市舶司遗址,其位置和范围为马坂巷、水沟巷、竹巷、水门巷围合的区域,格局基本保存完整。

市舶司遗址的认定及其呈现,揭示了宋代衙署的构造格局,为研究我国南方官式建筑提供了珍贵的实物资料,也为研究我国古代掌管对外贸易的政府机构提供了宝贵的实物例证。

如今,广州、明州、杭州的市舶司遗址俱已湮没,泉州市舶司遗址成为我国唯一保存下来的古海关遗址。当你穿街过巷,走近壕沟边这处貌不惊人的遗址,望着那块上书"宋泉州市舶司遗址"的花岗岩石碑,你似乎很难想象:一千年前,这里是远渡重洋来到泉州的番商进入这座城市的必到之处,到处都有番商前来缴税清关、存放货物的身影和"市井十洲人"的喧闹声。

"风流总被雨打风吹去。"泉州市舶司遗址虽然早已"人去楼空",不复旧日模样,但周边长长的石板巷和满街商贩的叫卖声,依旧让人怀想它昔日的辉煌,生发出"人事有代谢,往来成古今"的慨叹。

德济门遗址

世遗名片：德济门地处泉州城南、濒临晋江之滨，是宋元时期泉州古城的南门，也是泉州城南商业区的交通要道和重要地标。它记录了宋元泉州城市向南部拓展的历史，体现了官方对海洋贸易和城市商业发展的行政保障。

德济门遗址是泉州古城七座城门中唯一保留下来的城门遗址，也是我国现存使用时间最长、面积最大的石构古城门遗址之一，有宋、元、明、清不同时期的建筑遗存，具有重要的文物价值。

德济门遗址鸟瞰

"清源紫帽夹峥嵘，海国金汤第一城。"这是清代诗人张远在《闽中杂感》中对泉州古城的礼赞。历经1300多年岁月沧桑的泉州，背山面海，风景秀丽，物产丰富，人杰地灵，是一座著名的历史文化名城。从城北清源山上俯瞰泉州古城，城池状若鲤鱼，因此有"鲤城"之称，而"鲤鱼跃龙门"代表着腾飞，象征着吉祥。

古城变迁

泉州古城的形成，经历了一个不断发展、变迁的过程。古人依据风水学原理建城，使之藏风聚气，趋吉避凶。地方郡守因势利导，使城池日臻完善，以便利商贸，保境安民。

唐景云二年（711年），泉州州治从丰州移到东南5千米外的清源山下（今泉州城北）。唐开元六年（718年）又析南安县东南区域（15个里）置晋江县，泉州州治与晋江县治同处一地。此后，泉州的城垣陆续开始建设，称为唐"故城"（或旧罗城）。因趋避地势之故，城区形状不规则。据《唐书》记载，"开元二十九年（741年），（泉州）别驾赵颐贞凿沟通舟楫至城下"，说明当时城池已经形成。

唐末五代，王审邽（858—904年）、王延彬（886—930年）父子先后主政泉州28年（898—925年），多次扩建城郭，形成了完整的"子城"，方圆三里左右。其范围北至今中山公园，南至花巷口，东至南俊巷口，西至会通巷口。子城有四门：东门"行春"（今东街相公巷以西，门楼巷口以东），西门"肃清"（今西街西菜市口），南门"崇阳"（今承天巷口至花巷口间），北门"泉山"（今孝悌巷口，即复建的泉山门以东）。

城内街坊以钟楼前双门为中心，形成上十字街，并向东南西北四个方向扩散，从子城内延长到子城外。钟楼以北为官衙所在地，东街往东过仁风门通洛阳江，西街往西过义成门通丰州。十字街以南设东西两坊商业区，街坊整齐。城外有壕，壕上有吊桥通城门。

唐天祐年间（904—907年），王延彬权知泉州军。因其妹为西禅寺尼，于是拓展西城，将西禅寺包在城内。

五代十国时期（907—960年），福建相对安定，地方经济迅速发展，然而泉州城偏小，与经济发展不相适应。南唐保大年间（943—957年），清源军节度使留从效对泉州城"重加版筑"，修建了"罗城"，它是包围子城的外城，也是真正具有防御意义的城池。罗城蜿蜒二十里，城墙高一丈

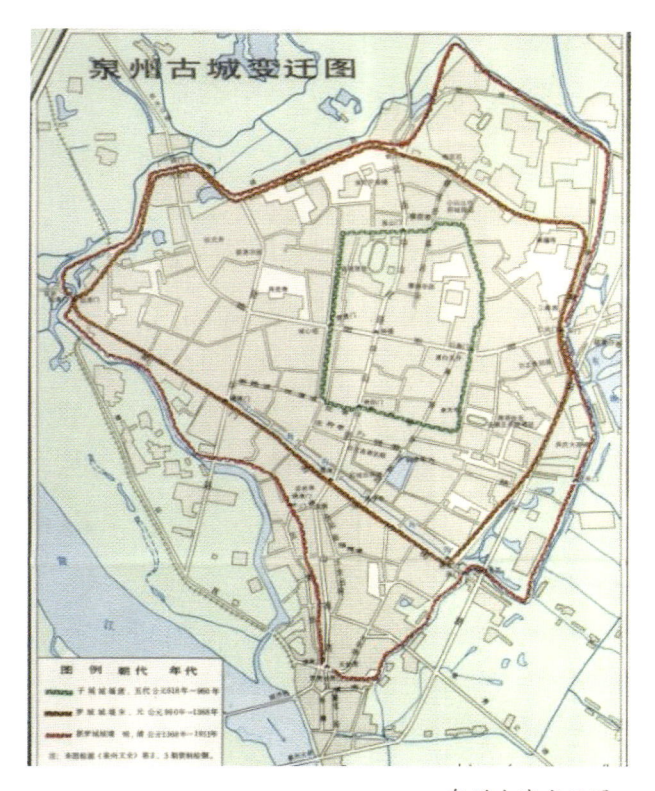

泉州古城变迁图

八尺（约6米高）。

罗城有七个城门，即：东门仁风（位于二郎巷）、西门义成（位于奉圣巷）、南门镇南（今中山中路南端）、北门朝天（位于文胜巷）、西南临漳（又称新门，位于水关桥东北、傅府山南麓）、东南通淮（又称涂门，位于兵司马桥边）、西南通津（又称新南门，初筑城时为水门，仅通舟楫），简称"罗城七门"或"七城门头"。

罗城修建后，新筑的衙城（为开府建衙之处，位于北门州顶，今中山公园）和唐代的子城被包在城内。子城的4座城门被作为东西南北方向的鼓楼，用以报时，俗称"四鼓楼"。因修筑罗城时环植刺桐，又称"刺桐城"。

罗城将子城东西南北四条街各向延伸到罗城城门外，又新开从镇南门东到通淮门、西到临漳门的两条街，即今涂门街、新门街，是为下十字街。"罗城外濠，环绕罗城，广六丈，深二丈余。三面通流，潆洄如带。独东北一隅，磐石十余丈。地势高仰，潮不能通。"（《晋江县志》）

北宋乾德初年（963—968年），平海军节度使陈洪进因其女出家为尼，以城东松湾地建千佛庵（今崇福寺），随后拓展东北城垣，将崇福寺包在城内。由于泉州城区北部之东西隅稍宽，因此俗称为"葫芦城"。

南宋时期（1127—1279年），泉州海外贸易持续发展，人口也大幅度增多，"泉州城内画坊八十，生齿无虑五十万"（《舆地记胜》），镇南门内外的"南关"成为番商聚集和交易的主要场所。但每年江水泛滥时，尽成泽国。为了保护南关商贸重地，满足人口增多的需要，南宋绍定三年（1230年），泉州知州游九功拓地扩建城池，增筑"西南翼城"。

据《晋江县志》记载："绍兴三年，守游九功始筑瓮城（即二重城门）于城南。外筑翼城，东起浯浦，西抵甘棠桥（即临漳门外第一桥），沿江为蔽成石城四百三十八丈。"翼城高仅丈余，厚不及丈，全部为石墙，以防汛为主。城于交通孔道辟有二门，西者曰小水门，位于"马头埑"；东者曰南门，位于天后宫口，成为后来德济门的雏形。

南宋绍定五年（1232年），"海寇"王子清侵犯泉州。知州真德秀接受乡贤刘叔智建议建"东南翼城"，北起仁风门，循东门大沟，外绕释仔山，回环草埔尾诸池，南至津头埔。

元至正十二年（1352年），郡守契玉立南拓罗城，把原城墙围长二十里扩为三十里，使罗城和翼城合为一体，称为"新罗城"。泉州城门虽仍为七门，但位置和名字有所调整：一是在天后宫前增设德济门作为古城的南门，并废除通津门；二是在临漳门和德济门之间新建一城门，曰南熏门（俗称水门）。原来涂土门街、新门街构成的下十字街变成了中十字街，天后宫路、土地后路交界处则成为新的"下十字街"街口。此外，原南护城河成为城内壕沟，在壕沟上陆续修建石桥，以便于往来。

明朝时，泉州又在新罗城开了一个小东门（在今儿童医院附近）。因古泉州地形状似鲤鱼，俗称"鲤鱼城"，小东门（鱼嘴）正对着东湖（珠），像是"鲤鱼吐珠"。纵横交错的排水系统"八卦沟"像鱼身，长期汇流而成的蓄泄池"百源川池"则像鱼睛。《闽书》云"门直东湖之嘴，早日初升，湖光潋滟，如鱼饮湖水者然"，因此称为鲤鱼城。增辟小东门后，泉州城门由7个变成8个，但不久小东门就"门塞楼废"。

明清五百多年中，泉州城郭变化不大。到20世纪初，七座巍峨的古城门依然存在。1926年，时任厦门大学国学院导师陈万里到泉州考古，记录了古城尚且完整的面貌，只是南门已拆毁一角。当时城墙上可以跑马、城下壕堑水波荡漾。登上城门，刺桐城风景尽收眼底。后来人们开城辟路，或因战事之需，逐渐摒弃城壕，许多城门和城墙在20世纪30年代末不复存在，至1948年彻底毁损。

南门德济

"泉州府环山障海，为东南之巨镇。"（明《闽大记》）700多年前，在南宋郡守游九功的主持下，泉州古城南端的滨江岸线筑起了一道石城墙。城墙下的南门，就是后来名闻遐迩的"德济门"，取"修德济人""德济四海"之意。古城门的位置与天后宫的大门错开，符合闽南"大门不能对小门"的风俗，与其相对的天后宫因此香火鼎盛。

南宋绍定三年（1230年），古城南部已是人烟稠密、外商云集的区域。然而，郡守游九功却十分头疼，因为每年台风季或山洪暴发时，城南经常沦为一片泽国。为此，他沿滨江一线加建了兼具防洪功能的城墙，史称"翼城"。

翼城南端的德济门，地处繁华的南关码头，地理位置得天独厚，很快就成为进入城南商业区的交通要道。每年春夏之交，一批批海外番商通过德济门，把各种宝货送进城里，又把精美的外销产品运出城去。德济门内外，熙熙攘攘，好不热闹，呈现出一派繁华富庶的景象。

据《泉州府志》记载："胡贾航海踵至，富者赀积巨万，列居郡城南。"许多番商获利后就在泉南番坊定居下来，并把宗教信仰也带了进来。后来在德济门遗址出土的伊斯兰教、基督教、印度教石刻，正是中外商贸交流和多元文化融合的例证。

德济门遗址由北向南分别由宋代城墙遗迹、内壕沟及古拱桥、元明城墙及城门、明代瓮城、外壕沟等遗迹组成，整体呈现出由北向南扩建的趋势。宋代城墙建于南宋绍定三年（1230年），沿宋代晋江岸线呈弧状东西向延伸。墙体外壁用条石丁顺分层砌筑，墙心填土及少量碎石并稍加夯筑而成。同样建于绍定三年的内壕沟，原为宋代城墙南侧的外城壕。元至正十二年（1352年）南扩城墙至壕沟以南，并改砌壕沟侧壁及沟底，作为内壕沟使用。壕沟侧壁同样由条石丁顺分层砌筑。

明代城墙与瓮城位于宋代城墙及壕沟南侧，是明洪武年间（1368—1398年）在元代城墙基础上修建的，对原城墙进行了加厚增高。城墙东西向延伸，城门门道南窄北宽，平面呈"凸"字形，北端东西两侧保存着城楼墩台遗迹，门道铺架了五条石桥板，横跨于内壕沟之上。

值得注意的是，德济门的构造是"L"形的，和普通城门不同，中间要经过瓮城，以便于盘查奸细。现存城垣、门楼基础、门道、瓮城等遗迹。

700年前，德济门是进出泉州的要道。德济门外的聚宝街、青龙巷、万寿路、富美码头，是宋元时期泉州进出口货物的集散地。"一城要地，莫盛于南关。四海舶商，诸番琛贡，皆于是乎集。"泉南商业区从中十字街到下十字街，是当时泉州最繁华的地方。近百个国家和地区的商人聚集在这里，交易各色金银珠宝、香料药材以及丝绸、瓷器、茶叶，号称泉南"商业重地"，它成就了"金青龙、银聚宝"的佳话，谱写了城南这片古代"自贸区"的繁荣。

聚宝街北起万寿路，南至厂口旱闸，全长约500米。宋元时期来自世界各地的商人在此交易珠宝商品，故称聚宝街，海外的珠贝、犀角、玳瑁、

城南商业区鸟瞰

象牙、乳香、龙脑、珊瑚等，就是从这里转运到京城和江南各地。在长期的商贸往来和开放交流中，聚宝街保存着各种宗教信仰的遗址和风格迥异的民居建筑，以及车桥头、路角头等地名和民谚，留下了许多令人回味的城南旧事。如"南门兜，挤烧包，挤不过路角头"，就是当时聚宝街一带人们摩肩接踵、交易发达兴盛的真实写照。

青龙巷南起港仔墘，北抵横街，全长200余米，因巷里有一座供奉保生大帝的青龙宫而得名。这里也是富商聚集之地，有不少清代闽南传统院落式建筑和东西合璧的洋楼，巷首还有隶属于市舶司、主要用来接待琉球贡使团的来远驿遗址。1984年，省市文物部门在这里竖立了一块保护石碑，上书"明来远驿遗址"。日本媒体来中国拍摄纪录片《大陆三千里踏察行》时，曾专门到这里取景，足见其在海外交流史上的地位和影响。

万寿路南起富美渡头，北抵德济门遗址，虽然全长只有四百多米，却是城南的一条重要商业街，大小商铺鳞次栉比。万寿路还有明代杰出思想

德济门遗址（局部）

家李贽的故居。自29岁离乡到河南辉县担任教谕，李贽34岁才为父亲丁忧返回家乡。"当时正赶上倭寇大举入侵泉州，他立刻率领族中子弟，配合官兵，登临德济门城头，冒着敌人的流箭飞石，昼夜守备，直到击退敌寇。"

彼时泉州先民向大海讨生活，弄潮于波峰浪尖，把爱拼敢赢渗入血液。如果说，聚宝街是八方奇珍异宝汇聚、交易之地，青龙巷则可提供货币兑换、货物典当服务，在刺桐港金融商贸中发挥着重要作用。聚宝街和青龙巷共同见证了宋元时期泉州港贸易的兴盛和成为世界海洋商贸中心的历史。

"富国在臧民，论规张敞；美言莫轻听，议拒乌孙"，写于泉郡富美宫大殿前的这副藏头联，介绍了西汉太子太傅萧望之的感人经历，颂扬了他明察秋毫、慧眼识人的优良品德。可以说，这里的民间信仰与海外贸易生活是息息相关的。

重见天日

城门是城市发展变迁的重要见证和文化传承的重要载体。20世纪初，随着泉州近代城市的发展建设，南城门不再使用，后毁于火灾。2001年秋，在泉州城南片区保护工程中，经考古发掘，这座被掩埋地下的城门遗址得以重见天日。

德济门遗址建筑平面呈现多边形，面积2000平方米，由城门、城墙、门道、墩台、内外壕沟、拱桥以及瓮城和瓮城门等组成，城门遗址进深约14.10米，分前后2门道，最宽4.10米。门道路面用长条形、方形及不规则形石板铺墁，并凿有防滑凹槽。门道跨壕处铺架大石条，残存的城门建筑南北长36.50米，东西宽49.10米。城墙内外皆砌石，基宽4.8米，残高0.5~1米。其瓮城呈半月状，外壕沟环城。瓮城门开在西侧，进深5.06米，设有前后2门道。

根据专业考古要求，不同年代的城墙分别进行发掘。其中：宋代城墙考古发掘揭露长度31.5米，墙宽7.2~7.6米；壕沟考古发掘揭露长度47.2米，沟宽1.93~2.88米，深2.5~2.75米；明代城墙考古发掘揭露长度43.1米，残高0.5~1米，基宽4.8~5.45米。瓮城西墙内侧至今保留着清代为加宽和加固明代瓮城而增补的一段城墙。

德济门遗址是泉州古城中唯一保留下来并经过科学考古清理的古城门遗址。遗址内各时期建筑遗存叠压清晰、内容丰富，完整保存了11世纪以来古刺桐城和泉南地区拓建、发展、演变的历史印迹，对研究泉州海外交通、城市建筑、宗教艺术等提供了重要的实物资料。

在考古发掘中出土的，还有一大批各个时期的重要文物，包括明清时期的修城砖、石质建筑构件，以及明清铁炮、铁弹丸等文物，现场还发现一方17世纪刻有"盘诘奸细"四字的石碑以及古代寺院的大量建筑构件。

遗址中除了各朝代的城墙残垣外，还有十多方展现多元宗教文化的珍贵石刻，包括宋元时期印度教、基督教、伊斯兰教、佛教等宗教石刻。其中有一方外来宗教石刻，一侧刻着基督教的十字架与莲座，一侧却刻着伊斯兰教的云月图案，十分罕见，经考证属于景教（基督教早期异端聂斯托利派）实物。这证明宋元时期泉州官方对各种宗教兼容并蓄，基督教与伊斯兰教相互融合。

　　踏上天后路，眼前的德济门遗址呈垒石结构，一块块条石筑砌的古城墙，呈弧状向东西延伸。整座遗址坐北面南，与晋江遥遥相对，一碑一石在太阳映照下显得格外耀眼。遗址内有一条深逾2米、宽约2米的壕沟，乃宋代外城壕，元代成为内壕沟。还有外形精美的抱鼓石、古朴的城门盖石以及大量旧建筑构件，让古城门遗址显得恢宏大气、古朴厚重。

　　作为宋元泉州古城的象征，德济门遗址展现了宋元泉州对城市商业区的管理，成为泉州城市人群汇聚、多元文化共存的重要佐证。从德济门遗址的残存城垣和出土文物中，人们可以感受泉州深厚的历史文化内涵。

　　德济门不仅见证了宋元泉州城在海洋贸易中一路南拓的历史，而且在沧海桑田的变化中写下了中外商贸、文化交流的辉煌篇章。它永远留在了泉州人的记忆中！

德济门遗址一角

天后宫

世遗名片：泉州天后宫始建于宋庆元二年（1196年），地处泉州城南晋江之滨、"蕃舶客航聚集之地"，是现存年代最久、规模最大、规格最高的祭祀海神妈祖的宫庙，也是世界范围妈祖信仰的重要传播中心。它见证了妈祖信仰伴随海洋贸易的形成和发展历程，体现了民间信仰与国家意志对海洋贸易发展的共同推动。

泉州天后宫鸟瞰

一座天后宫，就是一部海洋文化对外传播的历史。

泉州天后宫位于鲤城区临江街道，濒临晋江沿岸港口，是泉州地区规模最大的妈祖庙。"神功护海国，水德配乾坤"，这副七百年前镌刻于泉州天后宫寝殿门前的楹联，是泉州民众对妈祖毕生神功、品德的褒奖与颂扬，也是出海人对这位海神寄予的真诚祈祷。

海神妈祖

"八百年寰海昭灵，溯湄屿飞升，九牧宗风荣庙祀；四万顷具区分派，喜娄江新浚，三吴水利沐神庥。"清道光十二年（1832年），林则徐在江苏巡抚任上，主持重修刘家港天后宫并亲自撰写楹联，表达了对同出九牧林家的祖姑林默娘的尊崇。

妈祖又称天妃、天后，是历代渔民、船工、海员、旅客、商人共同信奉的神祇。相传妈祖姓林名默，是莆田湄洲岛的一位普通渔家姑娘，生于宋太祖建隆元年（960年）三月廿三日。祖父林孚和父亲林愿曾担任过地方官吏，母亲王氏平生注意积德行善，乐于助人。父母年过四十时，虽生了一男五女，仍觉得单枝难以传宗接代，便向观音菩萨祈求再生一男。不久王氏怀了孕，但生下的仍是女儿。因她自出生到满月始终一声不哭，父亲便给她取单名"默"。

林默幼时聪明颖悟，胜于其他姐妹。8岁时入私塾读书，勤学强记且过目成诵。长大后精研医理，为人治病，教人防疫消灾，妙手回春；加之性情和顺、乐于助人，颇受邻里乡亲好评。乡人有什么困难，都乐意找她求助。她从此决心毕生以行善济世为使命，并矢志不嫁。

林默从小生长在海边，不仅熟习水性，而且通晓天文气象。湄洲海峡有不少礁石，不时会有渔舟、商船在这里遇险，并得到林默的救助。有一次莆田地区瘟疫大流行，林默想尽办法施药抢救乡民，成效显著，乡民对此十分感激，纷纷传说她"通悟秘法，预知休咎事，乡民以病苦辄愈""长能乘席渡海，乘云游岛屿间，人呼曰神女，又曰龙女"。

林默28岁时，有一次在海上搭救遇险船只，不幸被桅杆击中头部，落水身亡。乡人梦中常见她显灵，于山岩水洞之旁、彩云雾霭之间，朱衣飞翔海上，救人于危难之中，都认为"人行善事，死后为神"。宋雍熙四年（987年），为了纪念她，乡人在湄洲岛上建造了一座祠庙，对她虔诚敬奉，并把她尊为"海上女神"。

由于古代海上航行经常受到风浪袭击而船毁人亡，船工安全成为航海中的最大问题。人们便把希望寄托在神灵身上，在船舶启航前都要先祭妈

供奉妈祖神像的大殿

祖,祈求她保佑海上顺风和安全,在船舶上还专设妈祖神位予以供奉。

宋宣和五年(1123年),宋徽宗派给事中路允迪出使高丽。船队在途中遇到风浪,八舟七溺,唯独路允迪所乘之舟得以保全,并平安到达高丽,顺利完成了出使任务。路允迪认为,正是船工的虔诚祈祷,才使妈祖显灵解救援他们,因此他回国后便上奏朝廷,请求为妈祖加封。宋徽宗原本就是道教信徒,自称"教主道君皇帝",自然对妈祖神力深信不疑,于是"立庙江口祀之,赐庙额曰顺济"。这是官方最早对妈祖的加封,开历代妈祖加封之先河,对民间妈祖信仰起了极大的推动作用。

从宋、元到明、清,朝廷对妈祖多次给予褒封。宋绍兴二十六年(1156年),宋高宗授予妈祖"崇福夫人"封号。此后,历代皇帝先后对妈祖册封36次,封号由宋朝的"夫人""烈妃"到元朝的"天妃"、明朝的"圣妃"。清康熙二十三年(1684年)施琅收复台湾后,康熙皇帝敕封妈祖为"天后",并列入国家祀典,进行春秋祭祀,从而全面确立了妈祖的"海神"地位。

此后，每年春秋两季妈祖诞生日（农历三月廿三）和妈祖升天日（农历九月初九），湄洲祖庙及各地妈祖庙（宫）都要举行隆重的祭祀典礼。无论是官方的"漕船""册封船"出行，或是民间的渔船、商船出海，通常都要在船上供奉妈祖神像，以祈求航行平安顺利。

湄洲妈祖庙的规模也越来越大。明永乐年间（1403—1424年），明朝"三宝太监"郑和曾两次奉旨前来湄洲，主持御祭仪式并扩建庙宇。至清康熙时，湄洲妈祖庙已成为拥有五组建筑群的"海上龙宫"。

泉州"天后"

泉州天后宫始建于宋庆元二年（1196年）。传说当时"泉州浯浦海潮庵僧觉全梦神命作宫，乃推里人徐世昌倡建。实当浯江巽水二流之汇，番舶客航聚集之地。时，罗城尚在镇南桥内，而是宫适临浯浦之上。"

这座位于浯浦之上的妈祖宫，初建时规模就很大，占地面积6800多平方米，有山门、三殿、两廊、两亭。以宋徽宗赐额"顺济"为庙名，取"济以顺风"之意。宋代泉州地方长官和市舶司官员，每年春秋两季都举行"祈

天后宫山门

天后宫正殿

风""祭海"仪式，祈求风平浪静，航海平安，以鼓励发展对外贸易。最初祈风仪式在丰州九日山，祭海在法石真武庙；到南宋末年，由顺济宫的祭仪取而代之。

天后宫原山门、马戏台因修筑公路已被拆毁，后移清代晋江县学横星门为山门，面阔五开间，牌楼式造型，雕花漆绘木构斗拱，青石龙柱，两侧石雕麒麟，螭虎窗，屋顶重檐四坡面，屋脊反翘瓷雕八龙二鳄，角脊作成凤尾伸展而卷曲，线条柔和优美，整体结构华丽壮观。戏台连接于山门后檐，坐南朝北，木构藻井顶盖。雕脊画枋，小巧玲珑，具有泉州独特艺术风格。

紧接山门两侧为东西阙建筑，所谓"秦宫汉阙"，以示天后宫之尊。建筑为二层楼阁，面临通衢，两楼高耸，楼上分置钟鼓，楼下塑造千里眼、顺风耳二神像，威武庄严。

天后宫正殿又称大殿、天后殿，是供奉妈祖圣像的殿堂，占地面积625平方米，面阔五间25米，进深五间25米。因殿前增建檐廊，故总进深大于总面阔。大殿为明清木构建筑，虽历经沧桑依旧保存完好，且保留宋代构件。台基座高出地面1米，采用花岗岩石砌筑的须弥座，束腰处浮雕鲤鱼化龙、鹤舞云中、宝盖莲花及雄狮等图，雕刻刀法熟练，生动活泼。殿内木梁骨架，立于圆形花岗岩石柱，柱头浮雕仰莲连珠斗，挑出斗拱承托梁架作九架梁，建筑结构比较特别，空间变化丰富。门窗弯枋雀替，雕花精致细密，纹饰丰富多彩，既有几何图案，又有花卉水族、鸟兽人物，托木部位有凤凰戏牡丹等等。殿内础浮雕更是琳琅满目，表现水族鱼龙腾空翻浪与百花争妍，均系道教主题图案，呈现仙家的非凡境界。

殿顶筑九脊重檐四面落水的歇山式，正脊是天后殿至高点，两端五彩瓷型双龙戏珠，造型精美，光泽鲜艳，表现整个大脊龙的至高题材，四岔脊头组合凤凰图案，对应大脊成龙凤呈祥，背面作人物故事，配以龙凤、麒麟、玄武、双虎，体现了吉祥如意、庆贺长寿的蕴意，为闽南建筑艺术之一绝。

寝殿又称后殿，原为供奉天后父母的地方。地势比正殿高出1.4米，左右斋馆。整座殿宇占地面积近800平方米，系明代大木构建筑，屋盖为两坡面的悬山楔，面阔七间36.7米，进深21.7米，高8米许。木质梁架粗大古朴，大木柱置于浮雕仰莲瓣花岗岩的圆形石础之上，殿前檐柱保存一对十六面青石雕的元代印度教寺石柱。上接木柱，刻有楹联"神功护海国，水德配乾坤"。正面原悬挂明代大书法家张瑞图书"后德配天"的横匾，属国家木构建筑之瑰宝。

宋元时代泉州成为世界贸易大港，元世祖为了发展海上贸易，祈求海运漕运顺利，于至元十五年（1278年）下诏封妈祖为"显济天妃"。至元十八年（1281年），元世祖指派福建道市舶司提举蒲师文（蒲寿庚之子）为册封大臣，到泉州天妃宫举办祭祀和褒封天妃的典礼。大德三年（1299年），元成宗下诏称妈祖为"泉州海神"，命翰林院拟定祭文，遣官赍香诣宫致祭。

明永乐五年（1407年），三保太监郑和出使西洋。途经泉州时特地遣使祭拜妈祖，因天妃宫"历岁既久，寝以倾颓"，便奏令福建镇守官重新其庙。此后朝廷派遣内官（太监）及给事中行人（对外使节）等出使琉球、爪哇、满剌加等国，率以到庙祭告祈祷为常。永乐十三年（1415年），少监张谦出使渤泥，就从泉州浯江启航。归国后他认为"实仗神庥"，于是上奏朝廷，改宫号为"天妃宫"。

清康熙十九年（1680年），施琅征海，师次于此。他深感"神涌潮济师"有助顺功，于是上报朝廷敕封妈祖为"普济天后"，易宫名为"天后宫"。为报答神恩，他还对天后宫进行重修和扩建。康熙二十四年（1685年），钦差礼部郎中雅虎等到泉州天后宫致祭。雍正元年（1723年），皇上御书匾额"神昭海表"悬挂于殿中。乾隆后历代对天后宫皆有重修。道光年间（1830—1850年），清宣宗加封妈祖为"天上圣母"，泉州天后宫又进行了大规模修建。每次修建，苏、宁、福、寮及鹿港等各大商郊会馆都倾力资助，以表虔诚。

在海内外同类建筑中，泉州天后宫不仅年代最早，而且规模最大、规格最高。清康熙五十九年（1720年）钦定春秋两祭后，顺济宫官祭成为定例，在海内外影响很大。

清代对妈祖的官方祭祀不但规模大，而且时间长。从每年八月初一直沽（天津）妈祖庙首祭开始，由北到南，至十月二十湄洲庙祭、十月二十五泉州庙祭结尾，总共有15处妈祖庙要祭祀，御祭文也因庙而异，在古代官方祭典中是前所未有的。

妈祖信仰

从清初到民国，祭祀黄帝、孔子和妈祖成为国家三大祭典。随着一年一度祭典的举行，妈祖信仰也日益深入人心。

在北方，天津是妈祖信仰的重镇，也是妈祖祭典的"首祭地"。由于"先有妈祖庙，后有天津卫"，因此当地官商各界和民间对妈祖祭祀都十分重视。

"补天娲神，行地母神，大哉乾，至哉坤，千古两般神女；治水禹圣，济川后圣，河之清，海之晏，九州一样圣功。"悬挂在天津妈祖庙正殿的这副楹联，出自嘉庆进士、闽人郑瑞麒之手。他以女娲补天、天后司海、大禹治水、妈祖护航作比，认为女娲有德于天，天后有德于地，天后与女娲一样，堪称千古女神；妈祖功德与大禹一样，堪称千古圣贤。

天津妈祖庙建立600多年来，香火一直很盛，不仅船户来往必定祀祷，远近百姓也多来祈福。元代张翥在《代祀湄州天妃庙次直沽祈》一诗中写道："晓日三汊口，连樯集万艘。普天均雨露，大海静波涛。入庙灵风肃，焚香瑞气高。使臣三奠毕，喜色满宫袍。"描写了各界拜祷天后的盛况。清人崔旭在《津门百吟》中，也回顾了600年来从朝廷到民间敬奉天后的历史："飞翻海上著朱衣，天后加封古所稀。六百年来垂庙飨，海津元代祀天妃。"元代朝廷不仅册封天妃，而且派官员代祀，说明对天后祭祀的重视。

清代，私商贸易和渡海闯荡的热潮在泉州不断兴起，妈祖信仰也随着泉州人经商和移民的足迹广泛传播。泉州人"襟带江湖，足迹遍天下。南海明珠，越棠翡翠，无所不有；文身之地，雕题之国，无所不到"。妈祖信仰也随之迅速传播开来。

据统计，台湾现有八百多座妈祖庙，妈祖信徒占当地居民的四分之三，堪称妈祖信仰的极盛之地。其源盖出于明清时期福建人向台湾的大规模移居。元代，著名旅行家汪大渊曾从泉州浮海到澎湖，在《岛夷志略》中他写道："自泉州顺风，二昼夜可至……泉人结茅屋居之，各遂生育。"其时澎湖称为"泉州外府"，修建了台湾历史上第一座妈祖庙，俗称娘妈宫。

此后，随着海上武装集团颜思齐、郑芝龙和民族英雄郑成功、靖海侯施琅三次"进军"台湾，泉州人也向台湾进行了三次大规模迁徙。雍正十年（1732年）和乾隆二十五年（1760年），清政府两次开放海禁，许多泉

妈祖神迹图

州人乘机东渡，成为开发台湾的主力军。随着台湾开发由南至北，从西而东，妈祖庙也一路修建。

这些妈祖庙均由大陆"分灵"，主要有"分香"和"分身"两种，前者从大陆捧持妈祖神符或香火到台湾奉祀；后者从大陆捧持妈祖神像到台湾奉祀。奉祀的妈祖分别来自湄洲、温陵（泉州）、银同（同安）三地，俗称"湄洲妈"、"温陵妈"和"银同妈"。

由泉州分灵的妈祖庙，包括台南天后宫、温陵妈祖庙、鹿耳门圣母庙、鹿港天后宫、云林福天宫、台中朝天宫、新港奏天宫、淡水福祐宫、台西安海宫等。这些宫庙的殿堂、山门、龙柱、石壁、石楣以及雕绘的人物、花卉、鸟兽等，基本上是泉州能工巧匠的杰作。

十里长街迎妈祖，火树银花不夜天。1997年初，湄洲妈祖金身塑像赴宝岛巡游。100天里，妈祖金身塑像在岛内南北往返数次，涉足19个县、市和30多个宫庙，行程万余里，所到之处全城沸腾、万人空巷。

而在海外，泉州商人几乎每到一处，包括吕宋、暹罗、巴达维亚、勃泥、爪哇、占城、交趾、柬埔寨、长崎、琉球、高丽等地，几乎都会建造会馆，并从家乡请来妈祖奉祀。

随着中国人的足迹踏遍世界，妈祖信仰也被带到世界各地。全世界现有5000多座妈祖庙，2亿多妈祖信徒。而在新加坡、马来西亚、泰国、印尼、菲律宾，大部分华人也都是妈祖信徒。

妈祖信俗以崇奉、颂扬妈祖的立德、行善和大爱精神为核心，以妈祖宫庙为主要活动场所，以祭祀仪式、民间习俗和故事传说等为主要表现形式，具有民间性、亲和性和包容性。妈祖精神是妈祖信俗和文化的核心，表现为平等善良、忘我利他；不畏艰险、百折不挠；扶危济困、见义勇为；珍爱人生、回归自然。

2009年9月30日，联合国科教文组织决定将"妈祖信俗"列为世界非物质文化遗产，成为中国首个信俗类世界遗产和福建省第一批世界非物质文化遗产。

妈祖文化肇始于宋，成于元，兴于明清，繁盛于近现代。它体现了海洋文化的特质，随着时代的推移，妈祖文化的影响日益深远。"有海水处就有华人，有华人处就有妈祖"，这是妈祖文化在世界上影响深广的真实写照。

真武庙

世遗名片：泉州真武庙位于晋江北岸、石头山麓，与江对岸的紫帽山、罗裳山遥相对峙，枕山漱海，是古法石港的重要地标，距今已有一千多年的历史。作为宋元时期民间祭祀真武大帝的道教庙宇和泉州官员祭海的场所，体现了地方政府对海洋贸易的鼓励与推动，是宋元海上丝绸之路东端极具说服力的历史见证。

"南武当"山门

走进泉州真武庙广场，山门左侧一块镌刻着"南武当"的青草石碑立即映入眼帘。始建于南宋、被称为"玄天上帝八闽第一行宫"的真武庙，有"南武当"之称，当年曾是祭祀真武大帝的道教庙宇和泉州官员祭海的场所，在泉州对外交通史和福建道教史上都具有重要的意义。

南武当庙

位于湖北的武当山大名鼎鼎，是我国道教名山和武当派的发源地，在我国名山大川中占有十分重要的地位，它东接襄阳，北临丹江口，主峰天柱峰海拔1612米，被誉为"亘古无双胜境，天下第一仙山"，名列五岳之上。

武当山古建筑群始建于唐贞观年间（627—649年），宋元时期均有不同规模的扩建。明永乐十年（1412年），朱棣下旨派30万军民夫匠历时13年，共建成8宫、9观、36庵堂、72岩庙等33组建筑。嘉靖三十一年（1552年）又增修扩建，形成长达120华里、殿宇房屋2万多间、建筑面积达160余万平方米的宏大建筑群，有"五里一庵十里宫，丹墙翠瓦望玲珑"之誉。

鲜为人知的是，除了湖北武当山，国内还有多处号称"武当"的地方，如湖北英山的南武当山，被称为武当南宗的发源地；福建泉州的真武庙，也有"南武当"之称。泉州真武庙始建于北宋乾德五年（967年）至开宝六年（973年）间，迄今已有1000多年的历史。据明万历《泉州府志》记载，"玄武庙在郡城东南石头山，庙枕山漱海，人烟辏集其下，宋时为郡守望祭海神之所"。

真武庙建于控扼晋江入海口的石头山上，四周林木苍翠，俯瞰江海，舟楫帆影，胜景天然，气势雄伟。山下的法石街是水陆交通贸易和货物集散地之一，也是泉州的重要经济集镇。顾名思义，真武庙是祭祀真武大帝（北极玄天上帝）的场所，因香火源于湖北武当山，故尊为"八闽玄天上帝第一行宫"，素有"小武当""南武当"之称，在福建道教史上声誉卓著。

真武庙是一组依山势而建的院落式建筑群，依山面江、坐东朝西，占地3000多平方米，历代多有修整，现存建筑为清代所建。重点遗存包括山门、台阶、凉亭（拜亭）、大殿等，庙前广场上立有多方石碑，记载了明嘉靖十二年（1533年）扩建和清同治九年（1870年）修建的过程。

一踏入真武庙的山门，迎面可见楣梁上悬挂的一方"武当山"匾额及楣梁上方书刻的"北极玄天上帝"竖匾，表明该庙传承武当神统和道教文脉。山门为牌坊式砖石建筑，四柱三檐、中檐高矗成品字形，造型雄伟。山门二柱镌有柱联"大道至易至简只在心中勤修炼，玄机不难不烦唯于意中细悟参",道意隽永,意境悠远。

山门两侧石柱上也镌有一副柱联:"仰之弥高大观在上,过此以往联步而升",系清代进士、历署西宁府道台庄俊元撰书,字体潇洒遒劲,引人入胜。山门两侧墙壁镶嵌多方闽南砖刻人物画,包括太上老君、瑶池王母、八仙等,各持法宝驾游其间,神态飘逸,雕艺精湛,令人叹绝。

山门前左侧有一口明代古井,井边墙壁嵌有一方"三蟹龙泉"石刻。据传该井系明万历年间一李姓妇人得帝君所梦,称此地蟹堵泉水,凿井可解旱灾,于是发善施舍而开凿。古时庙前临海,周边水井皆咸,唯独此井水质清冽。迄今井水依然甘甜如饴,令人望而生津。

真武庙山门设计缜密、造作精良,斗拱、横梁雅致精巧,雕梁画栋,极富闽南建筑风格。其建造是对原有地形地貌的改造,使建筑美和自然美相互交融,达到"虽由人作,宛自天开"的意境,具有较高的艺术价值,在泉州的寺庙山门建筑中较为罕见。

入得山门,只见石阶两旁扶栏尚存宋代雕刻的镇风石狮,形象古拙。山门至前殿依山形砌筑24级石阶,因朝拜者长时间踩踏,石阶表面已变得十分光滑。扶着精致的石雕栏杆联步而上,登24级石阶到阶顶,只见一块突拱出地面、造型宛如龟背的巨岩扑面而来。龟背上竖立着一块1.5米高的石碑,上书"吞海"两个鎏金大字,为明嘉靖十二年(1533年)晋江县令韩岳所立。

所谓"吞海",寓意真武大帝法力无边,其气势可以吞海。它既是古代泉州人征服大海、以海为生的生动写照,也是泉州海洋文化的历史见证。"吞海"石碑立于巨石之上,面朝汹涌大海,大有气吞山河之势,彰显出泉州行船人势可吞海的宏大气概。登临这里,可远眺泉州湾,波涛粼粼的晋江水东流入海,江上帆樯穿梭,一片繁忙景象。沧海桑田,随着历代围垦开发,从沉洲埭岸到坂头西宫头以至圣殿宫口,海滨滩涂大多已变成陆地,真实演绎了"吞海"的传奇。

"吞海"石碑

"吞海"古碑旁有一座奇特的四角八柱凉亭，形似真武大帝所用的印章结构。凉亭重修于清同治九年（1870年），重檐攒尖顶，下檐四角，上檐八角，内饰藻井，显得十分精巧。亭柱镌有柱联"到此地静观自得，登斯亭少住为佳"，系清同治年间侯盐同陈怀德撰书；石柱上还有一副"潮送孤帆隐现间，烟浮下界阴阳事"的楹联，颇为发人深省。

凉亭后为露庭，周围饰以石栏，露庭前端立一把高约3米的石雕巨剑，剑锋直指青天，剑身上雕缀有七颗青光熠熠的北斗星，故名曰"七星剑"，传说是玉皇大帝摄北斗七星之魂铸制而成，赐给玄天上帝的斩妖剑。

露庭四周古榕参天，榕荫蓊郁，天然巨石，高危欲坠，气势雄浑。伴着香烟袅袅，清幽至极。过露庭向前，就是真武大殿了。

真武圣殿

真武庙大殿名为真武圣殿，面阔五开间，系两进、双廊屋建筑。殿外墙白石为础，红砖贴面，殿门作凹兜形石柱门框，抬梁式木结构，歇山式燕尾脊屋顶。殿前墙壁嵌有两个四方形镂花石窗，各雕青龙、白虎、朱雀、玄武四灵，工艺精巧，寓意为神光普照四方。殿门上方悬挂一方书刻"真武圣殿"横匾，喻指宋末（1276年）幼帝赵昰、赵昺南幸时率庞大船队驶入泉州湾，曾驻跸法石寺、真武庙，故称圣殿、紫金殿，门内上方楣梁曾悬挂一方书刻"弥陀永现"匾额，系明末崇祯帝撰书墨宝（已毁）。

这座历经千年时光的庙宇保留着明清建筑风格和闽南传统样式，红瓦翘脊。殿门左右门联镌刻"脱紫帽于殿前，不整冠而正南面；抛罗裳于海角，亦跣足以莅北朝"。系清代翰林、历署西宁道台庄俊元撰书，此联从字面看，寓意帝君尊位较高，披发跣足莅临北朝，实则暗喻宋室南逃广东路程艰辛的状况。情景双关，意味深远，堪称妙作。

殿中天井搭盖成卷棚式拜亭，殿宇楣梁上方悬挂一方"紫金殿"横匾，系梁披云撰书，另一方书刻"帝居吞海"匾额。殿内神龛上方悬挂一方"掌握玄机"巨匾，系清乾隆年间武状元、福建提督马负书撰书，字体潇洒遒劲，给庙宇增添了几分灵异色彩。殿内还悬挂几方名人书刻，其中"神光普照"匾系郑成功之子郑经手书。

圣殿椟屏后供奉三尊真武帝神像，中间是玄武大帝，系从湖北武当山分炉而来，是真武庙祭祀的主神；左边的二帝是本地玄武，右边的三帝曾出巡台湾。三尊神像造型一致，均端坐宝座，披发仗剑、跣足踏龟蛇，司职掌水火，镇守北方，被奉为海神和泉州湾的保护神、镇境神。相传玄天上帝曾入武当山修道四十二年，功成圆满，得紫元君传授无极上道及七星剑，奉玉皇大帝之诏封为太玄，镇守北方，替天行道，恩泽布施。历代帝王均有敕封，后来宋真宗为避赵玄朗"玄"字之讳，改封为真武大帝。

三尊神像既符合玄武神的形象特征，又通过与正殿的布局组合关系，附会了泉州民间信仰中真武大帝脚踏龟蛇、法力无边的传说，寓意镇住风浪，保佑航海船舶出入平安。据说北宋时全真道南五祖之一"紫阳真人"张伯端云游修道，曾主持过该庙，留下偈语和诗词墨宝："三界挂心妙理，万物非此非彼。无一物非我心，无一物是我已。"

殿下两旁为持戟握剑侍立的赵、康、温、马四大元帅及六丁六甲战神。

真武圣殿

庙中壁上的彩绘，有八卦、仙鹤、麒麟、瑞草、祥云、神仙人物等，颇具鲜明的道教特色。殿内配祀南北星君、观音菩萨、苏夫人妈、关帝、福德正神等神像。祀章平侯的对联为"身蜕桃源成道骨，灵昭法水显侯威"；祀苏夫人姑的对联则为"赖携成众人之母，赞化育大德回生"。

殿内真武大帝塑像的基座上保存有"承信郎□光觉奉舍"字样，承信郎是12世纪初期设置、授予武臣的一个官阶，后成为朝廷对招徕外国商人做出巨大贡献的人员授予的恩惠，一直沿用至13世纪后期，可见官方对海洋贸易的鼓励和支持。

在真武庙中，道、释、儒、印度教共祀一堂，相互尊重、融合，是泉州多元文化信仰的重要历史遗迹。正殿大门外有一副对联："罗紫双峰齐拱峙，淄浯一派尽朝宗"，为清道光壬寅年（1842年）应钟月所刻。左右侧门楣上题写着"衔远山""吞长江"石刻，让人感觉气势非凡。

三代"海神"

古代生活在海边的人们，出于敬畏自然之心，往往要举办各种祭海仪

真武殿外景

式，祈求船舶往返平安。祭海亦是古代"讨海"之人坚强、粗砺的生命哲学的体现。

宋元时期是泉州海外交通和贸易的兴盛时期，而宋代最尊崇道教，因此每次航海郡守都要祭祀海神，以求海神庇佑商舶往返平安。在晋江金溪之滨、九日山下举行的祈风仪式，祭拜的对象是地方上的第一代海神"通远王"；而在晋江入海口、石头山真武庙供奉的，是泉州第二代海神"真武大帝"；在泉州南门天后宫供奉的，则是泉州第三代海神"妈祖"。这三处祭海的地方和供奉的海神，共同展现出古代泉州悠久的航海传统和海神信仰体系，以及地方当局对海洋贸易的鼓励与推动。

石头山下的法石港位于晋江出海口，是一个江海交汇的港口，也是中外商人荟萃之地。交通便利，码头密集，航运繁忙。每当海舶入港或出航的季节，为祈求商舶往返平安，地方郡守都要率军政要员到真武庙举行祭海仪式，祈求真武大帝庇佑。

真武大帝原为中原地区道教神灵系统中"北方（位）"守护神，道教传入泉州后，因"北方"在五行学说中对应"水"，这一文化属性与泉州悠久的海洋文明交融，真武大帝就被人们塑造成为"海神"，具有镇海、保平安的能力。

祭海仪式通常一年两祭，端午前后的"回舶祭海"和秋冬的"遣舶祭海"皆为当时官方常典。传世史料明确记载，真武庙是13世纪泉州官方祭祀海神的场所。南宋泉州太守真德秀曾亲自到真武庙主持祭海典礼，并亲自撰写、诵读《真武殿祝文》："于皇上圣威，神在天诞，降福泽于民，俾有宁宇。……江湖之间，沴气易作，尚惟慈悯，弭于未然。区区之诚，仰蕲昭鉴。"泉州太守亲自向神灵祷告，一方面体现对祭海仪式的重视，另一方面也反映出当时泉州海外贸易迅猛发展的态势。

真武庙因其所据有的地理位置，及其所具有的神性，在泉州备受认可，玄武大帝被尊为海神。真武庙是泉州海神信仰的重要史迹，见证了泉州港繁荣时期中国沿海独特的海神崇拜和海洋观。大海的阴晴不定，让收获和风险并存，古人唯有借助"神力"来提升在海上冒险的勇气，这是靠海生活之人坚强粗砺的生命哲学的一种体现。

作为官方"望祭海神"的重要场所，真武庙靠近江口码头，又处在古城向东通往后渚港的干道沿线，便于地方官员和出海商人祭拜。随着泉州港的繁盛，真武大帝与通远王、妈祖等海神一起，共同成为宋元时期商人群体从事海洋贸易的重要精神寄托。

作为泉州海神信仰的重要史迹，真武庙见证了泉州港繁荣时期东南沿海民众独特的海神崇拜与海洋观，展现出中原文化与东南海洋文化的互动与交汇。

真武庙也是泉州信仰多元化的重要史迹。古代法石是阿拉伯人聚居之地，蒲寿庚之兄蒲寿晟曾在此隐居，居民大都以航海经商为生。当年从港仔沟至海关口，旌旗蔽天，船桅林立。后来在法石出土的13—14世纪古船、花岗岩石碇（碇泊工具）以及船板、缆绳等遗物，是法石港历史功能的真实物证。

法石真武庙最初祀田都元帅，后来随着泉州海上交通的发达，成为祭海之地。宋代官员在九日山祈风，在真武庙祭海。直到1196年顺济宫（即天后宫）建成后，祭海神祇才被海神妈祖所替代，祭海仪式也改在天后宫举行。圣殿则改祀真武帝君，即玄天上帝，成为闽泉道教名胜之一，人文景观相当丰富。

真武庙自肇建以来，历代均有修葺。清道光二十二年（1842年）重修扩建；清同治四年（1865年）泉州府正堂立禁示保护石碑，严禁开采山石，砍伐树木，说明地方管理者及民众重视保护环境；清同治九年（1870年）再次重修扩建。

千余年来，真武庙香火鼎盛，真武帝信仰延绵不衰。作为福建最早供奉玄武神的庙宇，真武庙有"八闽第一行宫"之誉，是台湾及各地玄武信仰的发祥地与传播地，分炉遍布海内外。台湾现有的400多座真武庙，有相当一部分是从法石真武庙分灵过去的。

今日真武庙依然是一处独具魅力的庙宇，它不以武当功夫闻名，不以神奇壮观著称。而是以其独具的文物价值，成为弘扬玄武信仰、增进海内外文化交流、凝结海峡两岸同胞感情的纽带。1991年1月，联合国教科文组织"海上丝绸之路"考察团来到真武庙考察，对这里保存完好的文物古迹及其历史价值给予高度评价，令真武庙声名远播。1997年，真武庙玄武大帝首次跨越海峡，前往台湾巡游全境42天，成为泉州最早出巡台湾地区的一座宫庙，深受当地民众朝拜，为泉台宗教文化交流做出了贡献。

每年农历九月初九，是玄天大帝得道飞升日。殿内神像披挂一新，庙里庙外张灯结彩，庙内众僧云集，游人香客熙熙攘攘，热闹非凡。远道请来的高甲戏班也搭台唱戏，连唱三天。每年更有数十个来自台湾的进香团、近千名信徒到真武庙进香谒祖，展现两岸同根同源、血脉相连的骨肉之情，成为维系两岸中华儿女情感的精神纽带之一。

真武庙山门入口、对联

　　真武庙依山临海，林木苍翠。庙前的几株百年古榕，盘根错节，枝繁叶茂，榕荫参天。晋南平原，沃野千里，尽收眼底。廓然山川形胜，江帆竞流，不愧为名胜古迹，旅游佳境，令人赏心悦目，流连忘返。

第二篇

泉南佛国几千界——民间信仰

泉州是一座写满海洋记忆的港口城市，多元、开放、包容的传统基因，塑造了这座城市生动多彩、充满活力的社会风情和文化面貌。

这里三步一庙，五步一堂，各个民族、各种宗教及民间信仰跨越时代，超越时空，在这里相遇，彼此和谐共处，各自生存发展，泉州也因此被称为"世界宗教博物馆"。

泉州开元寺鸟瞰

宋元时期，泉州与近百个国家和地区有通商贸易往来。数以万计的外国人，到这里来经商、旅游，或传教、考察，乃至长期定居、成家立业、生儿育女。当地政府和民众尊重他们的风俗习惯，关心他们的生活起居，"番坊""番学""番长"因此应运而生。

从千年佛教古刹开元寺到伊斯兰教清净寺，从清源山老君岩造像到草庵摩尼佛造像，无一不是当时佛教、道教、伊斯兰教、印度教、摩尼教等在中国东南沿海地区传播的证明，同时也是泉州这座港口城市文化、宗教包容性和多元性的展示。

泉州，一座被沉香弥漫、香火熏染的城市，到处充满了人间烟火气。佛堂的梵音，道观的清修，关帝庙的朝拜，清真寺的早课、基督教的祷告，摩尼教的圣火……融合在一条街道里，展现在一个天空下，生生不息，历久弥新。

人们穿行在这座城市，无不感到内心的安宁和岁月的静好。

印度教方形石塔

开元寺

世遗名片：泉州开元寺位于古城区西街，是泉州历史最悠久的佛教寺院之一，也是宋元时期泉州规模最大的佛教寺院。其寺院经济及多元文化遗迹反映出宋元海洋贸易带给泉州的经济繁荣和文化共存特征，以及与寺院关联的地方官员、僧侣、士绅大族等人群对宋元社会经济和海洋贸易发展的重要贡献。

开元寺全景

刺桐花谢刺桐城，法界桑莲接大瀛。

石塔双擎天浩浩，香炉独剩铁铮铮。

亚非自古多兄弟，唐宋以来有会盟。

收复台澎今又届，乘风破浪待群英。

1962年秋郭沫若在视察泉州时写下《咏泉州》一诗，盛赞开元寺"法界桑莲接大瀛""石塔双擎天浩浩"。开元寺是福建省最大的佛教寺庙之一，其规模宏大，构筑壮观，景色优美，曾与洛阳白马寺、杭州灵隐寺、北京广济寺齐名。开元寺东西塔作为泉州地标，不仅具有极高的历史、科学和艺术价值，而且是泉州人引以为傲的精神坐标。"站如东西塔，卧如洛阳桥"就是这种精神最通俗的表达。

桑莲法界

泉州开元寺始建于唐垂拱二年（686年），初名"莲花寺"。寺院的建立源自一个动人的传说：早在唐朝初期，泉州就已盛产丝绸。开元寺所在区域原是当地富绅黄守恭的桑园。一天，黄守恭梦见一位僧人向他募地建寺，他心中不舍，便有意作难说："若桑树能开白莲，我就献地结缘。"没想到几天后，园中桑树果然开出了白莲花，黄守恭被"桑开白莲"的奇异景色所感动，认为是佛法无边所致，于是决定献出桑园，交由匡护大师建造莲花道场，并取名"莲花寺"。黄守恭本为乐善好施之人，"桑开白莲"之说世代相传，为泉州百姓所津津乐道，开元寺因此又有"桑莲法界"的美称。

桑莲古迹

1300年来，开元寺随世道兴衰屡经兴废，屡修屡圮，历尽风霜。莲花寺先后改名为兴教寺、龙兴寺；唐开元二十六年（738年），唐玄宗诏天下诸州各建一寺，以纪年为名，遂正式改称为"开元寺"至今。

迨至两宋，随着开元寺不断发展，香火日盛，周围不相统属支院达120所。至元二十二年（1285年），寺僧向福建行省奏请合支院为一寺，赐额"大开元万寿禅寺"。此后开元寺进入鼎盛时期，"禅风远泊，衲子兢集"，"食常万指"。寺有僧人千余，为泉州三大丛林之一，也是全国少有的大寺庙。元末，泉州兵荒马乱，饥馑遍野，盗贼并起，寺庙因之衰落不振。

明洪武三十一年（1398年），朱元璋命僧正映为住持，修举废坠，方渐次中兴。成化、弘治年间（1465—1505年），再度衰落，禅林规制，日就陵夷，佛寺和僧舍废为民居，戒坛亦为火药匠所据，并侵及法堂。至明万历二十二年（1594年），才由檀越黄文炳向当朝奏请尽驱诸匠，恢复旧貌。

民国初年，转道和尚任开元寺住持及慈儿院院长，转物和尚和圆瑛法师分任监院、都监，共主修缮，始得重光。抗日战争时大殿及藏经阁部分建筑遭日机轰炸，寺内文物古迹损失严重，寺院面积仅为原来十之一二。

中华人民共和国成立后，人民政府十分重视开元寺的保护工作。自1952年以来，数度拨款修缮，外建石栏墙，兴建东西两廊及拜亭、山门、大殿、戒坛和准提寺，使这座千年古刹旧貌变新颜。1962年开元寺成为省级重点文保单位，1982年列为国家重点文物保护单位。

泉州开元寺占地近8万平方米，南北长260米，东西宽300米，主体建筑分布于南北中轴线上，依次有紫云屏、山门、拜亭、拜庭、大雄宝殿、甘露戒坛、藏经阁。大殿东侧有檀樾祠、准提禅林，西侧有功德堂、尊胜院、水陆寺等。

开元寺的山门又称天王殿，建于唐武则天垂拱三年（687年），前后曾经历几次火灾烧毁与重建，现存建筑是1925年修建的。分坐在天王殿两旁的是密迹金刚与梵王，怒目挺胸，状极威严，与一般寺庙雕塑的四大金刚

大雄宝殿外景

差别较大,被谑称为"哼哈二将"。

　　山门的石柱上下端略细,中部较粗,呈梭子状,学名梭柱,系唐朝石柱风格,年代已十分久远。石柱上悬挂一副木制对联"此地古称佛国,满街都是圣人",据传是南宋大理学家朱熹所撰,近代高僧弘一法师所书,是具有浓厚宗教文化色彩的泉州古城风貌的真实写照。

　　跨过山门就到了拜亭。拜亭处于开元寺的中轴线上,拔地而起的东西塔和宽敞明亮的东西两廊则对称地排列在两旁。佛教传入中国已有一千多年历史,并与中国文化融为一体。开元寺的布局就突出了我国古建筑以南面为尊和中轴线为主的特点。

　　拜庭位于拜亭与大雄宝殿间,占地面积2800多平方米,全部用平整的花岗岩条石铺就,色泽庄重,气势恢宏。这个"凡草不生"的大石庭,供古今官民朝拜和活动。每逢农历二十六日,这里人山人海,梵呗声声,一派泉南佛国景象。

石庭两旁分列着八棵巨榕，树龄少则200多年，多则800多年，参天蔽日，曲干虬须，盘根错节，增添了整个寺庙静寂、庄严的气氛。大榕树下排列着11座唐、宋、明时期不同形式的古经幢、小舍利塔，庭中还矗立着一座3米多高的石雕焚帛炉，形制优美，雕工精妙。焚帛炉后侧，还有两座南宋绍兴十五年（1145年）柳三娘捐建的印度方形石塔，塔上刻有萨埵太子舍身饲虎的故事，是印度教在南宋时留下的痕迹。

大雄宝殿又名紫云大殿，是开元寺的中心建筑物。如果说，大殿上方这块写有"桑莲法界"四个魏碑风格大字的巨匾，寓意桑开白莲，隐藏着开元寺的前世传说；那么，大雄宝殿开工时，紫色的云彩从天空飘绕而过的传说，则寄托着人们对这座寺院未来的祝福。因此，它建成后就称为"紫云大殿"，献地的黄守恭后代也以"紫云"为堂号。"桑树白莲"和"紫云盖地"两处景观彼此相关，共同烘托出开元寺的历史悠久和宏伟壮观。有道是："云垂紫气盖莲宫，密荫三千世界中。大地众生知觉悟，江南佛国独为雄。"

紫云大殿外观雄浑，保存唐朝宏模巨制、巍峨壮观的建筑风格。大殿正中供奉的是御赐佛像毗卢遮那佛，汉译大日如来，是佛教密宗的最高神祇。其两旁是五代王审邦修大殿时增塑的四尊大佛，依次为东方香积世界阿閦佛，南方欢喜世界宝生佛，西方极乐世界阿弥陀佛，北方莲花世界成就佛，合称五方佛，也叫五智如来。这五尊大佛金光闪烁，衣纹清晰，神容慈祥，法相庄严，双手分别作说法、施与、接引、禅定等相，工艺精巧，令人叹绝。五方佛的胁侍有文殊、普贤、阿难、迦叶以及观音、势至、韦驮、关羽、梵王、帝释等诸天菩萨、护法神将共10尊。在大殿后面供奉着密宗六观音的首座圣观音及善才、龙女，两翼有神态各异的十八罗汉。开元寺历代住持虽然皈宗不一，大殿却能保持这种罕见的规制，实为不易。

大雄宝殿号称"百柱殿"，其建筑艺术独特，实际营造时采取"偷梁换柱"的构筑方法，减去安坐佛像和佛事活动场地的两列十四根柱子，实有八十六柱。崇祯十年（1637年）右参政、按察使曾樱与总兵郑芝龙重修开元寺紫云大殿时，将其中木柱全部换成石柱。

现存建筑尚保留明初重建的建筑风格，重檐歇山顶，通高20米，面宽九间（42.7米），进深六间（32.5米），占地面积1388平方米。殿柱有方柱、圆棱柱、蟠龙圆柱等，特别是大殿后廊檐下一对十六角形辉绿岩石柱，浮雕印度教古代神话故事，包括湿婆及恒河新月、阎摩那河七女出浴等故事，还有中国传统的双凤朝牡丹、双狮戏球、鹿猴教子等图案，凸现了中印艺术交流的痕迹。

在大殿前月台须弥座束腰部分，有73幅狮子与人面狮身石刻，具有浓厚的古希腊、古印度雕刻风格，应出自印度工匠之手，系明代重修开元寺时把元末战乱废圮的印度教寺石刻构件移位而来，有很高的艺术价值和研究价值。最富特色的是大殿的斗拱结构，两排石柱和桁梁接合处，有24尊飞天乐伎木雕，佛教中称"迦陵频伽"，意为妙音鸟。这24位仙女手中或执管弦丝竹乐器，或捧文房四宝等圣物，翩翩凌空飞翔，身姿飘逸舒展，融中国和印度的宗教艺术与建筑文化于一体，给人以美的意境，为木构建筑所罕见。

大殿里飞天（妙音鸟）斗拱

位于大雄宝殿后的甘露戒坛,是古代佛教寺中弟子受戒之所。北宋天禧三年(1019年)朝例普度,寺僧在此筑戒坛,遂称"甘露戒坛"。戒坛作五重檐八角攒尖顶式,其木构部分为清康熙五年(1666年)重修,占地820平方米。屋架斗拱的24尊飞天乐伎,衣裳连结飘带,形同敦煌壁画飞天,手执南音乐器,让人感觉十分高雅。

戒坛分有五个层次:卢舍那佛端坐千佛莲台,高高在上,第四层供奉释迦牟尼,像前小石塔安奉七颗佛祖舍利,第三层为阿弥陀佛立像,第二层供奉观音,这尊明洪武二十一年(1388年)雕刻的观音,在不到一尺见方的檀香木上竟神奇地雕刻出千手千眼。其余还有菩萨、韦驮、弥勒、金刚诸神共计27尊。

泉州开元寺不仅居泉州佛教丛林之首,而且名列全国十大名寺之一,与北京戒坛寺、杭州昭庆寺,同为明末清初全国存留古戒坛的三座佛教寺庙。在福建,既是全国汉族地区佛教重点寺院,又是全国重点文物保护单位者,惟此一寺。因此,开元寺成为历史文化名城泉州的象征,也是全国佛教重镇福建的骄傲!

迄今,开元寺西侧那株枝丫开裂、枝干虬曲的千年老桑树,仍然枝繁叶茂,郁郁葱葱,这株寺中尚存的唯一一株1300多年的古桑树,是泉州桑蚕丝织业历史悠久的特殊见证,令人发思古之幽情。

东西双塔

开元寺东西两侧,峙立着一对巨大的花岗岩石塔,两塔相距约200米,历经千年沧桑。

东塔称镇国塔,初为唐咸通六年(865年)文偁禅师始建的五层木塔,北宋天禧年间(1017—1021年)改作三级,后遭灾损。南宋宝庆三年(1227年)僧守淳改造为七层砖塔。南宋嘉熙二年至淳祐十年(1238—1250年)易为花岗岩石塔,八角五层,楼阁式仿木结构,通高48.27米,每层四门四龛,逐层互换,外檐有护栏。塔心八角实心,架横梁与塔身相连,外壁依照五乘自上而下分别浮雕16尊佛、菩萨、罗汉、高僧、诸天神将等佛教人物，塔基作须弥座，8个转角各雕一尊力士，束腰处有40幅石雕，内有37幅佛传故事图。塔刹铁铸，挺秀高擎鎏金葫芦，8条铁链从刹上斜系檐脊，檐角悬挂风铎。

西塔称仁寿塔，初为五代闽国贞明二年（916年）闽王王审知兴建的七层木塔，号无量寿塔。南宋淳熙年间（1174—1189年）易为砖塔，改今名。南宋绍定、端平年间（1228—1236年）改为石塔，高45.06米，形制与东塔大致相似，唯须弥座束腰处刻40幅花卉鸟兽。两塔160尊人物浮雕，仅44尊为中国人。这些多姿多彩的精美浮雕，向人们展示佛国的故事。

东西双塔遵照宋《营造法式》规制而建，采用丁顺砌体、塔身收分、门龛逐层错位、三段式墩接柱等建筑手法，增强了塔身的稳定、美观和抗震能力。东西塔设计科学、工程量巨大，雕刻造型优美、工艺精湛，具有极高的历史、科学和艺术价值，是了解南宋时期南方佛教

东塔（镇国塔）

西塔（仁寿塔）

寺院建筑风格的绝妙实例，代表了宋代中国乃至东亚地区石构建筑的最高水平。

东西双塔的宏伟体量和精湛的石雕工艺，非普通水平的财力和物力所及，从侧面反映出13世纪时泉州作为国家指定的国际港口，拥有的先进建筑技术、完整工程组织、强大社会动员能力以及雄厚的经济实力。

东西塔所为中国最高的一对石塔，已成为历史文化名城泉州的标志。"东西两塔，南北一街"也成为人们对泉州古城区的经典概括，可见其在泉州的重要影响。20世纪30年代，德国著名学者艾克花了三年工夫对东西塔进行研究，他认为："泉州东西塔建筑得这样伟大和美丽，真是环球第一，即我们德国那座铁塔，也望尘莫及。"1994年，中国邮政发行"中国古塔"特种邮票一套4枚，泉州镇国塔与西安慈恩寺大雁塔、杭州开化寺六和塔、开封祐国寺塔并列其中。

现存这对石塔是南宋时建成的，抗震能力强。明末泉州发生7.8级大地震，西塔完好无损，东塔也只有塔顶上的八条铁链断了七条，东南方向第三层石斗拱掉落，但石塔整体完好无损。正因此，才有了后人"石塔双飞飘渺间，凌虚顶上结金团"的咏叹。

泉南佛国

泉州素称"海滨邹鲁"，其民风淳朴，人文底蕴和佛缘深厚，历代精蓝林立、高僧辈出，素享"泉南佛国"之誉。宋代大理学家朱熹题泉州开元寺联句云"此地古称佛国，满街都是圣人"，绝非虚语。

泉州开元寺见证了9至15世纪泉州成为世界多元宗教文化辐射点的历史，而这座佛寺本身也是多元宗教文化的产物。宋元以来，泉州与日本佛学交流密切。南宋嘉定十年（1217年）日本僧人庆政上人随行驶于海上丝绸之路的泉州商舶来开元寺学法，回国时带走开元寺福州版《崇宁万寿大藏》等两部经书，及"南番文字"的阿拉伯文诗歌。至元四年（1267年）日本法师大拙祖能率数十僧众到开元寺学禅，后在日本楞岩寺讲经，听者三万余众。

开元寺也有不少僧人到国外弘法，明清之际，木庵追随隐元和尚，从晋江安海出发，东渡日本弘扬黄檗宗，至今长崎万福寺有分寺五百余座。开元寺内尚保存不少隐元和尚的匾、画，还有日本铜镜等国外法物。特别值得一提的是，大殿和戒坛神妙的"飞天乐伎"斗拱结构，闪烁着中印宗教艺术交流特色的印度教石刻，均为海内外孤品。整座开元寺堪称"中国佛教建筑艺术和宗教文化交流的大观园"。

百柱殿的后廊檐间那对16角形辉绿岩石柱，柱身圆浮雕刻有湿婆立像、象鳄争斗、毗湿奴骑坐金翅鸟等印度教神话故事，内容与印度古代著名史诗《摩诃婆罗多》《罗摩衍那》有关，开元寺也因此成为中国唯一拥有印度教遗存的佛教寺庙。

印度教是世界主要宗教之一，流行于南亚尤其是印度、尼泊尔等地，与佛教在公元1世纪前后几乎同时传入中国。传入泉州则是11世纪初的事了。元代，泉州的印度教曾盛极一时，至少有两座印度教寺，一座是建于元代早期供奉湿婆神的寺院，一座是建于元代晚期的番佛寺，系西域人那吹呐在泉州城南校场所建。当时许多印度泰米尔地区商人沿着繁荣的海上丝绸之路来到泉州定居、经商，留下了相关文献记录及丰富的石刻遗存。

番佛寺在元末泉州的战乱中被毁，不过，番佛寺和印度教在泉州的历史痕迹并没有就此消逝。明代崇祯年间郑芝龙出资重修开元寺大雄宝殿时，部分石构件被移到开元寺，安放在大雄宝殿上，成为这座寺庙的组成部分，300多年来始终保持完好。其中有两处构件特别精美：一是大雄宝殿月台须弥座束腰部位的73方狮子与狮身人面的辉绿岩浮雕，与南印度朱罗国晚期印度教寺院里的人面狮身石刻风格极其相似；二是大殿后廊檐下一对十六角形辉绿岩石柱，柱身24幅圆浮雕，刻有湿婆立像、象鳄争斗、毗湿奴骑坐金翅鸟等印度教神话故事，内容与印度古代著名史诗《摩诃婆罗多》《罗摩衍那》有关，石柱的外形、雕刻也与南印度朱罗国晚期的印度教寺院非常相似。这对印度教石柱，雕刻艺术之精美，堪称宗教艺术文化的瑰宝。浮雕内容除了印度教神话故事，还有双狮戏球、喜禄封侯、双凤衔瑞草等中国传统吉祥图案，表明宋元泉州对外来文化采取开放包容的态度，彼此很好地交流与融合。

作为我国唯一留有印度寺庙遗存的城市，泉州现存印度教石刻近300方，全部为印度教寺的建筑构件，大部分集中发现于开元寺附近区域和泉州南校场区域。这些珍贵的历史遗存，是泉州作为"世界宗教博物馆"的生动例证。

印度教石柱浮雕

宋元泉州海洋贸易蓬勃发展，成为梯航万国、舶商云集的"东方第一大港"，大量阿拉伯人、波斯人、印度人等外国商人、旅行家、传教士汇聚泉州，开展贸易乃至定居生活，带来了伊斯兰教、摩尼教、印度教、基督教等众多异域宗教文化。

在漫长的历史岁月中，多元宗教、多种文化在泉州交流融合，孕育出泉州极具包容性和开拓性的地方文化，并留存下众多世所罕见的文物史迹，泉州也因此被联合国教科文组织盛赞为"世界多元文化展示中心"。

开元寺山门前那堵紫云屏，似乎象征性地把佛门与尘世隔绝开来。然而，当你一走出这座寺庙，走进开元寺门前的西街，满街的烟火气就扑面而来，让你感觉到尘世与佛门竟是如此相近，饮食男女和善男信女是如此亲近。也许，这就是开元寺的独特之处和泉州的魅力所在吧！

清净寺

世遗名片：泉州清净寺位于古城区中心，是我国现存最古老的、具有阿拉伯建筑风格的伊斯兰教寺，始建于北宋大中祥符二年（1009年），至今已有上千年的历史。它是宋元时期跨越重洋来泉州营商的波斯、阿拉伯等地穆斯林商人及其族群的珍稀物证，见证了10至14世纪泉州海洋贸易繁荣时期，中国与阿拉伯地区间密切的经济与文化交流。

泉州清净寺

"一柱干云，并紫帽峰而作对；七级凌日，参开元塔以为三。"这是明代李光缙在《重修清净寺募缘疏》中对清净寺宣礼塔的描绘，指明它与东西双塔是当时泉州的三大高层建筑。如今，这座塔形如柱、高耸奇伟，可与广州怀圣寺光塔相媲美的伊斯兰式古塔虽然已不复存在，却留下伟岸的身影让人无限地遐想。

回教东来

在泉州清净寺尖券门上方，铭刻着两行阿拉伯碑文，述说着这座千年古寺的悠久历史："这座最古老、悠久、吉祥的礼拜寺，名称'艾苏哈卜寺'，建于回历400年（1009—1010）。"

铭文说明，北宋大中祥符二年（1009年），由客居泉州的阿拉伯穆斯林出资，仿照叙利亚大马士革伊斯兰教礼拜堂的建筑形式，建造了一座名为"艾苏哈卜寺"的清真寺，又名"圣友寺"。元至大三年（1310年），来自波斯设拉子（今伊朗）的穆斯林重修了寺院。不仅建筑了高悬的穹顶、加阔了甬道，而且重修了高贵的寺门并翻新了窗户，寺庙建筑风格受到波斯当地清真寺的影响。如今让人们眼前一亮的这座清真古寺，就是当年重修后的遗存。

泉州清净寺是当地建设的第一座礼拜寺，其建立与作为世界三大宗教之一的伊斯兰教的东扩是分不开的。公元7世纪初，穆罕默德（570—632）在阿拉伯半岛创立了伊斯兰教，后来，伊斯兰教不断向外传播，最终形成世界性宗教。

自唐朝开始，伊斯兰教就通过"丝绸之路"传入中国。唐初陆上丝绸之路畅通，一大批来自阿拉伯和波斯的使节、商人纷至沓来，汇聚于首都长安，长安西市里就有许多"波斯邸"和"胡店"。"安史之乱"后，陆上丝绸之路受到阻滞，海上丝绸之路逐步兴盛。公元846年，阿拉伯人伊本·胡尔达兹比赫在所撰《道里邦国志》里，就将交州、广州、泉州、扬州并称为中国四大港口。广州形成了阿拉伯人和波斯人的聚居区"番坊"。在扬州经商的阿拉伯人和波斯人有几千人，经营"波斯胡店"。这些使节、番客将伊斯兰教信仰带入中国，称其为"回教"、清真教或天方教。

泉州是伊斯兰教最早传入的中国城市之一。五代十国和两宋时期，朝廷实行积极的海外贸易政策，很多阿拉伯人和波斯人通过海路来到泉州经商定居，在城南形成了外国侨民的定居区"番坊"。赫赫有名的泉州清净

围墙上的阿拉伯文石刻

寺就是北宋时期由定居泉州的穆斯林创建的。曾与广州怀圣寺、扬州仙鹤寺、杭州凤凰寺合称中国伊斯兰教四大古寺。

时至今日，屹立在泉州涂门街的这座清净寺遗存依然具有非凡的气势，人们由此可以想象当年侨居泉州的众多穆斯林，齐聚占地面积广阔、建筑宏伟精美的清真寺做礼拜时的宏大场面。

清真古寺

泉州清净寺位于鲤城区涂门街中段，又称"艾苏哈卜寺"，或"圣友寺"、"麒麟寺"，占地2181平方米。主体建筑有门楼、奉天坛、明善堂三部分，还有新礼拜堂、祝圣亭等建筑，均是仿照叙利亚大马士革伊斯兰教礼拜堂的建筑形式建造的，不仅造型精美，而且富有浓郁的伊斯兰建筑风格。

穿过涂门街，来到清净寺，首先映入眼帘的便是这座风格独特、用纯辉绿岩和花岗岩石砌筑而成的门楼，高20米，宽4.5米，基座宽6.6米。大门朝南，入口凹进，高12.3米，门宽3.80米，门楼的甬道由四道拱门和外、中、内三重隔间组成。除内层为砖砌圆顶，外、中两层皆为青石作圆形穹顶拱门，具有和中国古建筑"藻井"相类似的石构图案。

外层隔间是星形窟窿，由辉绿岩雕砌的龙骨状尖拱门连接半穹隆的顶盖构成，倒悬一朵雕刻精致的辉绿岩莲花。以垂莲为中心，砌嵌成放射状，由上端沿外层各侧延伸，有如蜘蛛网状拱形宝盖。图案造型寓意伊斯兰教崇尚圣洁清净，并给人以无限向上之感。门楼正额横嵌阿拉伯文浮雕石刻。

中层隔间用花岗岩雕刻嵌成半穹隆形，穹隆四壁砌饰着层层叠叠87个精工雕琢的小型尖拱，状似蜂巢的图案；内层隔间是正方体石砌四壁，东西两壁各砌饰一巨大尖拱壁龛。上部为青砖块圈筑的圆形大穹顶，涂垩洁白，无任何装饰，象征无限宇宙空间。

门楼的顶层是宣礼台，俗称"望月台"，是伊斯兰教徒望月决定斋月

清净寺鸟瞰

清净寺门楼穹顶

起斋日期的地方。门楼三面围筑"回"字形垛子，有如城堞，显得十分巍峨壮观。连同门楼东西两墙砌饰的8个巨大尖拱壁门、壁龛，以及构成门楼的4道尖拱大门，整座门楼共有大小尖拱99个，象征赞颂真主的99个美名。

穿过门楼，为开阔旷地。东边碑亭内，陈列着极有研究价值的阿拉伯文石碑。在碑亭右边的门楼北墙上，两行元代阿拉伯文的浮纹石刻碑记，尚依稀可辨。

沿门楼北墙向西登上几级台阶，就是大寺的"奉天坛"，"奉天"寓意教徒向往西天，朝向圣地麦加。坛里墙壁隔成三进，错落有致。奉天坛屋顶原为巨大的圆顶，于明万历年间泉州大地震中坍圮，仅存花岗岩石砌成的大殿四壁和柱石基础及巨大的尖顶窗户。圆柱虽已搬移或散失，可是柱

奉天坛遗址

基、柱础却大部分依旧遗留原地。为体现原结构风貌，1998年又将倒塌后四散数百年的12根石柱础及9根残柱收集起来，重新竖立于原位。但是殿内的设施和圆顶遗物仍埋于地下，致使大殿现有的地面增高了一米多。

奉天坛的南墙上端外壁大小壁龛上，都嵌有浮雕的阿拉伯文经句。北墙正中开丁丁门小西墙中部向外凸出，正中尖拱宝盖形大壁龛内，刻有古阿拉伯文《古兰经》格式词句，左右各辟一门，南北对向，是讲经的"讲经坛"。奉天坛后，是重修的接待室，与它相称的厢房，是小型展览馆，陈列着自古以来泉州与伊斯兰国家友好交往的各种实物文献。

寺西北角的明善堂是明隆庆元年（1567年）修建的穆斯林礼拜堂，该堂为四合院式建筑。明善堂前，矗立着一座有近的精雕宋代"出水莲花"石香炉，莲花寓意"清净"与"洁白"，它正是清净寺的象征之一。

寺内保存着一方明成祖朱棣于永乐五年（1407年）颁发的关于保护清净寺及伊斯兰教的石刻《永乐敕谕》，四周边框绕刻浮雕龙饰，极为珍贵。碑刻内容如下：

大明皇帝敕谕米里哈只。朕惟能诚心好善者，必能敬
天事上，劝率善类，阴翊皇度。故天锡以福，享有无穷之

永乐敕谕碑

庆。尔米里哈只，早从马哈麻之教，笃志好善，导引善类，又能敬天事，益效忠诚，眷兹善行，良可嘉尚。今特授尔以敕谕，护持所在。官员军民一应人等，毋得慢侮欺凌，敢有故违朕命，慢侮欺凌者，以罪罪之。

永乐五年五月十一日

这方石碑说明大明王朝对外国侨民的风俗习惯和宗教活动是尊重的，它是中国与阿拉伯国家人民友好团结的反映，更是各种不同宗教在泉州和谐相处的见证。

清净寺院内还有两方与保护管理有关的重要碑刻。一方是《重立清净寺碑》，由吴鉴撰于元至正十年（1350年），是南门清净寺旧物。后因寺毁，该碑被移置涂门街清净寺，碑中提到"创兹寺于泉州之城南。今泉州礼拜寺，增为六、七"，描述了伊斯兰教从海路传入泉州、在泉州兴盛和建寺的情况，特别记录了当时泉州已建有清净寺六七座。另一方是《重修清净寺碑记》，明万历三十七年（1609年）李光缙所撰，记录了当时修缮清净寺的经过，碑文中提到太极、两仪、四象、八卦、十二月、二十四节气等

明善堂

中国传统观念，这也可以看出当时传统士大夫对于外来文化，也会用中国文化加以解释。

据伊斯兰教教规，凡教职人员每年一月在艾苏哈卜寺持斋，因"饥不食，渴不饮，以消其三毒五浊"，故名"清净"寺。整座寺庙除分布灵活、主次明显外，还体现了伊斯兰教清真寺在功能空间上大分散、小集中的特点，内部布局整体朝西向着圣地麦加。随着历代扩建和改建，逐渐形成了院落式格局：整体无明确轴线关系，但是门楼、明善堂和新建礼拜大殿各自形成了三条单体轴线。各个建筑单体看似分布较为分散和无序，但这些建筑单体本身又自成一个完善的体系，如明善堂和新建礼拜大殿内部都包括了礼拜、沐浴、辅助等伊斯兰宗教活动必需的空间。

据史料记载，清净寺内曾有一座古塔，位于礼拜大殿正东，高40米左右，是一座具有古伊斯兰教风格的七级石构宣礼塔，塔形如柱，高耸奇伟。据说可与开元寺的东西塔及广州怀圣寺的光塔相媲美！

古时，穆斯林宣礼员曾登上塔尖，一呼百应；夜间塔顶举火，一目了然。每届秋冬，满载丝、瓷、茶的商船扬帆离去；或值春秋，装运香料、药材的船舶驶来泉州港，阿拉伯穆斯林齐聚寺内、沐浴更衣；登塔眺望，诵读《古兰经》，祈求万能的安拉赐福穆斯林船队一路平安；为商舶导航，方圆百里。不幸的是，这座宣礼塔毁于明代的一次大地震。明隆庆元年（1567年）泉州知府曾重建五层木塔，清康熙二十六年（1687年）一场台风再次将它彻底摧毁。

泉州清净寺从建造至今，历经千年风雨沧桑，并经过多次重修、重建。例如：元至大二年（1309年）由艾哈默德重修，为该寺"建筑了高悬的穹顶，加阔了甬道，重修了寺门并翻新了窗户"；元至正十年（1350年），寺损坏，里人金阿里重建；明正德二年（1507年），因元至正间吴鉴的重修"旧碑年久朽敝无征"，遂于重立之日竖《重立清净寺碑》；隆庆元年（1567年），木塔坏，知府万庆令住持夏东升、教人苏养正等，修塔五层（并修建明善堂）；万历三十五年（1607年），泉州地震，房屋倾斜，楼角颓毁。主体建筑寺门、奉天坛等仍保持了原来的规模。

明万历三十七年（1609年），时任泉州知府姜志礼和晋江知县李侍问捐俸重修，令教人林日耀住持。重修时改礼拜寺塔为七层，即所谓"七级凌日"；并按道教的太极、两仪、四象、八卦、乾元、九天等来设计、改建礼拜寺大厅；采取"建筑之间加甬道、留通巷"，以避免地震时外墙或临屋倒塌，波及毗连屋栋成列倾倒的情况发生；并拆除原来用作宰牛的大片炉灶，防生火灾。

清康熙二十六年（1687年），"泉州大风，礼拜寺塔圮"（《康熙志稿》），从此未能修复。清康熙五十一年（1712年），福建汀延邵等处地方总兵官左都督陈有功、福建陆路提标左协中军游击陈美来官泉州，目睹泉州伊斯兰教式微，"即延师谏督我教门诸子，学经解篆"，重兴通淮街清净寺，在寺中办学校，学习阿拉伯文字，读《古兰经》，解释《古兰经》。

20世纪50年代初中期，整修了门楼，并把斑驳不堪的黑砖围墙改为花岗岩围墙。1961年，清净寺被国务院列为首批全国重点文物保护单位。20世纪八九十年代，居住于寺内的12户回民迁出，同时新建小型展览馆和两个清净古桥尖拱门；重建了明善堂。

回顾清净寺的历史，清净寺的建立和古代泉州海外交通、和中国与亚非各国人民历史上的长期友好往来，有着密不可分的关系，它是中国和阿拉伯国家文化交流的历史见证，也是泉州海外交通的重要史迹之一。

异域风情

走进清净寺，走进这座造型精美、充满异域风情的古寺，让人油然而生一种清净、高雅、纯洁、神圣的感觉，甚至使人产生仿佛身在异国他乡的感觉。

10至14世纪，随着海洋贸易的蓬勃发展，泉州成为令人向往的"东方第一大港"，数以万计来自亚洲、非洲、欧洲的商人、旅行家、传教士沿着海上丝绸之路来到泉州。为了迎接并安置好这些异域的朋友们，早在北宋政和五年（1115年），泉州便设立了专门接待外国使节的来远驿，随后还设立了专供外国商人居住的"番坊"，同时允许外来族群在此创建清真寺、天主教寺等宗教场所，并辟建了外国人墓葬区。

开明、开放、包容的泉州，吸引了更多海上丝绸之路沿线国家的外商人纷至沓来，泉州城番汉杂处，呈现"涨海声中万国商""市井十洲人"的繁荣景象。这些外来族群将他们的货品带到泉州，还从泉州采购陶瓷、丝绸和茶叶等商品运回去；不仅广泛参与海洋贸易的各个方面，还将文化与信仰留在了这里，佛教、基督教、伊斯兰教、摩尼教、印度教……多种中外宗教在刺桐城内共生并存。

这些远跨重洋而来的外来族群中，有大量波斯、阿拉伯等地的穆斯林商人，"缠头赤脚半蕃商，大舶高樯多海宝"，元末明初诗僧宗泐在其所著《清源洞图》中，不无夸张地形容在泉州的穆斯林商人有半城之多。这些穆斯林们在泉州自由地经商、传教、生活，成为古泉州港繁荣的一股重要

清净寺全景图

　　力量，他们与本地汉人通婚，甚至有不少穆斯林侨民入仕元廷。他们还出资创建礼拜寺，秉承"围寺而居"的传统，形成独特的"穆斯林社区"。

　　泉州不仅是中国伊斯兰教最早传入的城市之一，还是中国古代伊斯兰教十分活跃的城市。清净寺的创建，满足了众多穆斯林举行日常生活必不可少的礼拜宗教活动的需求。作为国内历史最悠久的伊斯兰古建筑之一，见证了中国和阿拉伯波斯地区的友好往来，见证泉州海上贸易的灿烂历史。

　　据悉，14世纪末期，泉州地区由于战乱，伊斯兰教寺院荒废，穆斯林的朝拜活动受到影响。到了15世纪初期，明朝皇帝朱棣颁布了保护伊斯兰教寺院的文告，要求各地官员、军民不得怠慢欺凌穆斯林，违者治罪。由此穆斯林后裔在泉州得到延续。泉州现有阿拉伯血统的后裔4万多人，主要分布于鲤城、晋江陈埭、惠安白崎，由于历史原因，大多数人的日常生活习惯已受本地人同化，但其中尚有部分仍然严格遵守伊斯兰教教义、教规。

　　游走在这座有着1000多年历史的圣地，那石墙上依稀可见的斑驳文

拱门上的阿拉伯文碑刻

字,躺在院角的石棺和墙角铁架上摆放的石刻,尤其是草坪上竖立着的12根石柱础及9根残柱,带着饱经岁月侵蚀的历史印记,无不体现出泉州这个当年"东方第一大港"的影响和繁华以及对海外文化的那种包容。

清净寺内的许多《古兰经》阿拉伯文石刻,说明来泉州的伊斯兰信徒大多是从海上远航而来的商人,"船舶靠安拉的恩惠航行于大海,为的是让你们见到他的神迹";祈祷真主保佑来泉贸易的航海者,"商业和买卖,不妨碍他们念颂安拉、做礼拜、纳天课";这些石刻反映了穆斯林严格的教规及其精神追求,"他们站着、坐着、躺着念颂安拉,他们冥想他对天地的创造"……

上千年来,穆斯林们在泉州自由地经商、传教、生活,不断推动泉州海上贸易的发展,成为古泉州港繁荣的一股重要力量;他们还与本地汉人通婚,在这片土地上繁衍生息,在融入本土文化的同时,也维系着自己固有的文化传统。

泉州现有阿拉伯血统的后裔数以万计,不少仍居住在清净寺周边,依然传承着伊斯兰风俗习惯,保留开斋节、主麻日礼拜及古尔邦节等节庆活动。多年来，清净寺等伊斯兰教遗迹吸引了大批海内外宾客和瞻仰者。

在泉州穆斯林后裔家族中，蒲、丁、郭三姓人数最多，在历史变迁中逐渐形成较为具有特色的聚居区，尤以永春县达埔蒲氏、晋江陈埭丁氏、惠安百崎郭氏最为世人所熟知。他们在不断融入泉州文化中也保持着部分伊斯兰文化传统。

泉州这座城市最动人之处，就在于以开放、包容的胸襟，容纳着世界各民族的文化，使不同文化背景的人们共处一城，不同信仰在这里交织互动。清净寺既留存着泉州海上贸易的发展印记，又刻写着泉州伊斯兰宗教文化的历史缩影，更折射出中阿文化交流的绚烂篇章。

1983年，在明善堂北侧新辟了伊斯兰教文物陈列室，主要介绍泉州及晋江陈埭、惠安百崎等地回族的文物资料以及举行"开斋节""古尔乐邦节"等伊斯兰教习俗的图片和实物等。

1991年，联合国教科文组织"海丝"考察团在泉州期间，泉州海交馆建议各国投资捐建一个专门的伊斯兰陈列馆，收藏和展示海交馆内大量的伊斯兰石刻、石碑。此后，陈列馆收到了阿曼国王、沙特阿拉伯国王、摩洛哥政府捐赠的资金，加上省、市政府出资的1220万元，建成了"泉州伊斯兰文化陈列馆"。陈列馆的建设，演变成中国与阿拉伯国家文化交流的一段佳话。

2009年10月，泉州清净寺新礼拜堂落成。新礼拜堂坐落在清净寺东侧，占地2300多平方米，建筑面积近480平方米。由阿曼苏丹卡布斯国王出资50万美元捐建，为清净寺建寺1000周年献上贺礼，更成为中阿两国人民友谊的新见证，续写了"海丝"情缘。

    从门楼到礼拜堂

    从墙壁门窗到诸多遗物

    都透着浓郁的阿拉伯风韵

清净寺见证了泉州的千年沧桑
饱经风霜的她仍风韵犹在

  清净寺所留存下来的空间格局、斑驳的石头以及上面镌刻的纹饰及铭文等，铭刻着泉州作为宋元中国世界海洋商贸中心的辉煌历史，是宋元时期泉州穆斯林商人及其族群的珍稀物证，她见证了10至14世纪泉州海洋贸易繁荣时期，中国与阿拉伯地区间密切的经济与文化交流。

  宋元时期泉州穆斯林商人及其族群是亚洲海洋贸易的主要参与者，是宋元国家口岸多元社会结构的重要组成部分。从建筑风格及元素上来看，体现了海洋贸易为泉州带来的人群汇聚和文化共存，这些多元文化因素极大地丰富了国家口岸城市的城市面貌和文化内涵。此外，清净寺其修建之初位于城外，随着12—13世纪外商聚居规模不断扩大，城市也向南拓展，也就将清净寺纳入城中，所以从这个角度来看，清净寺也是宋元泉州外商聚居区的珍贵遗存，是商业性城区的重要地标，体现了宋元国家口岸城市独特的融合、发展过程。

  清净寺的保护也离不开泉州民众的执着与努力，正是这种发自内心的热爱与珍视，才使得清净寺建筑及文物得到很好的保存。通过清净寺所留存下来的空间格局与斑驳的砖石，以及透过石头上面镌刻的纹饰及铭文，使我们得以探知那段久远的历史。清净寺既留存着泉州海上贸易的发展印记，又刻写着泉州伊斯兰宗教文化的历史缩影，更折射出中阿文化交流的绚烂篇章。

  作为海上丝绸之路的起点，泉州是世界多种宗教的汇集地，世界三大宗教之一的伊斯兰文化，同样在泉州占有重要的地位。

  每当时辰来临，依寺而居的穆斯林们便会头戴白帽。沐浴更衣，身着素服，儿孙随同，从四周陆续入寺。他们脱鞋正冠，径入大殿。随着庄严的宣礼声，面朝西方，抬手、立端、诵经、鞠躬、叩头……

数百个"小白帽"从寺门鱼贯而入，脱鞋后进入了礼拜堂。由门口向里望去，可见昏暗的大殿里许多人席地而坐。整齐划一的膜拜动作，庄严肃穆的气氛，大殿光影的幽深，心灵的净化，境界的提升，礼拜的虔诚与神圣，令观者动容。

历经千载岁月的洗礼，这座散发着浓郁异域风情的寺院，依然壮观地屹立在泉州古城的中心，而且从古至今仍在使用，续写着中阿文化交流的绚烂篇章。

清净寺夜景

老君岩造像

世遗名片：老君岩造像位于泉州清源山南麓，是道家学说创始人老子的石雕像，也是中国现存最大的道教石雕造像。它由天然巨石雕刻而成，不仅雕工精致，独具匠心，而且生动逼真，慈祥安乐，与大自然融为一体，将老子"崇尚自然"的思想体现得淋漓尽致。这座石雕像被称为东方石雕艺术珍品，是宋代泉州官方主流意识形态的象征，反映出世界海洋商贸中心多元、活跃的文化特征和港口的繁荣成就。

清源山老君石雕坐像

"巍峨堆压郡城阴，秀出天涯几万寻。翠影倒时吞半郭，岚光凝处滴疏林。"这是宋代南安诗人、官至参政知事的钱熙对故乡清源山的礼赞。他笔下的清源山不仅巍峨壮丽，而且山气蒸腾、岚光无限，"秀出天涯几万寻"。

作为我国东南沿海的一座历史文化名山，清源山自然景观优美，奇峰异石、深谷幽潭、急流飞瀑、苍茫云海；人文底蕴深厚，那博大精深的宗教文化、建筑文化、石雕文化，令人痴迷陶醉。让我们走进清源山，去领略其"秀出东南"的多姿风采，感受老君岩造像所具有的世界文化遗产价值，饱览"闽海蓬莱第一山"的迷人神韵。

八闽名山

清源山景区方圆有四十华里，主峰海拔498米，与泉州市山城相依，相互辉映，犹如名城泉州的一颗璀璨明珠，闪烁着耀眼的光芒。山中儒释道及外来宗教济济一堂，和谐共生，自古以来便是无数文人墨客游赏之地和许多名士读书、隐居之地。

清源山山门

据泉州府志记载，清源山最早开发于秦代，至唐宋时逐步发展成为多种宗教兼容并蓄的文化名山。历史上曾因泉眼多而命名为"泉山"；又因是泉州古城的北部屏障而称为"北山"；还因山峰高耸、云海苍茫而称为"齐云山"。

自古以来，清源山就以36洞天，18胜景闻名于世，尤以老君岩、千手岩、弥陀岩、碧霄岩、瑞象岩、虎乳泉、南台岩、清源洞、赐恩岩等为胜。山中流泉飞瀑、奇岩异洞、峰峦叠翠、万木竞秀，以宗教寺庙宫观、文人书院石室以及石雕石构石刻等文物为主的人文景观遍布清源山的每个角落。

清源山磅礴而秀丽，左中右三峰并称"三台"。中峰为主峰，高耸云天，四望无际；左、右峰为侧峰，岚光满地，叠境参天。山中林木苍翠，古道幽深，寺香庙远；岩石突兀而奇瑰，泉流久远而清冽。登高四望，平畴绿野，长桥穿虹，尽在眼底；远眺晋水，犹如银带，绕城而过，沧溟渺茫。身临其境，如入云雾山中，疑是"蓬莱仙境"。

自唐开元六年（718年）州治东迁后，古城区日益繁荣，人口骤增，游山者日多，清源山得以进一步开发，历经千百年风雨沧桑，留下十分丰富的文物史迹。

一是博大精深的宗教文化。泉州历史上就有"泉南佛国"之称，清源山佛教寺庙众多，儒家、道家也竞相在此发展。现存完好的宋、元时期道教、佛教大型石雕共7处9尊，其中老君岩造像是中国最早、最大的道教石雕造像，碧霄岩三世佛是东南沿海保留最完整的藏传佛教雕像，山中还保留着近代高僧弘一法师（李叔同）的舍利塔和广钦法师的塔院。

二是工艺精湛的石雕石构。清源山具有东南沿海典型的花岗岩地貌特征，岩石质地优良，因此山中石雕石构众多，且工艺十分精湛，令人叹为观止。如老君岩造像形神兼备，构思巧妙，为举世罕见的古代石雕艺术瑰宝。千手岩释迦牟尼坐像、弥陀岩阿弥陀佛立像、碧霄岩三世佛雕像、瑞像岩释迦牟尼立像、赐恩岩白衣观音造像皆各具特色，雕琢精美。元、明、清三代的花岗岩仿木结构佛像石室，包括弥陀石室、瑞像塔室、振衣亭、不老亭以及弘一法师舍利塔等石构建筑，汲取地方传统建筑的形态，体现出闽南石构艺术的特征。

三是丰富迷人的摩崖石刻。清源山有历代摩崖石刻近500方，或镌于高峰绝顶，或刻于山涧岩下，石刻内容有游山题名、览胜诗咏、聚会纪盛、修建记事等，真实记录了作者的真情实感和清源山的发展历史，不仅赋予这座名山以丰富的文化内涵，彰显其博雅底蕴，而且成为研究泉州政治经

弘一法师最后遗墨

济文化的宝贵历史资料，具有重要的历史、艺术和科学价值。

四是奇妙壮观的峰石岩洞。清源山左中右三峰呈鼎足之势，耸立于泉州古城东北部，由东至西还蜿蜒分布着大坪山、灵山、双阳山、葵山等风貌各异的山峰。山中林青木秀，涧谷纵横，步移景异。登临其上，可远眺沧海，近览城郭，古城风貌和江中帆影尽收眼底，视野空间随山势变幻而更加开阔。历来有"郡城巨镇"之称，"清源鼎"也成为泉州"古十景"之首。

五是生动多变的溪泉潭瀑。清源山地处北回归线附近，地质构造奇特，地形起伏多变，错落有致，多深谷幽潭、急流飞瀑。山中泉眼众多，中峰南部的虎乳泉自石缝中涌出，常年不竭，水质清冽，闻名遐迩，使清源山有泉山之称，古城也因此而称为泉州。

六是四季常绿的古树名木。泉州古称"温陵"，气候温和，雨量充沛，日照充足，清源山的植被十分茂盛，植物资源丰富，种类繁多。有50多株植物被列为古树名木，树龄最高达千年以上。周边生态环境和空气质量良好，分布有多片具有地域特点的次生林，具有相当的观赏价值。

此外，还有美妙奇幻的景观天象。清源山地属亚热带海洋性季风气候，因其滨海的地理位置、大气环境和丰富的地形地貌，使其天气多变，形成变幻莫测的云海奇观和各种别具特色的景观天象。古时"十八胜景"中，朋岭留云、凤麓春晓曾入选"泉州十景图"。

清源山历史悠久，山川秀丽，文化积淀深厚，名山与名城相互辉映，成为"三教合一"的文化名山和"冠甲东南"的旅游胜地。

老君造像

走进清源山中，放眼望去，群山叠翠，满眼皆绿；四处郁郁葱葱，阳光遍洒。沿途古树参天，老干虬枝，绿荫如盖。缓步前行，生怕错过每一道风景。

行至右峰南麓，游人如织。老君岩的石构山门充满了山野气息，曲尺型的平台是阴阳太极八卦的变形图案；一方天然石头上镌刻着"青牛西去，紫气东来"八个篆字，把老子"崇尚自然"的思想展现得淋漓尽致，令人有如入物外仙境的快意之感。

沿着幽静的林荫石径往前，只见盘根错节的榕树分立两侧，丛丛树根，既密又长，如同老子的长髯充满生机。突然，眼前豁然开朗，山脚下一尊巨大的老子石像赫然耸立，背依青山，浑然天成，气势不凡，卓绝千古，令人叹为观止。

这尊老君岩石像系利用一整块天然花岗岩石雕刻而成，高5.63米，宽8.01米，厚6.85米，席地面积55平方米。整座石像极具神韵，老君道袍加身，席地而坐，左手扶膝，右手凭几，双眼含笑，目光深邃而睿智；须眉皓然，双耳垂肩，笑口常开，神态和蔼可亲；膝大无比，伸屈自如，豁达大度，平易近人。丝毫没有道貌岸然、威严凌厉的神仙架势，而是充满了温馨的人情味，让人感觉可亲、可近。

老君岩石雕像

老君即太上老君，姓李名耳，字伯阳，号聃，俗称老子，是我国春秋时期著名的哲学家、思想家，也是道家学说的创始人和道教的开山鼻祖，故籍为楚地"曲仁里人"。其不朽之作《道德经》是中国古代经典之一，虽然只有五千言，却对后世影响深远。"道生一，一生二，二生三，三生万物"的哲学理念，"福兮祸所伏，祸兮福所倚"的辩证思维，早已深入人心，让人有"高山仰止，景行行止。虽不能至，然心向往之"的感觉。

这座老君石雕坐像是我国现存体积最大、年代最久远、雕刻技艺最传神的道教石雕造像，石像衣褶纹路清晰，刀法娴熟，刀刀见功。生动逼真的造型，精美传神的韵味，夸张写意的线条，质朴淳厚的内涵，天人合一的意境，使老君石像栩栩如生，让人心驰神往、百看不厌。

据清乾隆《泉州府志》记载："石像天成，好事者略施雕琢。"巧夺天工的民间工匠虽然只是略施技艺，"雕工之精纯，手法之老到，将其清朗之气刻画得炉火纯青"，也将老子"崇尚自然""大道至简"的思想展露无遗。其高超的雕刻艺术令国内外宗教界、艺术界人士惊叹不已，有"老子天下第一"之称。

唐朝是李渊、李世民父子建立的封建王朝，他们尊同姓的道家始祖李聃为开基祖，奉李老君创立的道教为"国教"，道教一时风靡全国。宋代道教文化依然十分兴盛，清源山成为泉州道教的中心，道教庙观、洞岩多达50余处，如谭紫霄居象觉岩，裴道人居锐岩，还有天庆观、紫极宫、清源洞、大道岩等，均为道教胜地。

据《闽书》记载，宋代老君造像原先有一组高大的道教建筑围护，包括北斗殿、真君殿等，规模宏伟，颇为壮观。后来真君殿、北斗殿等道观被焚毁，老君岩便露天屹立，与大自然浑然一体。明代理学家林孕昌在《清源洞游记》中称："独老君岿然露顶而坐，俯视鲤城，掀髯睁眼，凛有生气。昔夫子见老子以为犹龙，而兹像余见以为犹虎。"高度评价老君坐像"虎然有生气"。

古往今来，许多文人雅士、专家学者在看到老君造像以后，无不被它完美的艺术风格、成熟的表现手法所折服。著名古建筑专家陈从周评论说："此像拂细腻的长髯，联以流畅简洁的衣褶，旁补以妥帖精巧的小几，由于运刀统一，坐像在庄重中显出活泼，在协调中寓有变化。坐像令人感到浑然一体，毫无多余痕迹。同时，在立意上，卓然背屏青山，相得益彰。不仅合乎自然，而且超越造化。……更显得空山幽谷，离绝尘世了。"

民间更是把老君造像视为健康长寿的象征，泉州方言称："摸到鼻，吃百二；摸到目，吃百六。"清源山空气清新，又有山野之趣，常到此地，自然身心得益，即使摸不到老子的鼻子眼睛，也可延年益寿。历代文人墨客在这里留下了许多诗词歌赋，赞美老子，赞美这大自然的人工巧作。

曾任明代监察御史、后来隐居清源山的詹仰庇，在《清源山老君岩》一诗中写道："元洞清虚物象新，瑶坛潇洒迥无尘。祇今万古三生石，谁是千年不老人？座外青山开玉障，松间紫气绕龙鳞。由来杯酒堪忘世，宠辱何须患有身。"诗人把老君岩比喻为"千年不老人"，真是再恰当不过了。

明代官至翰林检讨的郑之铉亦有诗云："老来传道德，坐去失丹青。风雨留余几，眉须度此亭。试看春色晚，紫气为谁停？"表达了对老君"老来传道德"的敬仰之情。

黄克晦和何乔远题咏老君岩的诗，则从自然景观的角度描写了老君岩石像，如："鳌舟无力谷神光，石像千年草树傍。……雨深夜袴生秋藓，月晓髯眉带石霜。""空山琢片石，道像宛秋毫。虚敞前楹大，苍茫列岫高。不垣临北郭，如掌望东皋。"凸显了老君岩历经风吹雨淋的岁月积淀。

拜谒完老君像，依山势徐徐前行，一路绿意盎然。顺台阶移步至弥陀岩西侧，紫气萦绕之处，即可见"弘一大师之塔"。弘一法师晚年有14年在闽南一带弘法，1942年圆寂于泉州温陵养老院。1952年3月，在清源山兴建"弘一大师之塔"，塔内安放着大师的舍利子。

舍利塔前的"悲欣交集",系弘一大师生前最后遗墨。塔的正门镌刻着大师的亲笔手迹,门两边有对联"自净其心有若光风霁月,他山之石厥惟益友明师"。整座石塔与周围空间、摩崖石刻、环境绿化浑然一体,更显得庄严、肃穆,使前来瞻仰的人们倍生怀念、崇敬之情。左侧摩崖上有中国佛教协会会长赵朴初"千古江山留胜迹,一林风月伴高僧"的石刻。

塔左侧高石上,有弘一法师的禅坐像,风骨清奇,宁静安详,目光悲悯。看此石像,不仅让人想起他那首著名的《送别》歌:"长亭外,古道边,芳草碧连天……问君此去几时来,来时莫徘徊。"此曲苍凉浑厚、意蕴悠长。在此顶礼膜拜,内心归于平静舒朗。

拾级而上,处处见景。儒、释、道摩崖石刻及墓塔,犹如散落于山间的粒粒珍珠,让人贪婪又静心地享受其中的瑰宝神韵。

幽谷梵音

在清源山的奇峰幽谷中,除了老君岩(道教)外,还静卧着几座古朴

弥陀岩

自然的巉岩古寺，包括千手岩、弥陀岩（佛教）和碧霄岩（喇嘛教）等。

千手岩又名观音寺，地处清源山左峰，红墙素瓦，暮鼓晨钟，香火不绝。大殿正中供奉着佛教创始人释迦牟尼的石雕坐像，工艺精湛，惟妙惟肖，是清源山宋代石雕艺术佳作之一。石像前的千手千服观音塑像慈眉善眼，神态极佳。两壁上的十八罗汉画像，神态各异，呼之欲出。寺前古松翠柏，苍劲挺拔，虬曲盘旋，像一位慈善为怀的老者，张开双臂，迎接四方宾客。一株已有300多年树龄的古松，东西分叉，正对寺庙大门，却又不遮佛眼，令人称奇。

"弥陀真好玩，摔下来做狗爬"，这是记忆中的闽南童谣。比千手岩更高、更险峻的弥陀岩，峰石嶙峋，流泉飞瀑与古树名木、庙宇石刻融为一体，巧夺天工。清澈的泉水从五十米高的陡壁上泻落，在青石上飞珠溅玉，把凡尘俗念荡涤殆尽。"洗心""清如许"等摩崖石刻发人深省。被誉为"天侣呈瑞"的古榕、重阳木合抱树，造型奇特，令人艳羡。

高筑云台之上的弥陀岩石室，始建于元至正二十四年（1364年），仿木结构，背依石壁。石壁岩面浮雕"阿弥陀佛"立像一尊，高5米，宽2米，造型端庄大方，面容丰满，慈祥和善，头结螺髻，足踏莲花，左手平胸，右手下垂，似有接引众生往极乐世界之意。众多善男信女到此顶礼膜拜，虔诚备至。寺前"一啸台"左右各有一座3.5米高的佛塔。站此极目远眺，晋水横流，双塔凌空，红瓦碧野，景色妖娆，使人心旷神怡，流连忘返。

登上碧霄岩，便能领略三世佛的风采。三世佛并排结跏趺坐于仰覆莲花座上，主像高约2.5米，左右二像稍低。中尊为释迦像，又称现在佛；左尊为药师佛，即过去佛；右尊为弥陀佛，是未来佛。佛像保存完好，佛发螺鬓，双耳垂肩，肩宽腰细。三世佛是13世纪以来藏传密教（俗称喇嘛教）供奉的主要佛像。碧霄岩的三世佛刻于元代至元二十九年（1292年），距今已有七百多年的历史，是我国现存时代最早的梵式三世佛造像。

碧霄岩南侧有广钦和尚舍利塔院。广钦和尚曾在碧霄岩苦行修持13

清源山上鸟瞰泉州城区

年,长期不食烟火,以水果果腹,故有"水果和尚"之称。抗战胜利后,东渡台湾弘扬佛法,弟子逾20万人。95岁圆寂后,其弟子按他生前"乘愿再来""叶落归根"意愿,把舍利子和铜像从高雄带回泉州,并筹资修建塔院,以资纪念。碧霄岩北侧摩崖上,有一个硕大的南宋楷书石刻"寿"字,字体高3.5米,宽3.15米,被誉为"闽中最大的寿字",让每一个参观者啧啧称奇。

从碧霄岩向东,可直上瑞像岩,四周山青石碧,格外幽静。释迦牟尼瑞像营造于北宋元祐二年(1087年),"瑞像岩"额匾及石柱对联"片石孤云窥色相,清池皓月照禅心",系清道光进士庄俊元撰书,字体潇洒劲秀。山石下有一口清泉,长年出水,被誉为圣泉。

过片瓦岩登上望州亭,眼前境界豁然开阔,郡城历历如画。望州亭建于北宋后期元祐年间(1086—1093年),原称魁光阁。现留存南宋摩崖题刻多方,包括2方有关海交市舶的石刻,一为庆元三年(1197年)曾任泉州舶务的胡仲方等四人记游,一为嘉泰元年(1201年)泉州太守倪思知泉偕同僚上清源洞祷雨后登斯岩作诗记事。隆兴元年（1163年）进士陈说题刻的"望州亭""北山胜概""瑞泉"诸字，"书法遒劲，不减蔡襄"。此地石奇景美，环境幽静而视野开阔，登临其处俗事忘怀，如入仙境，古代游客留镌"忘归"二字于崖石。

南台岩地处清源山右峰主峰，地势险峻，云雾蒸腾。山门内外有五片巨石，均嵌空壁立，高四五丈至十丈左右不等，下临无底深壑，犹如"空中楼阁"。释、道、佛三教合一的建筑群紧依绝壁，四周树木葱茏，是游人登高远眺之佳景。视野旷远，左抱大海，右带金溪，晋水横波，古城在抱，紫帽凌霄峙其前，东西两塔拜其下，是"山海大观"中一处巧夺天工的奇景。

今留存于摩崖石壁间的游宦、郡长、乡绅和文士的题刻多达40方。山门额匾"南台岩"和门联"广运婆心称大士，睁开慧眼妙观音"、魁星阁石柱联"剑气文光冲北斗，山环水带绕南台"，均为庄俊元书题，与明李卓吾题赐恩岩石的柱联"不必文章称大士，虽无钟鼓亦观音"相映成趣，亦庄亦谐，成为清源山一段佳话。

抬头一望，凌空的天湖水库大坝映入眼帘。天湖建成于1995年，大坝高29米，长170米，蓄水量达12万立方米。登临坝顶，伫立鸟瞰，左右峰峦逶迤连绵，与江海云烟融为一体；回顾中峰，一片平湖山色，电视台的白墙铁塔，环山的翠林奇岩倒映在如镜的天湖中，真是一幅天然的图画。

位于清源山中峰的清源洞，距南台岩约500米，又名"纯阳洞""蜕仙岩"。洞前裴仙祠、观音殿、文昌阁等三教祠宇森然并列，交相辉映。传说宋绍兴年间，有裴姓道人为民除害，追杀残害生灵的巨蟒至清源洞，堵住洞口而蜕化登仙，时人塑像供奉。民间有"清源洞通洛阳江"之说。

清源洞自然风光优美，植物群落丰富多彩，具有亚热带雨林特征，随处可见生机盎然的古树名木。春夏之间，山顶云雾蒸腾，洞前亭阁缥缈；又因高居主峰，下临无际，近景有山影倒映天湖，中景有古城尽收眼底，远景有大海苍茫，构成一幅绝妙的"山海大观"意境图。

夏日游清源山

"清含万象朝罗紫，源俯双流带笋浯"，清源洞具有丰厚的历史、文化和宗教积淀以及很高的观赏和学术价值。元代摩崖碑文《重建清源纯阳洞记》记述了至元十八年（1281年）蒲寿庚、蒲寿晟兄弟协力捐资重建清源洞的事迹，是地方史、海交史研究的重要文献之一。

清源山钟灵毓秀，南台岩和清源洞正是清源山的最高峰。登临望远，心旷神怡，眼界顿觉开阔。清代施世纶题有"悠然出世来，香刹破苍碧，天地皆濛濛，东南流半壁"的石刻，四周散发着芳草的气息，深吸一口，如饮甘露，如啜琼浆，瞬间荡涤身心。置身其中，不仅可让人们领略其中的万千气象，而且能让人们忘记尘俗之忧，身心明澈。

"山中方一日，世上已千年。"当年法国学者黛安娜·李到泉州考察时，曾在老君岩题词："这位老人和大地紧紧地融为一体，他好像知道一切，又理解一切。"或许这就是清源山和老君岩给予我们的启示吧！

草庵摩尼佛造像

世遗名片：草庵位于泉州城以南15千米的华表山东麓，依山而筑，是宋元时期泉州城郊的一处摩尼教寺院。草庵供奉的摩尼光佛造像是宋元泉州摩尼教传播的重要史迹，显现出世界海洋商贸中心强大的文化包容力，其蕴含的文化融合特征为宋元泉州世界性多元社群间广泛的价值观交流奠定了基础。

晋江草庵

"神灵体正胜佛国，地寂境幽似西天"，这是题刻在晋江草庵寺门的一副对联，描写了这座寺庙"神灵体正""地寂境幽"，犹如西天佛国的特点。令人诧异的是，此地并非佛门净地，而是我国仅存的、最为完整的摩尼教遗址。据《晋江县志》载："华表山在五都，距城南四十里，双峰角立如华表，然麓有草庵，元时建祀摩尼佛。"因最初为草筑，故名草庵。

明教东传

摩尼教又称明教，源自古代波斯祆教，公元3世纪由波斯人摩尼

（216—276年）所创立。摩尼生于南巴比伦安息王族家庭，他以祆教（拜火教）为信仰基础，吸收基督教、佛教和古巴比伦的宗教思想，创建了摩尼教。

从3世纪到15世纪，摩尼教在长达一千多年的时间里，从北非到中国，在整个欧亚旧大陆广泛传播，成为一种世界性的宗教。其主要教义是"二宗三际论"："二宗"是指黑暗与光明、善与恶，即世界的两个本原；"三际"是指世界发展的三个过程，过去、现在和未来。摩尼教的二元论思想对于基督教异端、诺斯替教派以及希腊、罗马哲学都有一定的影响。它认为世界原来是黑暗与光明互不干扰，但是后来由于黑暗侵入光明，两者相混，天下开始不太平。因此摩尼教的理想就是最终使黑暗与光明再次隔离，实现和谐乐园。

摩尼教有自己的戒律和寺院体制。其文献使用过叙利亚文、中古波斯文、汉文、回鹘文、希腊文、拉丁文等十余种文字，与世界其他主要宗教发生了深入的思想对话，是研究中世纪欧亚大陆东西文明交流史的重要入门选择。但摩尼教的生存与发展，却很不平坦。

萨珊王朝时期（224—651年），摩尼教在波斯本土不断遭到血腥迫害，它的主要力量逐渐汇聚到中亚乌浒水（今阿姆河）流域，撒马尔干和塔什干成为摩尼教传播的重要基地。7世纪中叶，穆斯林征服波斯以后，摩尼教徒的处境有所改善。

阿拔斯王朝时期（750—1258年），许多摩尼教文献被翻译成阿拉伯文。但同时，阿拔斯王朝恢复了萨珊王朝反摩尼教的做法，谴责许多波斯血统的翻译者是摩尼教的同情者。在马赫迪（775—785年）和穆格台迪尔（908—932年）统治时期，甚至设立了专门处置异教徒（主要是摩尼教徒）的机构，无情地对摩尼教徒进行迫害。

摩尼教"东传华夏"之路同样充满了艰难险阻，乃至灭绝险境。唐武则天延载元年（694年），波斯国人拂多诞（侍法者）持摩尼教经典《二宗经》至中国，标志着摩尼教正式传入中国，在中原地区公开建寺传教。唐朝本来对于各种宗教都持宽容态度，因而摩尼教一度在唐朝很得势。

但到开元二十年（732年），唐玄宗却认定摩尼教"本是邪见，妄称佛教，诳惑'黎元'，主张"严加禁断"。公元763年，摩尼教传入回鹘（又称回纥），由于受到回鹘统治者的大力扶持，发展迅猛，很快成为国教，获得很高的地位。大唐朝廷为了笼络回鹘，不得不优待摩尼教。

"安史之乱"后，因回鹘助唐平乱有功，摩尼教徒借回鹘的支持，得以在华传教。唐代宗大历三年（768年）被允许在长安及各处敕建大云光明寺。开成五年（840年），唐朝击败了回鹘，回鹘国破，被迫西迁。城门失火，殃及池鱼，失去护法的摩尼教风光不再。会昌三年（843年）遭唐武宗敕禁，此后摩尼教在中原地区转入民间，并渐与其他宗教结合，历五代、两宋仍不衰。

逃脱会昌法难的摩尼教呼禄法师来到福建，他"授侣三山（福州），游方泉郡（泉州），卒葬郡北山下"，使福建成为摩尼教在中国南方继续传播的主要源头。

后梁年间（907—923年），摩尼教徒曾发动起义，但遭到镇压。后晋时（936—946年），摩尼教的活动转入地下，在民间秘密传播。

到宋代，摩尼教已完全汉化并演变为明教。为了迎合民间的需要，明教将原摩尼教教义要旨简单地归纳为"清净、光明、大力、智慧"8个字，进一步发挥其追求光明、善良、俭朴、友爱的道德观念，因而颇得人心，使之流传甚炽。

北宋至道年间（995—997年），怀安士人李廷裕在京城开封请到一尊摩尼像，从此在福建流传开。真宗朝（998—1022年）福建士人林世长向朝廷进献明教经典，授守福建文学。在编入《道藏》的经典中，就包含有摩尼教的《老子化胡经》《明使摩尼经》《二宗三际经》等，说明摩尼教已经在福建赢得部分士人的信仰，依托道教，向合法化方向发展。

当时，摩尼教在中国流行的地区以西北、华北地区为主；在南方主要有福建、浙江等沿海地区，因与波斯等国有海路交往，摩尼教在这些地方也有一定势力。

北宋时，明教虽然一度广泛流传，但只要民间一遇水旱饥馑，百姓不满时，富有斗争精神的明教便会被人利用来聚众造反，成为农民起事的号召旗帜之一。朝廷只好对它加以镇压。

北宋宣和二年（1120年），方腊以摩尼教（后称明教）为旗号，利用陈硕真的"天子基"与"万年楼"，于睦州发动了大规模农民起义，在六甲岭上设置完整的"五府六部"明教社会。统治者大为震惊，严厉镇压各种宗教结社，重立禁约，连带根究温州明教，拆毁斋堂，惩办首领，悬赏奖励告发。从此，明教成为秘密结社组织。

南宋时期，社会动乱加剧，以摩尼教为宗教外衣的农民起义此起彼伏。影响较大者有王念经的衡州起义、东阳县和信州贵溪的"魔贼"起义等。

元朝统治者对于在民间暗地聚众结社的吃菜事魔，明令取缔；而对于传统的明教信徒聚居地区，则允许造庵奉祀，公开活动，以示优容。但派出政府官员严加管束，以防越轨。如在泉州设有管理明教和秦教（即景教）的官员（管领）。马可·波罗随其叔叔1292年到达福州时，曾遇到当地一个无名教派，据称就是摩尼教团。

随着元朝统治者的腐败，摩尼教、弥勒教、白莲教等民间教派迅速发展，最后酿成红巾军起义。起义军公开以"弥勒降生，明王出世"的谶语箴言为口号，自称"魔兵"，说明摩尼教对红巾军具有一定的影响。此时摩尼教（明教）进一步世俗化，并与弥勒、白莲两教相融合，乃至合为一体。

明朝初期（1368—1398年），明太祖朱元璋登基后，立即下诏并立法禁止各种异端信仰，其中包括牟尼明尊教（即摩尼教）。他以"明教"教名上逼大明国号为由，对明教予以查禁，包括拆毁寺院、驱逐信徒。除国号仍称"大明"外，其他一切与明教有牵连的事物都下令更改。明教只得以更隐蔽、更秘密的形式开展活动。中原的摩尼教从此一蹶不振，逐渐被其他宗教所融合，或不得不依附佛教、道教以自存，逐渐演变为一种秘密宗教。

尽管清律、安南律都因袭明律，继续禁止牟尼明尊教，但是，有清一代和安南地方未必真正有摩尼教徒的活动。尽管清代许多民间教派仍或多或少地受到摩尼教影响，但史料已不见记载。

晋江草庵

摩尼教在唐开元二十年（732年）一度被唐玄宗下诏禁止，到宋代时又开始复活，在中国曾经风靡一时。摩尼教以崇拜光明、提倡清净、反对黑暗和压迫为教旨，又称明教。据考古发现，宋代摩尼教在泉州已有传播活动。

晋江草庵寺始建于宋绍兴年间（1131—1163年），依山崖傍筑。传说宋绍兴十八年（1148年），宋室赵氏在此修龙泉书院，夜间常见后院石壁五彩光华，疑似文佛显影，蔚为奇观。僧吉祥募资雕琢佛像于石壁而建摩尼寺。元顺帝至元五年（1399年）改为石构单檐歇山式，四架椽，面阔三开间，间宽1.67米，进深二间3.04米，屋檐下用横梁单排华拱承托屋盖，简单古朴。

现存遗址为元代建筑物。明代查禁摩尼教时，此处乡民以佛教崇拜为掩护，将草庵完整保存了下来，成为摩尼教仅存的珍贵史迹。草庵周边原有镌刻摩尼教咒语的摩崖石刻多处，现仅存一方咒语石刻及"万石梅峰""梧桐"等处摩崖石刻。

历史上，泉州的摩尼教本地化程度较深，有的借助佛教的外衣掩饰自己的外来身份，有的几乎混同民间信仰，草庵也一直被人们视同佛寺。因此，要寻找摩尼教的遗迹困难重重。

晋江摩尼教草庵的发现，是不同时代的专家学者长期关注、刻意搜寻的结果。

有关草庵的最早记载，见于明代何乔远的《闽书》，而最早将《闽书》关于草庵的记载作为摩尼教资料辑录的是历史学家陈垣；随后法国伯希和根据陈垣的录文考证出草庵的具体位置。20世纪20年代，厦门大学教授张星烺、陈万里及德国汉学家艾克等到泉州访古，曾试图寻找草庵遗址。

20世纪30年代，弘一法师在闽南弘法期间曾三顾草庵，"每次掩留累月"，均住在意空楼。当时草庵所奉摩尼教石像，被称为"摩尼如来"，混同释迦牟尼佛供奉。

弘一法师第一次来草庵，系1933年冬，应草庵寺主旨请，从厦门来草庵过冬。他亲自为草庵撰写了两副对联。其一在庵门两侧，将"草庵"二字嵌于句首，表达佛门济世之愿心："草绩不除，时觉眼前春意满；庵门常掩，毋忘世上苦人多。"其二在摩尼光佛坐像两侧。据传明代有十八位士子曾住于草庵勤奋读书，包括王慎中、庄用宾、庄用晦等人，并常于此看见佛的形象，疑为文殊菩萨显影。弘一法师为此手书木刻对联："石壁光明，相传为文佛显影，史乘记载，于此有名贤读书。"是年除夕，弘一法师亲自为弟子宣讲《灵峰大师祭愚大师发衣钵塔文》；正月初一又讲《含注戒本》。至二月方离庵返厦。

1935年12月初，法师自惠安弘法返泉州，因病归卧草庵。大病中曾书遗嘱一纸交与随侍传贯，交代命终前后诸事。他日弟子广洽前来探望，他说："不要问我病好没有，要问我念佛没有，这是南山律师的警策，向后当拒绝一切，闭户编述南山律书，以至成功。"正月，弘一法师由广洽法师随侍，往厦门南普陀寺，每日寻医就诊。五月大病初愈后，移居鼓浪屿日光岩，并撰写了《重兴草庵记》。

1937年岁末，弘一法师第三次来草庵，在此度岁。其时抗战已爆发，国难当头，法师在草庵讲《华严经普贤行愿品》，并切嘱弟子读诵十万遍，以祈愿国难消除，民众安乐，其爱国情怀由此可见一斑。

弘一大师晚年三次驻锡草庵，确非偶然，说明草庵的环境非常适合他

"养苟习静"；而大师在此留下的足迹、诗文，也为草庵增辉，使草庵的宗教文化氛围更加浓郁。

20世纪40年代，泉州地方史学者吴文良曾多次到草庵考察，并刊发了有关草庵的论证及相关照片（见吴文良《泉州宗教石刻》）。吴文良关于摩尼教的研究得到了学术界的认可。

从明代到民国，草庵曾经过三度重修。第一次是明正统十年（1445年）；第二次是清光绪二十八年（1902年），第三次是民国十二年（1923年）。但草庵的名称始终未改，一直沿用至今。

明正统年间重修草庵时，有住山弟子刻摩尼教的教义信条于摩崖上："劝念：清净光明，大力智慧，无上至真，摩尼光佛。"（称为"四位一体"），落款为"正统乙丑九月十三日，住山弟子明书立"。而乙丑年即明英宗正统十年，正是明代统治者视明教为异端、大力查禁明教的年代，明教信徒却无所畏惧，将摩尼教《宁万经》语勒石题记，公然宣扬摩尼教崇尚光明的思想，可谓光明正大。由此不难推论，当地明教的信道者众、声势不小。

此后，草庵屡有兴废。摩尼教虽已销声匿迹，但并未消亡，而是以佛、道的面目出现，成为佛道僧侣挂锡的寺庙，并得以保护了下来。1923年草庵第三次重修时，就是瑞意、广空两位法师所倡导，经过整修后的草庵成为泉州著名佛寺之一。后人为了纪念其功德，在草庵东侧增建了一幢僧房，名"意空楼"。

摩尼光佛

在草庵遗址中，最为珍贵的文物就是庵内依崖石雕的一尊摩尼光佛。这是目前世界上仅存的一尊摩尼教石雕佛像，被列为全国重点文物保护单位。

庵内依山石刻一圆形浅龛，直径1.68米，圆龛内雕刻一尊摩尼光佛，趺坐在莲花坛上，坐像身长1.52米，宽0.83米，头部长0.32米，宽0.25米。奇妙的是佛像面部呈淡青色，手显粉红色，服饰为灰白色，是利用岩石中

草庵摩尼光佛造像

三种不同的天然颜色精巧构设。

  摩尼佛像头部比较特别，呈现辉绿岩（青斗石）颜色，背有毫光射纹饰，呈现花岗岩石质。散发披肩，面相圆润，眉弯隆起，嘴唇稍薄，嘴角两线深显，下颚圆突。身着宽袖僧衣，胸襟打结带，无扣，结带用圆饰套束蝴蝶形，而向两侧下垂于脚部，双手相叠平放，手心向上置于膝上，神态庄严慈善，衣褶简朴流畅，用对称的纹饰表现时代风格。

  在佛龛的左上角阴刻一段文字"谢店市信士陈真泽立寺，喜舍本师圣像，祈荐考妣早生佛地者。至元五年戌月日记"。五行楷书，34字，字径2.5厘米。在右上角还有阴刻比较粗糙的文字"兴化路罗山境姚兴祖，奉舍石室一完。祈荐先君正卿姚汝坚三十三宴，妣郭氏五九太孺，继母黄十三娘，先兄姚月涧，四学世生界者"。这些文字的价值性很高，是目前世界唯一摩尼光佛造像和草庵建筑年代可借的文字佐证，非常可贵，同时也是研究泉州明教的第一手历史材料。

20世纪80年代初，在草庵遗址前20米处，曾经出土一块在碗底标有"明教会"的元代黑釉碗，器型完整，口径18.5厘米，高6.5厘米，在烧制时便刻有"明教会"三字，字径6.5厘米左右。此外，还有60多件残瓷片，也分别刻有"明""教""会"三个字样，这是当时泉州明教会活动情况的重要证明。摩尼教遗址的文字记载与"明教会"的黑釉瓷碗可相互印证。

宋末元初泉州明教会的活动是比较公开的，因此在与其相邻的陶瓷之乡——磁灶烧制这种黑釉碗自然比较普遍。泉州近郊其他窑址也有同类型瓷碗的发现，与草庵出土的黑釉碗一模一样。明教会统一烧制食具，说明其人多势众，组织严密、活动频繁，而晋江草庵作为明教会活动中心，地位也非同一般。

摩尼教寺紧依华表山麓，内有僧尼住持，庵前旧有龙泉书院，后为清兵所毁。直至近年华侨捐资重建，改称"大华严寺"，面貌焕然一新。花木、果树相映，风景十分优美、清净，别有一番景色。

草庵寺后奇石丛峙，连绵成片如梅花，故此峰称万石峰或万石梅峰。后人有联曰："万石峰中，月色泉声千古趣；八方池内，天光云影四时春。"

宋代以降，许多文人墨客曾游历草庵，并留下动人的诗词文章。如明万历年间（1573—1620年），泉州著名诗人黄克晦、黄凤翔先后游览草庵，并题诗于此。

黄克晦（1524—1590年），号吾野，惠安崇武人，能诗善书画，著有《吾野诗集》等。在《万石峰草庵得家字》一诗中他写道：

结伴遥寻太乙家，峨峨万石映孤霞。
坐中峰势天西侧，衣上梦阴日半斜。
风榭无人飘翠瓦，云岩有水浸苔花。
何年更驻苏杭鹤，静闲闲房共转砂。

他以为草庵是道教神仙居住的地方，故将之称为"太乙家"。"风榭无人飘翠瓦"一句说明草庵当时颇为荒凉，也从侧面反映泉州明教业已衰落不显。黄凤翔则作《秋访草庵》曰：

> 琳宫秋日共跌登，木落山空爽气澄。
> 细草久湮仙峡路，斜晖暂作佛坛灯。
> 竹边泉脉邻丹灶，沿里云根蔓绿藤。
> 飘瓦颓垣君莫问，萧然一榻便崚嶒。

黄凤翔（1538—1614年），号仪庭、止庵，泉州市区人，既是诗人，又是泉州的名士名宦。他同样也把草庵当作道教宫庵看待，因此诗中出现"丹灶"的词句。

明教的教义是惩恶扬善、度化世人，与一般江湖门派渴望称霸、与朝廷井水不犯河水的态度不同，明教想要建立一个人人都吃得饱、穿得暖的大同社会。因此屡屡遭到朝廷镇压，为了躲避官府围剿，明教中人行事就难免隐秘，故而被视为"魔教"。明太祖朱元璋依靠明教夺取政权后，采用明教的"明"字定国号，但又担心明教威胁其统治，因此"寅其徒，毁其宫"，使元末明初盛极一时的明教不得不转入秘密活动，成为融于道教、佛教的民间崇拜。

"为善除恶，惟光明故"，这是明教信徒的追求。一代代明教信徒前赴后继，哪怕最后被查禁、灭绝，也依然精神不死，侠气长存，凸显了明教对理想世界光明前景的追求和自身求生存、求发展的权利。

20世纪50年代，厦门大学历史系教授庄为玑把草庵作为新发现的摩尼教遗址公开发表，之后美国学者向西方学术界报道了这一考古新闻。20世纪80年代，瑞典学者翁拙瑞亲临草庵考察，成为第一位实地考察草庵的西方学者。

1987年8月，瑞典隆德大学召开了首届国际摩尼教学术研讨会，翁拙瑞认为，像草庵这样完整保存摩尼佛石雕像的摩尼教庙宇，在世界上是独一无二的。他将自己亲自拍摄的摩尼石像作为会徽，正式向国际学术界推介泉州摩尼教遗址。摩尼佛造像还被选为讨论会的纪念吉祥物。

　　泉州摩尼教遗址的发现，对于推动中西方文化交流具有十分重要的意义。1991年联合国教科文组织"海上丝绸之路"考察团考察了草庵，他们惊喜地看到了目前世界上唯一的摩尼石雕像，将之称为整个"海上丝绸之路"考察团考察活动的最大收获，具有世界性和历史性的意义。

万绿丛中的草庵

伊斯兰教圣墓

世遗名片：泉州伊斯兰教圣墓位于古城区东门外灵山南麓，是伊斯兰教先知穆罕默德的两位门徒三贤和四贤的入土安眠之地，也是我国现存最古老、保存最完好的伊斯兰教圣迹。作为伊斯兰教传入中国最早的历史物证之一，灵山圣墓与清净寺共同见证了穆斯林商人及其族群在泉州的商贸、宗教活动，反映了宋元泉州多元文化的交往与融合。

泉州伊斯兰教圣墓

"求知要不远万里，即使远在中国。"这是1400年前伊斯兰教创始人对他的两位杰出门徒作出的训示。后来这两位门徒便遵从他的训示，不远千山万水来到中国，使泉州成为伊斯兰教最初进入中国的城市，而他们也把自己的一生献给了这座美丽的城市。

作为我国古代海上丝绸之路的起点，泉州从唐代起海外交通就非常繁忙，世界各国的商人、学者、传教士纷至沓来，给泉州留下了许多珍贵的宗教遗迹和精美建筑。安息着穆罕默德两大门徒的灵山，就是这样一个既真实又传奇、既神秘又宁静的地方。

"神奇传说"

出泉州市区东门外三里，就到了灵山。走进一道阿拉伯风格的石门，一条蜿蜒的石径引导你前行。这条千年小径曾留下郑和下西洋的足迹和许多国家首脑、政要，世界穆斯林信徒和当地普通老百姓的脚印。

据明末史学家何乔远在《闽书·方域志》中记载，唐高祖武德年间（618—626年），穆罕默德曾派四大门徒来中国朝贡，后留在中国传教。其中一贤传教广州；二贤传教扬州；三贤和四贤则传教泉州。传说两人卒后葬于灵山，下葬时山上还发出灵光。这就是伊斯兰教传入中国的最早传说。

关于三贤、四贤到泉州传教的说法，流传着一个神奇的传说。相传唐朝武德年间，泉州湾鳄鱼泛滥成灾，渔民无法出海打鱼，船运货物也无人装卸，从南洋、阿拉伯等国来的船舶不敢入港。一时泉州湾的海外通商贸易遭到严重阻滞，茶叶、瓷器、丝绸、铁器等货物堆积如山，无法运送出口外销；外来的珍珠、琥珀、象牙、珊瑚、玛瑙和香料等进口货物也无法起卸，喧腾的泉州港顿时冷落下来，港口生机窒息。就在大家发愁没有驱鳄良策之时，忽有吏部官员奏书："西方大食国圣人、回教创始人穆罕默德，有四大门徒在中国传教，法力高强，烈日难灼体肤，雨水不湿衣裳，入火不死，入水不灭，定有驱鳄之神通。"

于是，唐高祖李渊降旨宣召四人前来。四人皆头缠白巾，身披法衣，手捧经典（即伊斯兰教经典《古兰经》），席坐顶礼。大唐皇帝询问治鳄安民之方，其中一人启奏："真主降示经典，吾等奉天传教，扬善恶恶，驱鳄何难？"随后朝西膜拜，口诵经文，举手一招，御苑右树忽移庭前，复一挥手，树还原处。众皆骇异，四人合掌大笑，为首的一人称："盘根古树尚能招之即来，挥之而去，何况游动的水族鳄鱼？"

皇帝听后大悦，即封四人为"贤人"。为保障海外通商港口的繁荣和商旅的安全，遂派一贤到广州，二贤到扬州、三贤沙仕谒、四贤我高仕到泉州驱鳄。三贤、四贤到泉州后，果真率领众回教徒朝西跪拜，仰天呼号，

灵山圣墓

诵读古兰经文，其中一人拔剑遥指鳄群，鳄鱼蠢动浅滩，另一人双臂高擎，即有一群神鹰鼓翼而来，盘旋空际，爪抓巨石，向鳄鱼投掷。霎时石如雨下，击中鳄鱼，不死则伤，最后只好逃离泉州湾。于是，刺桐港又重新恢复了正常的航运。

这一民间传说固然神奇，且不可全信，却也是当时现实的一种反映，说明泉州民间对穆罕默德高徒三贤、四贤的普遍好感。

灵山圣墓

"夜阑高枕听钟磬，晓起大观咏海滩。"位于泉州东郊的灵山海拔50.8米，面对烟波浩渺的东海，濒临荷花飘香的东湖，满山绿树苍郁，山花烂漫，青草如茵，景色非常秀丽，环境十分幽静。

伊斯兰教圣墓位于灵山南麓，这里山清水秀，草木葱茏，是穆斯林向往的圣迹；这里安息着唐代武德年间两位到泉州传教的伊斯兰贤者。

当时泉州人感念神威法力，托庇安宁，信奉回教者甚多，又因海外交通发达，所以很多阿拉伯商人便定居泉州，并且与当地人通婚。于是，三贤、四贤就结庐在灵山，并在此传教，死了以后也就葬在这里。因为夜里常有灵异之光发出，所以人们称之为"灵山圣墓"。

当时还没有清真寺，所以很多人都到这里来礼拜。后来随着穆斯林教徒的不断增多，到宋朝才由阿拉伯人出资建造了通淮街清净寺，它是我国唯一保留至今的宋代伊斯兰教寺。

明万历年间（1573—1619年），著名历史学家何乔远在《闽书·方域志·灵山》中记载："自郡东南折而东，遵湖岗南行为灵山。有默德那（麦地那）国二人葬焉，回回之祖也。回回家言：默地那（麦地那）国有吗喊叭德（穆罕默德）圣人，生隋开皇元年，圣真显美，其国王聘之，御位二十年，降示经典，好善恶恶，奉天传教。……门徒有大贤四人，唐武德中来朝，遂传教中国。一贤传教广州，二贤传教扬州，三贤、四贤传教泉州，卒葬此山。然则二人，唐时人也。二人自葬是山，夜光显发，人异而灵之，名曰圣墓，曰西方圣人之墓也。"

三贤、四贤墓亭

三贤、四贤墓坐北朝南，并列于呈方形的墓区中。其形制与汉墓全然不同，别具伊斯兰风格，系下面各挖一长方形墓穴，穴上再铺盖石板，板上各放置一具塔式（亦称须弥座式）的石墓盖。这两具墓盖乃用花岗岩雕琢而成，分三层，通高0.6米。底层长2.15米、宽1.10米，四面浮雕莲瓣纹；中层素面无纹饰；顶层长1.55米、宽0.35米、高0.28米，剖面呈半圆形，南北两端部的中间内凹成拱形。

　　两墓盖雕刻手法简朴大方，显示出泉州早期伊斯兰教石刻艺术的作风。莲花瓣图案衬托二位贤者的高洁品德。墓地上建有一亭遮盖。有专家、学者认为，它原来可能是一种正方形上罩圆顶的拱北式建筑。清代曾重建此亭，用木、瓦构筑，后倒塌；1962年改为卷棚歇山式花岗岩石亭。

　　墓的周围依东、西、北三面崖壁用块石砌筑成半圆形的挡土墙环抱，并仿照我国传统的木结构形式建一条平面呈马蹄形的回廊拱卫。据说这样

重修圣墓碑（阿拉伯文）

象征伊斯兰像初月一样纯洁。这条回廊不知始建于何时,现存的可能是元代重修,清代再修。

圣墓有四廊九间十柱,这些造型特异的廊柱,上下两端偏细,柱形似梭。据建筑学家考证为唐代柱式,叫"梭柱"。这一考证为圣墓的历史年代提供了实物佐证。这种"梭柱"最早见于公元4世纪时中原地区的建筑物中。梭柱支撑起半圆形的石檐,从外朝里倾斜,成马蹄形,其他构件的做法和纹饰也相当古朴。

回廊上保存着七方元、明、清的碑刻,其中一方辉绿岩石碑特别引人注目。它是立于回廊正中的"重修圣墓碑",系用古阿拉伯文书写,记载了元代至治三年(公元1323年、回历723年)有一批阿拉伯穆斯林远渡重洋来到泉州,为圣贤修墓立碑的过程:

> 此墓为昔日传教此方二先贤之墓。贤者于发克富(阿拉伯天子之意)在位时,即来此,有善行,至今尚为人称道,后卒葬于此山。人们因其福祥而信之,一旦遭艰难,彷徨无策,即前来瞻礼,祈求默示光明,并有奉献,均获平安而返。

大意是:此二人在法厄福尔时代来到这个国度,据传为有善行者,因而死后由尘世抵达永世。人们因虔信他俩能赐福,一旦遭遇艰难,进退维谷,即来瞻礼,祈求默示光明,并有奉献,俱获益,平安回返。

这方阿拉伯文石碑写于当年斋月,横排、阴刻,长方形、寰首、梯形座,通高110厘米、宽55.5厘米、厚12.5厘米。它清楚地记载着元朝英宗时在泉州的穆斯林集体重修了这座吉祥的坟墓,并为这两位"有善行者"虔诚地祈祷,祈求真主的怜悯和祝福,愿真主保佑他们。此举表达了他们对真主的遵从,也是他们行善的证明。

从中也可以看出元代泉州穆斯林信徒对这两位伊斯兰教先贤是何等的尊敬和崇信！这方古阿拉伯文重修碑记，是迄今在灵山圣墓发现的有文字可考、年代最早的实物资料，为研究泉州伊斯兰教的珍贵文物。

还有五方石碑，其中三方竖于回廊内，两方嵌于廊壁上，均是清代穆斯林重修灵山圣墓碑记。立于回廊东边的，一方是康熙五十一年（1712年）福建汀延邵等处总兵官、左都督陈有功发动国子监的穆斯林师生数十人捐资重修灵山圣墓的《重修先贤墓碑》；一方是同治十年（1871年）福建陆路提督江长贵（穆斯林）捐俸重修灵山圣墓的碑记。立于回廊内西边的是一方嘉庆二十三年（1818年）福建全省陆路提督军门、漳州总镇马建纪（穆斯林）捐俸重修灵山圣墓的《重修温陵圣墓碑》；嵌于回廊外西壁是一方乾隆十六年（1751年）泉州清净寺主持夏必第立的《重修圣坟碑记》；嵌于回廊外东壁的，是一方乾隆四十八年（1783年）己亥恩科武举人郭拔萃（穆斯林）立的《重修圣坟碑记》。

灵山圣墓自元至治二年（1322年）重修之后，在有明一代还有重修，但未见有碑记存留。根据明嘉靖四十一年（1562年）泉州知府周道光所作的游记记载，其时灵山圣墓可能是采用封闭式的建筑形制，开有门，但具体情况不明，而且"墓之前右有小阁，为礼拜所；左有疏轩可憩，面西而南户，可以远眺"。到清代这些建筑物皆不复存在。但从保留的这五方碑刻看，清初至清末的二三百年间，穆斯林官绅至少有五次迭继重修回廊和墓亭，使这座"西方圣人"之墓得以保存下来，没有成为历史的陈迹。

灵山圣墓墓廊西边还有一块著名的石碑，即"郑和行香碑"。明永乐十五年（1417年），钦差总兵太监郑和第五次下西洋，出发之前专程到此（圣墓）行香，以求庇护船队安全。泉州地方行政主官蒲日和为他建立行香碑，以作纪念。

这方石碑长方形，圭首，梯形座，通高99.5厘米、宽42.5厘米、厚9.3厘米，用汉文行楷书写，竖排，文曰："钦差总兵太监郑和，前往西洋忽鲁谟厮等国公干。永乐十五年五月十六日于此行香,望灵圣庇祐。镇抚蒲和日记立。"

郑和原姓马,回族,其先祖是阿拉伯人,世代信奉伊斯兰教,他既是位佛教徒,也是位穆斯林,因此,对这两位伊斯兰教先贤亦顶礼膜拜,以求庇祐下西洋平安顺利。这方石碑不但是郑和下西洋时到过泉州的重要物证,而且为灵山圣墓增辉添彩,大大丰富其文化内涵。

宋元时期,我国的航海事业就很发达。元朝的海船是世界上最大、最多的。明朝前期仍是这种情况,经济发达,国力强盛,不但是世界强国之一,航海事业也有了很大的发展。郑和下西洋就是在这种情况下实现的。

郑和先后计七次率舟师历访南海、马六甲海峡、印度洋沿海及东非沿岸30余个国家,从占城、爪哇到真腊、旧港,从暹罗、古里到满剌加、渤泥、苏门答腊……历时28年。郑和所到之处,受到当地国王、首领的热烈欢迎,郑和向他们宣读大明诏书、赠送瓷器、茶叶、丝绸、锦绮、纱罗、麝香、铁器和金银币等。带回胡椒、宝石、珊瑚、珍珠等珍宝,以及狮子、长颈鹿等异国珍禽异兽。

郑和七次下西洋,远航经过三十余国和地区,最远曾达非洲东岸、红海和伊斯兰教圣地麦加,所乘的船最大的可容一千人。第七次航行(下西洋)时郑和已61岁,回国后不久即与世长辞。郑和历经艰辛,开辟了一条连接亚非各国的航道,是世界航海史上的空前壮举,功绩永标史册,是中国人民对世界航海事业的巨大贡献,值得后人敬仰。

圣墓的美名不是皇帝敕封的,反之,因为它的灵圣,皇帝的大臣要慕名前来行香膜拜,祈求庇佑。这方青草石碑刻意味深长,令人想起郑和率领浩浩荡荡的船队远涉重洋,历尽艰险,与亚非人民建立深厚友谊的一幕而倍感自豪,为海上丝绸之路留下了难以湮灭的证明。

圣墓一侧的开阔地是宋元时期来自世界各地的穆斯林的公墓,一具具古色苍然的石棺静卧于此,同样令人感动。这一大批友好的使者和两位贤人一样，长眠在异国他乡。石棺上的云月图案和古兰经文格外生动，阳光从松柏的枝叶间筛漏下来，粼粼光斑撒在石棺之上，仿佛在谱写一曲深邃而优美的乐章。

灵山就在前头。人们也许并不知道灵山是否真有显灵景象，但相信灵山因感动定然也会发出震颤。在人们的心中，这些长眠他乡的使者、贤人的业绩不会磨灭。

玉球风动

在名闻中外的灵山圣墓，还有一处被誉为"泉州胜景"之一的"玉球风动"景观，俗称"风动石"。

沿着进入圣墓的石阶而上，只见一块平展的花岗岩大磐石上，危然耸立着一块似方若圆、重数十吨的巨石，多少年来经历无数次强地震和狂风暴雨的袭击依然如故；然而，只要有人稍施一点力推一下，它就会轻轻摆动，甚至阵风吹来，亦会微微晃动。明朝嘉靖四十二年（1563年）夏，泉州知府周道光见"此石类球，而其色苍然沉碧似玉"，遂给它起雅名"碧玉球"，由浙江参议、书法家庄一俊（号石山）书丹，泉州通判关于政（字朱明）镌刻于巨石之正面（北向）。清嘉庆二十三年（1818年），福建陆路军门提督马建纪又在巨石上题刻"天然机妙"四个大字，可谓"珠联璧合"，相映成趣。

传说灵山风动石就是唐武德年间，伊斯兰教的三贤、四贤来中国传教，主动请缨降服鳄魔时，在圣墓海边念古兰经、施法术，天上一群巨鹰叼来的巨石，其中有一块巨石随风飘到圣墓，成为"风动石"。这个故事反映了古代泉州民众敢于搏击各种自然灾害、发展海外交通贸易的决心。

因此"玉石风动"也成为泉州一景，成为本地民众和各地游客喜欢游览的地方。每当春暖花开，莺飞草长，游人如鲫，纷纷来此享受田野的风光。古往今来，风动石的美景也吸引许多文人雅士望景生情，浮想联翩，留下许多优美的诗句，丰富了风动石景观的文化内涵。如风动石西侧岩壁

灵山风动石

就保存着明隆庆五年（1571年）泉州知府朱炳如和友人李焘的唱和及晋江县主簿张训的四首七绝诗刻。

风动石南侧岩壁上则刻有明嘉靖四十四年（1565年）福建巡抚汪道昆《访尤使君游灵山，寓吴隐士书舍，时林大夫携酒往》为题的七律二首。其一是："君从彭泽上书还，独向祇园借榻安。留客聊将欢喜食，逢人不着惠文冠。夜阑高枕听钟磬，晓起大观咏海滩。最是名山堪自适，莫投车辖且加餐。"其二是："白社无如隐叟豪，青山况复得吾曹。自携佳酿来精舍，更喜盘餐出远庖。松柏森森砦石磴，英蕖冉冉媚江皋。已拚此日持饮水，聊慰他时汗马劳。"汪道昆，字伯玉，安徽歙县人。明嘉靖十四年（1535年）进士。令义乌，教人讲武，人称义乌兵。后官福建巡抚，备兵入闽，善用兵，平倭患有功。俞大猷、戚继光都很推崇他，累官兵部侍郎。为文简而有法，为王世贞所称赏。著有《副墨》及《太涵集》。诗刻六首都在赞颂尤烈使君的人品及灵山的胜景。

明尚书黄凤翔也以《游灵山睹僧坟》为题，描写了圣墓的碧石、周围的白梅、樵牧的路径，以及清明扫墓、僧人传说等等景物：

磊磊碧石台，瑟瑟白梅树。远瞰平远畴，近临樵牧路。
竖子共踟蹰，云是古僧墓。涅盘不记年，邱垅犹如故。
每当暮春时，亦荐寒食具。他人为子孙，徒倚竟薄暮。
佛法本无生，生来亦不住。去时岂有迹，霓光与泡露，
漫将腐草尘，洄向圆寂处。

碧石上尽是明清达官显贵、文人墨客的题刻、诗刻，显得更加典雅秀丽，富有文化内涵。明代诗人朱梧观赏碧石后情不自禁地赋诗曰："湖边球石碧琅玕，太守题名拥紫坛。涌月寒开云母殿，流星秋泻赤瑛盘。动时锦水将轮转，圆处巴山作镜看。几度鹤笙天外过，仙姝闲驻弄珊珊。"他既写实景，又富于想象，将这块奇特的风动石描绘得出神入化、动人心魄。因此，自明代以来，"玉球风动"就被列为泉州"八大胜景"之一。

由于天地的造化之功和"真主"的神异安排，风动石又巧妙地与圣墓联系在一起，充满着神奇的色彩，因此中外穆斯林称誉它是从伊斯兰教圣地麦加飞来的圣石，可与伊朗的伊斯法罕晃塔相媲美。

塔巴利在19世纪所写的《世界史》里记叙，穆罕默德曾向他的这两位贤人训示道："求知要不远万里，即使远在中国。"从唐朝以来，阿拉伯、波斯的商人、传教士就纷纷前来泉州经商贸易或传教，长眠圣墓的人是作为求知者和友好使者来到中国、来到泉州的。

泉州人民把造船术、制瓷术和其他科学知识传授给外国的朋友，真情厚意使远方来客在古城安居，甚至与泉州人通婚，繁衍后代。如今，在灵山附近就生活着他们的3万多后裔。其中不少人还保留着回教的习惯，有的则已经汉化。

灵山上这方巍然耸立、势重万钧的风动石，让泉州文人忆及二位贤人不远万里、不避艰险到中国、到泉州传播他们的美好信仰，从心底发出叹息；而明代泉州知府周道光笔畅情酣地为风动石题下"碧玉球""天然机妙"的评语，同样寄托着他的美好祝愿——有人说灵山有卧狮之态，风动石是狮子随时戏耍的球，想来两位贤人应该不会寂寞吧。

泉州的老百姓更是深深地感念两位贤人生前的善行，在他们死后为其安葬，墓茔还建造、保护得那么完好！说天造地设也罢，深情厚谊也罢，灵山确实是一个宽广的境地、幽美的所在，长期受到中外穆斯林的顶礼膜拜。

新中国成立以来，人民政府非常重视对灵山圣墓的保护，先后将它公布为省级、国家级文物保护单位，建立文物保管所，并多次拨款重修回廊、墓亭，砌平台，筑山门，整治环境，使之得到更好的管理和保护，以让它永放历史的灿烂光芒。于是，国内外有好多位研究伊斯兰教史的专家盛赞灵山三贤、四贤墓是"除了沙特阿拉伯麦地那城里的先知穆罕默德圣墓和伊拉克纳杰夫城的阿里圣墓外，现存最古最完好的第三大圣迹"。

1962年福建省人民委员会树立的伊斯兰教圣墓碑文云："唐武德中（618—626年）穆罕默德门徒、阿拉伯人三贤、四贤来泉传教，殁葬于此。墓后回廊正中有元代修墓阿拉伯文碑记。旁有郑和第五次奉使西洋行香碑，皆为我国海外交通的重要史迹。"

2003年联合国教科文组织世遗专家亨利博士来灵山圣墓参观考察后在留言簿上写道："三、四贤墓是早期的泉州人民与阿拉伯世界友好、交往、贸易独一无二的见证。"

"磊磊碧石台，瑟瑟白梅树。"遥想当年，灵山之上，远近都被白梅覆盖着，那场景想象起来也很美。

第四篇

宋家南外刺桐新——文化史迹

  胜迹无双，赢得欧子读书许公献地；
  钟灵第一，招来真师伏虎李郡卜居。

  这是题刻在泉州清源山赐恩岩山门上的一副楹联，反映了泉州文风鼎盛、人杰地灵的深厚底蕴。

赐恩岩山门

  联中的欧子指泉州历史上的第一位进士、有"四门博士"之称的欧阳詹，当年他曾与林蕴、林藻等在此读书，后来三人相继擢第，开闽中文教之先河；许公指唐贞元进士、曾任衡州刺史的许稷，在得知赐恩岩为佛教圣地后，遂献地作为寺产；真师指五代时在此安禅的高僧守息，相传他会驯虎，因而有"真师伏虎"之传说；李邴系北宋崇宁进士、官至参政知事，宋室南度后携家眷入闽，曾寓居泉州17年，去世后其子孙在泉州开枝散叶，繁衍至今。

从唐末五代到宋末元初，由于北方战乱，中原皇族、士绅和百姓纷纷南下，其中许多人在泉州落户。他们不仅带来了先进的生产技术，而且带来了中原的优秀传统文化，有力地促进了当地社会经济和文化艺术的发展。如一些专供统治者享用的瓷窑场转移到南方，对民间手工业的发展产生了很大影响；南外宗室的艺师流散到泉州后，对民间提线木偶戏艺术水平的提高也有极大的促进作用。

泉州本土文化与外来优秀文化的不断交流、融合，形成了一种多元、独特、崭新的文化，孕育了一代又一代泉州人，培养了他们勤劳、朴实、开拓、进取和勇猛、豪爽、敢为天下先的精神。同时，留下了许多灿烂辉煌的文化史迹，泉州府文庙和南外宗正司遗址就是其典型代表。直至今天，人们在日常生活中，都能时时感受到这种多元文化的遗风和影响。

泉州府文庙（大成门）

泉州府文庙

世遗名片：泉州府文庙位于古城区中部，是古代官方纪念和祭祀儒家思想创始人孔子的场所，也是我国东南地区最大的文庙。其格局宏伟、殿宇壮丽，是一组具有中国古代最高建筑规格的文庙建筑群。作为古代泉州最高等级的教育机构和社会精英群体的象征，对宋元海洋贸易的推动和管理发挥了重要作用。

泉州府文庙（棂星门）

"接伊洛之渊源，开海滨之邹鲁"，这是题刻在泉州府文庙东侧海滨邹鲁亭上的一副楹联。虽然斯亭已废，但谁也无法否认，正是800多年前朱子的过化，使泉州诗书弦诵，人才辈出，以致被称为"海滨邹鲁"。

泉州是一座宗教文化多元的城市，如果说开元寺、承天寺是泉州佛教的代表，老君岩、元妙观是泉州道教的代表，那么，地处古城中心的泉州府文庙就是儒家文化当之无愧的代表。

孔庙学宫

孔庙顾名思义，是纪念孔子的祠庙建筑，为历代儒家学子朝圣之地。

孔子是中国古代伟大的思想家、教育家，历来有"素王"之称。由于他创立的儒家思想对维护传统文化和封建统治有着至关重要的作用，因此成为中国封建社会的主流意识形态，孔子也因此备受历代统治者的尊崇。汉平帝时，孔子被追谥为"宣尼公"；唐玄宗时，又追谥他为"文宣王"；到宋代，孔子已成为"百世文官表，历代帝王师"。

在唐代以前，"先圣"指周公或孔子；唐代之后则专指孔子。《礼记》云："凡始立学者，必释奠于先圣先师。"随着儒学思想的广泛传播，尤其是建立开科取士制度之后，祭孔的风气越来越浓厚，孔子成为至圣至尊的"万世师表"。于是，全国各地纷纷修建孔庙，以表达对孔子的尊崇之情。

"祭孔"为历代帝王所器重，列入国家祭典，定于每年四季的仲月（二月、五月、八月、十一月）上丁日举行祭祀，称为"丁祭"。孔庙供奉的历代圣贤大儒，届时也和孔子一起受到祭祀。孔庙数量之多、规制之高，建筑技术与艺术之精美，在我国古代建筑类型中，是绝无仅有的，堪称是我国古代文化遗产中极其重要的组成部分。据不完全统计，全国共有1600多座孔庙，其中南京夫子庙、曲阜孔庙、北京孔庙和吉林文庙并称为"中国四大文庙"。

唐代开始将文宣王庙作为孔庙的别称。明永乐年间，人们把祭祀"武圣人"关羽的庙称之为"武庙"，由此祭祀"文圣人"孔子的文宣王庙被称为"文庙"。多数武庙都建在文庙旁边，号称"文武并列"，同时也方便人们祭祀。此外，孔庙还有至圣庙、宣圣庙、夫子庙、先师庙等别称。

由于孔子创立的儒家思想对于维护社会统治安定所起到的重要作用，历代封建王朝对孔子尊崇备至，从而把修庙祀孔作为国家大事来办，到了明、清时期，全国各地每一州、府、县治所所在都有孔庙或文庙。

祭孔大典在古代被称作"国之大典"。自唐开元二十七年（739年）唐

泉州府文庙鸟瞰

玄宗封孔子为"文宣王"后,祭祀孔子的活动开始不断升格,宋代后祭祀制度更是扶摇直上,明代已达到帝王规格。至清代,祭祀孔子的活动更是隆重盛大,达到登峰造极的地步。清朝仅乾隆皇帝一人就先后8次亲临曲阜拜谒孔子。民国时期,政府明令全国祭孔,其程序和礼仪做了较大变动,献爵改为献花圈,古典祭服改为长袍马褂,跪拜改为鞠躬礼。

祭祀孔子的典礼,称为"奠礼"。释、奠都有陈设、呈献的意思,指在祭典中,陈设音乐、舞蹈,并且呈献牲、酒等祭品,对孔子表示崇敬之意。最初祭孔每年只有秋季一次,后增为春秋二次。后来,人们又在阴历八月二十七日(相传为孔子诞辰)举行大祭。这一天的祭孔仪式隆重,学生通常要放假一至三天,以示敬重。祭孔被当作国家的大典后,"家祭"仍照常进行。"国祭"则多由皇帝专门指定的大臣、地方官或皇帝自己亲至阙里孔庙致祭。

各地文庙的实际功能,除了祭孔外,就是作为士子读书的学校。科举制度以来,各地文庙分别成为各级学宫,分别举行院试、乡试、会试和殿试。于是,县有县学,州有州学,府有府学,国有太学;相应地,就有县文庙、州文庙、府文庙等不同等级的文庙。

学宫的性质属于官学，以科举入仕做官作为主要目标。因此，学宫的修建须经过报请批准，严格按规制建设。最高级别的学宫是太学，自元、明、清以来，北京孔庙就是三朝皇帝祭祀孔子的地方，也是封建时代培养国家官员的国子监所在地。

泉州府文庙始建于唐开元二十一年（733年），原址位于州治衙城西（今泉州六中一带），当时称为"鲁司寇庙"（孔子曾任鲁国司寇，庙以此为名），庙额系唐玄宗时贤相张九龄所书。北宋太平兴国元年（976年），孔庙移建于涂门街头，太平兴国七年（982年）建为州学。后来一度迁往他处，北宋大观三年（1109年）重又迁回。

南宋绍兴七年（1137年），泉州府文庙按"左学右庙"的规制重建，建筑规模宏大，规制完整，建筑优美，造型独特，文化内涵丰厚，是宋代中原文化和闽南古建筑艺术的有机结合，也是福建乃至整个东南地区规模最大文庙建筑群。

中国大地上，处处有学宫，县县有孔庙。在中国人的心里，"祭孔"已非单纯地崇拜孔子本人，而意味着"尊师重教"，代表以"仁、义、礼、智、信"为核心的儒家思想乃至中华文化的传承。人们通过祭拜孔子，诵读国学经典，更多的是要瞻仰学习圣人的君子人格，使自己成为真正的"仁人"，以期弘扬传统文化，复兴民族之魂。

左学右庙

泉州府文庙位于涂门街头、百源川池畔，又名府学，占地10700平方米，是泉州现存大型宋代建筑之一，集宋、元、明、清四个朝代建筑形式于一身，虽然历经800多年风雨沧桑，并进行过数十次修缮，但整体建筑风格依然保持宋元建筑遗风，这在全国文庙建筑中是绝无仅有的孤品，具有很高的科学、艺术和历史价值。

文庙作为列入国家祭典的礼制性庙宇，不仅由国家力量予以倡导和推行，而且其建筑模式、体量、色调以及祭祀的内容、等级等，都必须遵循国家认可的规范和准则。在建筑构成上，文庙通常都设有棂星门、泮池、大成门、大成殿、东西庑、尊经阁、明伦堂、敬一亭、崇圣祠、乡贤祠、名宦祠，建筑布局大多是中轴分明，左右对称。

泉州府文庙建筑群位于古城区贯穿南北的中轴线上，按照"左学右庙"（或称"东学西庙"）的规制建造。庙门（棂星门）在今涂门街（原称通淮路或府学口），至露庭、洙泗桥均属文庙的第一进院落。

露庭是一个宽66米、深60米的大石埕，面积2000多平方米，原来铺有石板三千条，暗喻孔子"弟子三千"。露庭东西各有一座石构朝门，原系木牌坊，后改为石构建筑。东朝门内写"贤关"，外写"礼门"；西朝门内写"圣域"，外写"义路"。

棂星门亦称先师门，矗立在露庭南面。相传棂星为天镇星，即天上文曲星。孔庙庙门以"棂星"命名，意谓孔子应天上星宿而降。原棂星门建于南宋嘉泰元年（1201年），现存建筑为清代重建，单檐歇山顶，斗拱抬梁式木结构。雕龙石柱，工艺精湛，造型优美。屋脊上有六柱似芭蕉茎的绿色圆筒，称为"六经筒"。传说秦始皇焚书坑儒时，民间暗藏六经于芭蕉茎内，得以流传。

大成门是孔庙第二进院落的正中大门，在露庭北面，现存系清末建筑。单檐悬山顶，砖木结构。三开间，二进深，东西两端连接金声、玉振两旁门连成一体，宽61米，深10米。大成门与金声、玉振两门的名称，出自孟子所说："孔子之谓集大成，集大成者，金声而玉振之也。"盛赞孔子"德开天地""道冠古今"，孔子思想集古代圣贤学说之大成，并与孔庙中心大成殿相呼应。大成门的两边有一对青石花鼓，屋檐下立有左右两尊"避邪"，还有大型"万字不断墙"的砖砌壁饰。

泮池在大成门内，位于大成殿拜庭前方，池宽29米，长43.8米，作半月形，南岸半圆，北岸平直，可通潮汐。中间纵贯一座石桥，桥宽4米，长约20米，中稍拱突，石板横铺、护以栏杆。栏柱雕石像，象征太平景象。桥面铺72块长方形条石，隐喻孔子"七十二贤人"。桥筑于元代，风格端重，人行桥上，有举止雍容之感。

文庙泮池

月台又叫露台、拜亭，位于泮池北面、大成殿南面，是一个比露埕高一米的台式石埕，为古代文武官员士绅祭孔时跪拜歌舞之地。月台前有宽深36米的露庭，两边原有两株百年古榕，宛如天然大盆景。月台须弥座保存着宋代的青石浮雕，有仰莲、复莲、扶桑、山茶、牡丹、芙蓉等。月台东西砌有石阶、台面原有围栏、后废。正南面原有雕龙石丹陛，后以石阶代之。

大成殿为府文庙主体建筑，为典型的宋代重檐庑殿式结构，代表了当时的最高建筑规格。面阔七开间（41米），进深五间（24米），殿为重檐九脊，正脊两端雕饰两条跳跃的小龙，脊身有琉璃瓦件贴饰的飞禽走兽、花卉草木，色彩艳丽，富有闽南建筑艺术特点。殿身为斗拱抬梁式结构，斗拱层叠，梁枋纵横，整座大殿用48根白石柱乘托，柱础为线雕覆盆式，与基石连成一块，正面有两根浮雕盘龙金柱和六根浮雕盘龙檐柱，造型优美生动，风格古朴。大成殿是祭孔的正殿，正中供奉着孔子圣像，东西两侧供奉四配及十二哲人，陈列祭孔礼器、乐器，梁上悬挂有清康熙帝御书"万世师表"，气势不凡。

大成殿是孔庙的中心建筑，始建于南宋初年，历代均有修葺。这座大殿拥有的重檐庑殿式屋顶、黄色琉璃瓦、龙纹柱身、通饰彩绘等建筑技艺，显示出非同寻常的建筑规格，反映宋元海外贸易带给泉州的文化繁荣和特殊的政治地位。

殿的东西两侧有东庑和西庑各18间，各长112米，宽10米，略低于正殿，木石走廊式建筑。原系供奉孔子弟子及后代圣贤的牌位，后为作为府学的斋房。

在府文庙的中轴线两旁，东有海滨邹鲁亭、夫子泉、明伦堂、育英门、教授署、尊经阁等；西有泮宫、杏坛，庙学范围内还有十几座乡贤名宦祠、

文庙大成殿

状元祠，占地一百多亩。庙内宋太守题诗的夫子泉井等诸多文物保存完好。这些建筑物构成一个完整的文庙建筑群。

"刺桐城中泮宫里，大成殿下新泉水。不须更以品第论，混混源流自夫子。……我来酌泉仍叩头，遐想洙泗三千游。世间何处有此水，此州无愧名泉州。"这是宋代泉州郡守王十朋在《夫子泉》一诗中对泉州府文庙和夫子泉的赞美。

位于文庙广场的夫子泉古井，建于南宋隆兴年间（1163—1164年），距今已有850余年。以前的仕子从中山路泮宫口进入文庙，走在青云路上，跨过洙泗桥，穿过棂星门，前往大成殿拜谒孔子，最后都要到夫子泉喝一瓢清凉的井水，既表达对孔夫子的纪念，又能一解焦渴，可谓一举两得。

府文庙东畔的明伦堂，为文庙现存主要附属建筑，围堂前露庭、泮池和石桥均保存完好。明伦堂为七开间，宽36.8米；五进深21.4米，前有宽深36米的露庭。"圣域津梁，理学渊源开石井；海滨邹鲁，诗书弦诵遍桐城。"题写于明伦堂的这对楹联，道出了泉州府学与朱子文化的关系。

作为古代泉州府学的明伦堂，历史上长期是文人学士聚会、讲学的地方，南宋名相梁克家少时曾就读于此。传说梁克家"幼聪敏绝人，书过目成诵"，当年在京高中状元时，他所就读的学宫（即泉州府文庙内明伦堂）的池塘中，并蒂双莲同时开花。时任泉州太守辛次膺曾为此赋诗纪念；南宋乾道七年（1171年）教授林邑在府学右边兴建"瑞莲堂"，以纪念梁克家与泉州府文庙的特殊渊源。据说当年开出并蒂莲花的方池至今还在。

梁克家是中国历史上少有的状元宰相，他为政不苟且与人同，不畏权贵，又不失和气，人称"贤相"。据《晋江县志》记载："丞相梁克家宅，在旧县学东。"旧县学与金池巷、相公巷相邻，传说相公巷即因梁克家两度为相而得名。

明伦堂还留有红色的印记。1926年11月，出师北伐的国民革命军占领泉州后，设立了兴泉永政治监察署，以指导工农革命运动。其间，中共厦门特支书记罗扬才指派李松林（化名唐沙白）会同辜仲钊（又名林超然）、左明亮（又名左光亮）等共产党员，先后到泉州开展革命工作。1927年1月，中共泉州特支在明伦堂成立，隶属中共闽南部委领导，负责指导泉属各县农运工作，李松林为特支负责人。2003年6月，泉州市文物管委会特地在明伦堂外立了一块石碑，上刻"中共泉州特别支部所在地"，作为纪念。

府文庙西畔的泮宫门，亦称圣贤门，建于北宋大观元年（1107年）。面临南大街，坐东朝西。宋时建筑已废，后改为水泥仿木建筑，歇山顶二层楼阁式，面阔三开间，三层中间为通道，门楣横书"泮宫"二字。

泮宫亦称学宫，周代诸侯的学校前有半月形水池，称为泮水，诸侯学校就称为泮宫，意思是在泮水边建立的学宫。明清科举制度规定，学童考进县学为新进学员，须入学宫拜谒孔子，叫"入泮"或"游泮"。泮官楼上撰有楹联："海国闽疆东南重镇，典章文物邹鲁遗风。"

泉州府文庙是古代官方纪念和祭祀儒家思想创始人孔子的场所，也是古代泉州最高等级的教育机构。同时，它也是泉州社会精英群体的象征，这些社会精英对宋元海洋贸易的推动和管理发挥了重要作用。

海滨邹鲁

泉州历来书院林立、文风鼎盛，素有"海滨邹鲁"之称；而最具有"海滨邹鲁"象征意义的便是府文庙。斯文绝继在人才，而文庙正是养文气之地，育人才之所。

大成殿作为府文庙的主体建筑，殿内正中设有大型木龛，从宋代起供奉孔子泥塑造像。因恐造像不肖、亵渎圣容，自明嘉靖九年（1530年）起，改为供奉"大成至圣先师孔子"木牌位，后废。现根据唐代大画家吴道子的白描孔子画像加彩放大仿画供奉，以供游人参观瞻拜。

殿内东西两边对向置四木龛，供奉颜子、曾子、子思、孟子等孔子"四大贤弟"及传人的画像，称为"四配"。殿内东西两侧还没有两龛，分别供奉闵损、冉耕、冉雍、宰予、端木赐、冉求、仲由、言偃、卜商、颛孙师、有若、朱熹等十二贤哲的画像，称为"十二哲人"。

正厅上万除悬挂有清代康熙皇帝御书"万世师表"外，还悬挂雍正皇帝御书"生民未有"和嘉庆皇帝御书"圣集大成"等匾额，金碧辉煌，对孔子给予很高的评价。据说历代皇帝的御书还有乾隆的"与天地参"、道光的"圣协时中"、咸丰的"德齐帱载"、同治的"圣神天纵"、光绪的"斯文在兹"、宣统的"中和位育"等。古代帝王的钟爱有加和给予的高规格敬祀，也显示出封建王朝对孔孟之道和儒学修养的重视。

泮桥上的石桥横铺长形条石72块，象征孔子72弟子。外行第7条石断为两截，象征被逐出孔门的樊迟。桥上两旁的栏柱雕有石象，象征太平盛世。凡此种种，可谓用心良苦，寓意深长。

"八闽形胜无双地，四海人文第一邦"，这副挂悬于泉州州衙门口的对联，是宋代状元、泉州知州王十朋所撰，对泉州人文赞叹备至。一千年来，伴随着中国经济中心的逐步南移和海外贸易的兴盛，泉州多元文化空前融合繁荣，同时也促进了教育的兴盛，使泉州人才辈出，成为东南文教之典范。

"三十老明经，五十少进士"，在科举时代要考中进士已非常难，状元更是凤毛麟角。据统计，自唐初至清光绪三十年（1904年）的一千多年间，文状元只有600多位。而泉州文风炽盛，历史上曾出过多位状元，文武兼有，分别是：五代的陈逖、黄仁颖；宋代的梁克家、曾从龙；明代的庄际昌、庄安世（武状元）；清代的吴鲁和黄培松（武状元），共8位。其中，梁克家和曾从龙都出生于泉州古城，其他多位状元也都曾在古城留下诸多史迹与故事传说。此外，还有多位状元祖籍泉州，如北宋名相王曾、清乾隆四年（1739年）状元庄有恭、清乾隆十九年（1754年）状元庄培因等，与泉州有着割不断的深厚渊源。泉州在科举时代出的进士就更多了。历代从这里走出成为进士的，唐代有16人，五代有11人，宋代有872人，元代有3人，明代有664人，清代有248人。

大成殿内的孔子像和牌匾

作为东南地区规模最大的孔庙建筑群和儒学文化传播的重要基地，泉州府文庙是古代泉州的最高学府，为国家培养了大批人才，是泉州千年教育史的见证。设在府文庙明伦堂的"四海人文第一邦——泉州教育史话"展示馆，通过碑刻、牌匾、楹联等实物资料，翔实地展示了泉州古代灿烂辉煌的教育史。

府文庙南有一座庄际昌状元祠。庄际昌（1577—1629年），号羹若，晋江青阳人。万历四十七年中进士，会试、殿试皆第一，是明朝唯一连中会元、状元的福建人。历任翰林院修撰、经筵展书、右谕德、左春坊庶子等职。明后期，魏忠贤独揽朝政，庄际昌不愿同流合污，早早便乞请还乡。在家乡兴修水利，兴文重教，做了不少好事。去世后，邑人特在府学西侧建造"庄羹若祠"，以为纪念。祠堂主厅有对联曰："品比青阳梅树，玉洁冰坚，不愧大魁天下；学宗洙泗杏坛，升堂入室，证拟仞数宫墙。"赞庄际昌为官严正、刚直不阿、才华出众。

洙泗桥

府文庙广场西侧，还有一座为纪念一代名臣蔡清而专门修建的蔡文庄祠。蔡清（1452—1508年），鲤城孝感巷人，进士出身，历任吏部主事、礼部员外郎、南京礼部郎中、江西提学副使、南京国子监祭酒，是影响较大的教育家、理学家。明隆庆四年（1570年），泉州知府朱炳如建蔡文庄祠，清代李光地一度募捐修缮，后来蔡氏宗裔再次修葺。宗祠历经数百年风雨、多次重修，成为府文庙建筑群落中的一处亮点和众多文化人士的雅集之处。

泉州和全国各地建文庙，皆因当时统治者的提倡。但泉州建造如此规模的文庙，则体现出泉州"诗书弦诵之风"和地方当局对文化教育的重视。正如蔡清所说："盖举闽之学宫，未有若斯之盛者。"

"南国有乔木，老非梁栋材。清阴可以覆，亦足报栽培。"宋代泉州郡守王十朋在《榕木》一诗中，表达了对泉州这座南国名城的一山一水、一草一木的热爱和自己老当益壮、造福百姓、报效国家的决心。他和无数从文庙走向世界的才俊一样，在这块土地上留下了自己的履痕，谱写了人生的壮歌！

南外宗正司遗址

世遗名片：南外宗正司是南宋建炎年间朝廷在泉州设立的对迁居这里的皇族群体进行管理的机构。南宋皇族群体是泉州世界性多元社群中具有重要影响力的组成部分，他们不仅提升了泉州的消费能力和文化水平，还积极参与海洋贸易，为泉州商贸的发展做出了重大的贡献。南外宗正司的设置进一步强化了国家政权对泉州海洋贸易的推动，体现了强有力的官方管理保障。

南外宗正司遗址

宋家南外刺桐新，凤凰台榭冢麒麟。
至今十万编民满，犹有当年龙种人。

明代史学家何乔远在《泉趋诗》中，生动描述了宋高宗南渡后，赵氏皇族和南外宗正司迁入泉州、从鼎盛到沦亡和再复兴的历史。诗中的"宋家"和"龙种人",即指北宋末年"衣冠南渡"后在泉州繁衍生息的宋代赵家皇族的"龙子龙孙"。

"衣冠南渡"

"衣冠南渡"原指西晋末年天下大乱,大批中原士族相随南逃,中原文明或中原政权南迁的历史事件。后逐渐演化为代指中原战乱,缙绅、士大夫及庶民百姓等避乱南方并落地生根,中原文明大规模转移到南方。

中国历史上有三次因动乱而发生的大规模人口南迁,经济、文化中心也随之转移的现象:第一次即西晋末年,晋元帝司马睿渡江,定都建康(今南京),建立东晋;第二次是唐"安史之乱"后,中原士庶避乱南徙,定都江宁府(今南京),建立南唐;第三次是北宋末年"靖康之变"后,宋高宗渡江,以临安(今杭州)为行都,建立南宋。虽然这三次"衣冠南渡",都出于北方政治动荡而造成中原士庶南下避乱,但在客观上却滋养和提升了南方文化,使全国经济中心逐渐从中原地区转移到江南地区。

"靖康之变"前,已走过百年历程的大宋王朝,对赵宋皇族宗室的管理形成了一整套完整的制度,并成立了相应的管理机构。

建隆元年(960年),宋王朝鼎建之后,太祖赵匡胤将其三兄弟的后裔确定为皇族,即宗室。赵匡胤亲写御书,编写三派"玉牒"(赵宋皇族族谱),并亲制三派的十四字昭穆。《南外天源赵氏族谱》记载了赵匡胤御制的玉牒序,钦定:"惟弟晋王光义、秦王光美,鼎分三派,每派各分玉牒十四字,以别流源,以示子孙,虽远疏亦知昭穆,不失次序。"这三派赵宋宗室即后世所称的"太祖派"、"太宗派"和"魏王派"。

随着宗室人口的急剧增长,宗室事务也相应增多,急需加强宗室日常管理。于是,宋仁宗于景祐三年(1036年)在开封创立"大宗正司",作为宗族管理部门。至神宗朝(1068—1085年),大宗正司的职责基本定型,包括核实宗室的津贴发放,敦睦宗室,监督教育,受理诉讼,纠正违失行为等。元丰改革官制,诏大宗正司不隶于中央六曹,即不纳入尚书省六部

泉州南外宗正司遗址陈列馆

及九寺五监体系之内，其丞属听中书省"取旨差除"，给予大宗正司更独立的权限。

宋徽宗崇宁元年（1102年）至崇宁三年（1104年），为了安顿散处各地的宗室，同时缓解开封宗人的居住情况，朝廷又在西京（今河南洛阳）和南京（应天府，今河南商丘）分别设立了两个外宗正司，即西外宗正司和南外宗正司，负责"掌外居宗室"，与当州通判共同管理宗室事务，实际上将宗室管理一分为三，形成"一大二小"的局面。

靖康元年（1126年），北方的金兵攻克宋都城汴京。靖康二年（1127年）三月，金军大肆搜掠后，立张邦昌为楚帝，驱掳徽、钦二帝和宗室等北返，北宋亡国，史称"靖康之变"。

"靖康之变"后，金兵从开封掳走赵宋宗室大批成员，史载"前后凡得三千余人"，尚不包括后宫人员。设在河南洛阳和商丘的西外、南外宗室虽然幸运地逃过金兵劫掠，但也被迫南迁避难。

靖康二年（1127年），康王赵构在南京（今河南商丘）即位称帝，改元建炎，后君臣南渡以临安（今浙江杭州）为都城，史称南宋。大宗正司、西外宗正司、南外宗正司也随之南移，史称"建炎南渡"。据《八闽通志》和《建炎以来朝野杂记》所载，南渡后，大宗正司先移江宁，后移至广州、临安；西外宗正司则先移至扬州，后几经迁徙，最后移至福州；南外宗正司则先移镇江，后移入泉州。

此后，中原汉人也大量向南方迁移，江南地区作为南宋的统治中心区域，取代中原成了新的经济中心。

宋家南外

南宋建炎三年（1129年），南外宗正司几经辗转，迁入泉州。五年后，"后宫自温州泛海入泉州"（出自《宋史》）。居住于泉州的300多南外宗子，逐渐融入泉州社会，成为"新泉州人"。

赵宋皇族之所以会相中泉州，将其作为南外宗正司的驻地，毫无疑问是看重泉州超强的经济实力及蒸蒸日上的海外贸易。当时，泉州是宋代对外贸易的主要港口，素有"富郡""乐郡"之称，"田赋足登，舶货充足"，加之教育、文化水平较高，完全有能力满足皇族宗子们在物质和精神方面的需求。由于南外宗正司的迁入，朝廷对泉州青睐有加，不仅投入更多"折博"本钱加速泉郡商品交易的流通，而且提供各种优惠政策推动泉州海外贸易的快速发展，可以说是皇族宗亲和地方官民的"双赢"，泉州的政治地位也因此得到提升。

南外宗正司迁入泉州后，设置于古城区旧馆驿（开元寺南侧古榕巷内），成为南宋朝廷管理迁居泉州的赵宋皇族群体的官方机构。南外宗正司所在地，唐代时是开元寺前的放生池，周回四里，后于池中建水陆堂，晚唐至北宋间扩大为护国水陆院。宋室皇族迁入泉州后，作为南外宗正司官署驻地，有惩劝所、自新斋、芙蓉堂、天宝池等建筑。

南宋建炎三年（1129年）冬，宋太祖赵匡胤的六世裔孙赵子镠、赵子仸随南外宗正司迁入泉州，成为太祖派入泉始祖；宋太宗的五世裔孙、皇叔（即宋高宗叔叔）赵士晤则成为太宗派入泉始祖；而魏王赵廷美的次子、广平郡王赵德隆，以及五子、勋国公赵德钧，八子、申王赵德文，一起成为魏王派入泉始祖。

至庆元年间（1195—1200年），南外宗正司在院者已达1427人，外居者887人。经数代繁衍生息，南外宗子的人口数量迅速膨胀，至南宋末达到三千多人，成为推动泉州社会经济、文化发展的一股重要力量，使泉州的经济社会面貌焕然一新。

南外宗室从中原地区带来先进的生产工具及技术，促进了泉州经济的发展，尤其是纺织品技艺的提高和对外贸易的发展。南外宗室的到来，极大地刺激了泉州的高端消费市场和贸易需求，提升了泉州本地的消费能力，特别是香药、珍宝等高端舶来品的消费刺激了进口需求。

南外宗室作为一支重要的政治力量，广泛参与泉州各项社会事务与海洋贸易，进一步促进泉州海内外贸易的发展繁荣。南外宗正司在泉州的设置强化了国家政权对泉州海洋贸易的推动，体现了强有力的官方管理保障。

一些宗人先后担任地方政府和市舶司官员，参与港口建设和商贸管理，有些宗人甚至直接参与了海洋贸易，为泉州经济发展做出了巨大贡献。据统计，从南外宗正司迁入泉州到南宋灭亡的147年间，共有11位宗室成员执掌泉州市舶司提举一职，累计主导泉州海外贸易长达77年。此外，从南外宗正司走出了不少对泉州贡献颇大的宗亲，如赵不廌、赵不流、赵不慢、赵汝适、赵令衿、赵时焕、赵必暐等。

由于宋时设睦宗院，提倡"宗学"，赵氏宗子学有成者众。在南宋800多位泉州籍进士中，南外宗室就占了129名。两宋期间，泉州出了1400多名进士，是历代最多的一个时期。

南安九日山现存的十方祈风摩崖石刻，有九方出现赵宋宗室成员，包括赵公迥、赵不遏、赵善䛒、赵崇𡑍、赵师恕、赵师耕、赵希侂、赵崇东等。这些祈风摩崖石刻是天潢贵胄们参与泉州海外贸易活动的重要史料，他们公开参与官方的祈风仪式，并将此勒石记事传于后世，本身就表明统治阶级对发展海外贸易的重视，以及宗室与海外贸易的密切关系。

由于泉州的日益繁华和南外宗正司的双重吸引，一些居于外地、颇具才华与声望的赵氏宗室成员，也源源不断地来到泉州。他们或在州衙内任职听差，或到南外宗正司出任职官，对泉州的发展同样有着不可估量的影响。

在定居泉州的皇族宗子中，赵不流、赵不𢣷系太宗六世孙、"和义郡王"赵士珸之子。宋室南渡之后，赵士珸于绍兴五年（1135年）迁泉州观察使，遂定居于泉，后曾知南外宗正司。赵不流字子和，谥懿正，以荫历西外宗正司、淮东提举、两浙运判、临安府尹、会稽太守，终金紫光禄大夫、工部侍郎，卒赠太师、申国公。其侍郎第在泉州万石坊内（今井亭巷），南宋泉州郡守倪思曾为赵不流立"紫橐坊"。

赵不𢣷字子容，谥忠定。南宋时，朝廷为抗金在多地设立帅府，赵不𢣷一度出任主帅。后官至刺史、金紫光禄大夫，封沂国公。先后执掌南外宗正司与西外宗正司，在皇族宗亲中声望较高。清道光《晋江县志》称他"知南外宗正事，训淑宗党，宽严得宜。复知西外，奉祠终。"

赵不慢也是太宗六世孙，宋孝宗赵昚对他青睐有加，"目为宗室魁表"。淳熙十六年（1189年），金世宗完颜雍病逝，诸葛廷瑞作为"吊祭金国使"赴金，赵不慢以鄂州观察使、左武卫上将军衔身份陪同出使。两人在金国时"执节有度""争礼服不屈"，备受赞誉。出使金国归来后迁荣州刺史，后升眉州防御使。

赵汝适是太宗八世孙，字伯可，嘉定十七年（1224年）九月以朝奉大夫身份来泉州任福建路市舶提举；宝庆元年（1225年）九月兼权知泉州；同年十一月兼知南外宗正事。在掌管泉州市舶司时，勤理舶务，与番商友好交往，利用闲暇遍访侨居泉州的番商，完成泉州海交史专著《诸蕃志》（上、下两卷）。上卷记述海外诸国的风土人情，下卷记载诸国物产资源，是研究宋代海外交通贸易的重要文献，极具史料价值。

此外，主持修筑安平桥和东桥的赵令衿，主持修建漳州虎渡桥的赵伯逷，"罢复税，禁贪污"的赵时焕，"文章议论渊懿浩博"的赵必暐，"与郡守真德秀同心铲洗前弊"的赵崇度，以及怒怼奸相韩侂胄的赵汝谠等赵宋宗子，也都在泉州史册上留下了自己的英名。

泉州在北宋时已成为中国对外贸易的重要港口，经济、文化双双步入繁荣。南外宗正司迁入泉州，不仅使泉郡地位扶摇直上，而且对中原宫廷文化的传播，本土武术、曲艺、教育、文化、艺术的发展功不可没，对泉州社会风俗的改良都产生了不可估量的影响。

南外宗亲迁置泉州，从临安、温州南下，随带家班形成了以后的大梨园和小梨园。这些戏班演员因年龄原因散棚而在地方演出，并与北方杂剧伎艺混合，发展成为地方戏种，即今天的梨园戏（又称"南戏"）。泉州能够拥有令人引以为豪的弦管音乐、梨园戏、傀儡戏等，无疑得益于南外宗正司迁入泉州和赵宋皇族对这些戏剧品种的热爱与传播。

宋元时期，泉州刺桐城"满市珠玑醉歌舞"。受宋代填词唱词者影响，泉州弦管开始形成自己的创作曲牌，出现许多与宋词牌名相同的词曲，如"长相思""鹧鸪天""醉蓬莱"等。赵宋皇族原本就拥有大批乐工和舞伎，迁居泉州后养尊处优的习气一时难改，因此仍然歌舞声色，无形中为保持和发展泉州高雅的南乐、南艺做出了重大贡献。

宋正和五年（1115年），泉州市舶司设来远驿接待番商，规定"乞用伎乐迎送"，可见当时弦管已被官方派上对外礼仪的用场。编入《南外天源赵氏族谱》的《南外赵氏家范》，认为学歌唱戏"甚非大体"，明确要求"家庭中不得夜饮妆戏提傀儡以娱宾，亦不得教子孙僮仆习学歌唱戏舞诸色轻浮之态。"这是南外宗后人吸取国破家亡的惨重教训后定下的"家规"，正好从另一面反映了泉州梨园戏、提线木偶戏与南外宗有着密不可分的关系。

武术与南外宗也有着千丝万缕的关系。泉州流行的"少林五祖拳"（俗称太祖拳），就是南外宗室带入泉州的，之后流行于民间，成为南少林拳系的主要拳种，历史悠久，风格鲜明。南宋初，赵氏皇族为泉州之巨族，太祖拳就是其"子弟拳"，是泉州最早出现的地方拳种，在泉州乃至闽南武术源流史上影响深远。据《南外天源赵氏族谱》记载，皇族宗亲不仅世代练武，而且"习武举业"，"从戎建功"，可喜可贺。

从南外宗正司迁入泉后的150年间，正是我国南方经济大发展的时期。入泉的皇族人丁兴旺。宋绍兴元年（1131年）入泉时，宋室赵氏皇族后裔仅349人，至嘉泰三年（1203年）已达1820余人，到绍定年间进一步发展到3000多人，成为泉州多元社群中极具影响力的组成部分。其中不少是胸怀大志的名士，在泉州留下了惊艳岁月的历史痕迹。

流风余韵

景炎元年（1276年），元兵入侵，泉州招抚使蒲寿庚叛宋降元。南外宗正司管理的皇族宗室3000多人，除个别在外当官或刚从被掳元营逃回而幸免于难外，几乎全部惨遭杀害，皇族司院府第也惨遭兵焚。

劫后余生的皇族宗室成员，太祖派的赵子镠、赵子侁后裔，包括赵由璂、赵由腾以及赵由馥、赵由钝得以幸存，赵子侁之孙赵师玖后来迁居晋江青阳五店市。太宗派则全部外迁，不知去向。

为逃避追杀，躲避祸害，赵氏皇族宗亲"或窜姓名，或弃谱牒，或投遗像于水火"，以极力掩饰自己的皇族身份，后代子孙甚至出现"生吴死赵"现象。如赵师玖与赵仕道为躲避杀身之祸，连夜从晋江青阳逃往安海星塔村，投奔母亲吴氏娘家，改父姓"赵"为母姓"吴"。赵仕道临终前嘱咐子孙，生前姓"吴"，死后恢复本姓"赵"，祠堂供奉的老祖宗是宋太祖赵匡胤。

宋元易代之际，蒲寿庚大开杀戒，使南外宗正司就此凋敝，其驻地也被挪为他用。直到二十年后，天下大定，元军才停止对赵氏皇族的镇压。幸存的赵氏子孙从此沦为普通平民。其后裔在泉州繁衍的人口约2万人（不包括外迁族人）。元代在南外宗正司旧址设清源驿，部分复建为禅院。

到明代，各地赵氏后人纷纷复姓，而星塔村吴氏族人非但没改，还把"生吴死赵"的族规写入族谱，世代相传。明正统三年（1438年），旧址部分改为织染局。后御史汪旦废寺为宅，水陆寺则被迁往开元寺西边。

明朝建立后，南外宗的皇族子孙在经历了鼎盛时期和破落时期后迎来了复兴时期，不仅出仕当官，而且乡贤名宦辈出。如明代解元、曾担任广东弘敕学政的赵惟珤；首次编修泉州《南外天源赵氏族谱》的赵惟宪；随明太祖开国有功的永宁千户侯赵古礼等。还有抗倭民族英雄俞大猷的恩师赵本学（世郁），用易经注释《孙子兵法》成就不凡；明代进士赵恒（特峰）曾任云南姚安知府，位于甲第巷的赵氏大宗祠门外，由著名思想家李贽题赠的"乡贤名宦"匾就是这段历史的见证。

清乾隆二十一年（1756年），泉州甲第巷赵氏大、小宗祠重新鼎建，太祖派赵守衷（赵元慧）、广西学政官献瑶和魏王派赵嗣苏共立《有宋赵氏大宗祠》碑记。碑记称："温陵甲第世人元魁踵起，井霞光照耀人耳目，人称为神仙点，地得犀牛望月之精，故钟毓特盛。""犀牛望月"后来成为"泉州十八景"之一。

数百年来，赵氏宗祠几经沧桑世变，由于居泉赵氏宗子保护有加，总算避免兵焚之毁，宗祠基本完好无损。赵族后裔仍谨遵御制玉牒字辈家范和皇室礼仪，昭穆、字辈分明。从贵族到平民，赵氏宗族走过了一段不平凡的历程。虽然不少皇族后裔从泉州南外宗睦宗院迁徙闽、台、粤及东南亚各地，但大家均公认"赵宋南外宗根在泉州"。

南外宗正司遗址是掌管宋代外居宗室事务的官署和南宋皇族居住的遗址（今古榕巷60号院内），由芙蓉堂、睦宗院、惩劝所、自新斋、天宝池、

南外宗正司遗址出土的建筑构件

忠厚坊等构成，面积约45080平方米。

2019年，中国社会科学院考古研究所、福建博物院、泉州市申遗办联合组成泉州城考古工作队，对泉州南外宗正司遗址进行了考古勘探和发掘，面积约1400平方米。出土的宋元时期陶瓷器、陶制建筑构件，如瓦当、筒瓦、板瓦、挂瓦、脊兽和各类砖等，佐证了该处是南外宗正司司署和皇室宗室居住场所，以及水陆寺基址的历史。

通过考古工作，在遗址发现了宋元时期的池岸木桩、沿岸道路及建筑基址，出土了"官"字砖、"官"字瓦、兽面纹和莲花纹瓦当等高等级建筑构件，瓦当纹样与杭州、洛阳等地宋代重要官式建筑遗址上发现的瓦当纹样相近，可以佐证该组建筑为宋代官方营建的较高等级的官署建筑。

遗址出土的瓷器包括青瓷、白瓷（青白瓷）、黑釉瓷（酱釉瓷）等，主要为晋江磁灶窑、德化窑等本地产品，也有外地窑址产品，烧造年代以

南外宗正司遗址（考古现场）

宋代为主。器形主要有碗、盏、碟、杯、盘、盆、罐等。在出土的陶瓷器中，还发现涉及"水陆""水六库司""宗厨"等机构名称的墨书，佐证了此处曾与水陆堂（院）、南外宗正司等机构相关。

南外宗正司遗址虽然隐于泉州古城区的深巷之中，却有着非同寻常的价值。它不仅显示出宋元泉州城北部行政性城区的布局特征，而且是南宋时期活跃在泉州社会各个方面的皇族群体的重要见证。对于研究南宋时期皇家宗室迁入泉州、参与海外交通贸易，提高泉州政治地位、促进社会经济发展和文化繁荣等，均具有重要的意义。

泉州南外宗正司历史悠久，文化积淀丰厚。尽管随着时代变迁，南外宗正司的建筑早已湮没无闻，但遗址留下的那方保护碑和纪念馆里精美的建筑构件，依旧可以让人发思古之幽情，让人追忆它往昔的繁华盛景。

第五篇 每岁瓷铁通四海——生产基地

泉州人稠山谷瘠，虽欲就耕无处辟。

州南有海浩无穷，每岁造舟通异域。

宋代诗人谢履用一首《泉南歌》记录了古代泉州扬长避短、发挥优势，大力造船通商、发展海洋贸易的历史。

晋江磁灶金交椅山窑址

进入晚唐五代，随着中原士族大批入泉，晋江两岸得到迅速开发。为了摆脱土地贫瘠、人口众多的发展瓶颈，广大民众"穷则思变"，走出一条"以发展手工业为主、农业为辅"的经济发展道路，陶瓷、冶铁、纺织等手工作坊、矿场蓬勃发展。地方当局因势利导，积极推动海洋贸易，使生产、流通"相互促进，共同发展"。

泉州制瓷业自唐以后就相当发达，宋元时期陶瓷生产遍布于晋江两岸，品种繁多，造型各异，色泽晶莹，图案美观，在外销商品中占有极其重要的地位。位于泉州城西南的晋江磁灶窑和位于城西北的德化窑，由于拥有得天独厚的生产条件，与泉州海洋贸易同步发展，成为中国东南沿海外销陶瓷的重要生产基地。

除陶瓷外，茶叶、铁器也是泉州外销的大宗产品。安溪青阳下草埔冶铁基地使用小高炉进行块炼铁冶炼，形成从原料到加工、运输的完整产业链条，冶铁产品畅销海内外。"海上丝绸之路"贸易的重要商品之一。

产业发展，贸易兴盛，港城联动，经济得以良性循环，这正是宋元泉州成为世界海洋商贸中心的必然逻辑。

磁灶窑址

世遗名片：磁灶窑址（金交椅山窑址）位于晋江县磁灶镇，是泉州城郊规模最大的一组古窑址，也是宋元时期泉州城郊外销瓷窑址的杰出代表。它反映了泉州以外贸手工业为显著特点的产业结构，其生产体系和生产规模展现了泉州作为世界海洋商贸中心的强大的基础产业能力和贸易输出能力。

磁灶金交椅山窑址

晋江江畔趁春风，耕破云山几万重。

两足一犁无外事，使君何啻五侯封。

千年之前，在晋江梅溪之畔、紫帽山南麓的丘陵地带，磁灶的窑工们掾砖覆土，结穹顶，安窑床，一条条沿着山坡而上的窑炉，如卧龙般蛰伏于苍翠的山林间。一件件纹样多彩、釉色丰富的陶瓷，在不熄的炉火中，锻造出驰名中外的外销陶瓷品牌。

陶瓷之乡

陶瓷是古老中国的一项伟大发明，有"天下之器"之称。自7世纪起，陶瓷就在东西方商贸往来中扮演着重要角色；10世纪后，更是成为中外海洋贸易中最大宗的商品之一，风靡世界。因此，"海上丝绸之路"又被称为"海上陶瓷之路"。

位于泉州古城区西南部的晋江磁灶镇，是闻名遐迩的"陶瓷之乡"。磁灶陶瓷业源于西晋武帝泰始元年（265年），距今已有1700多年历史；到宋代已远播世界，是我国陶瓷发源地之一。

磁灶窑位于晋江紫帽山南麓，为西北高、东南低的丘陵地带，蕴含着丰富的瓷土资源；温暖湿润的亚热带季风气候，使这里植被丰富、草木繁茂，可为烧窑提供充足的燃料；境内水源丰富，可解决陶瓷生产的用水问题；晋江九十九溪的支流梅溪穿境而过，水上交通便捷，距泉州港仅十几千米，产品可直接从窑址装船外运。

这些得天独厚的自然条件和生产条件，使磁灶成为泉州陶瓷生产的主要产区和远近闻名的"陶瓷之乡"。"磁灶"也因此而得名，其生产的陶瓷产品随着"海上丝绸之路"走向世界。宋元时期，磁灶窑步入黄金时期，实现了由普通"内销民窑"到"外销为主、内销为辅"的转变。

清乾隆《晋江县志》记载："瓷器出瓷灶乡，取地土开窑，烧大小钵子、缸、瓮之属，甚饶足，并过洋。"说明磁灶窑陶瓷曾远销海外，成为东南沿海外销陶瓷的重要生产基地。经考古调查发现，磁灶境内共有南朝至清代窑址26处，其中南朝窑址1处，唐五代窑址6处，宋元窑址12处，清代窑址7处，它们共同构成了磁灶窑庞大的窑系，也佐证了早在1500多年前的南朝，磁灶就已开始陶瓷生产活动。

10至14世纪，伴随宋元泉州港的兴盛，泉州陶瓷业蓬勃发展。泉州古城外窑场遍布，现已发现的外销陶瓷窑址达150多处，其密度居全国前列。作为泉州城郊外销瓷窑址的杰出代表，磁灶窑址与泉州海洋贸易发展同步，尤以金交椅山窑址为典型。根据考古发掘复原的金交椅山窑址模型，清晰可见取瓷土区、淘洗区、瓷器制作区等作坊遗迹，以及烧制瓷器的窑炉、运输陶瓷的梅溪，展示了陶瓷生产的完整产业链条。

磁灶境内古窑址多沿溪分布，数量众多，以沟边村金交椅山及下官路至岭畔村的蜘蛛山、土尾庵、童子山一带最为密集。考古调查发现的宋元时期窑址12处，均分布于晋江支流九十九溪两岸的小山坡上。

与金交椅山窑址相邻的土尾庵窑、蜘蛛山窑和童子山一窑、二窑，也都是宋元时期泉州重要的外销陶瓷窑口。土尾庵窑位于磁灶镇岭畔村北的土尾庵，面积约300平方米，堆积层厚约3.5米；蜘蛛山窑在土尾庵窑南面，两窑相距约100米，面积约200平方米，堆积层厚4.6米；童子山一窑、二窑在梅溪北岸童子山，与土尾庵窑隔溪相望，面积36400平方米，堆积层厚1.3米。

磁灶窑是一处具有浓厚地方特色和时代风格的民窑，产品主要有碗、盏、匙、杯、盘、盒、军持、瓮、瓶、花插、碟及建材；釉色有黄、绿、青、青黄、青绿、青灰、黑和酱色等；花纹有龙纹、缠枝花纹、莲瓣纹、牡丹花纹等。产品大量外销，居晋江各窑之首。其中黄釉铁绘花纹大盘、军持、青釉碟等专供外销。

磁灶窑址是泉州城郊规模最大的古窑址群，境内主要溪流梅溪流自西北、东折而去，汇于晋江入海，是古代磁灶的主要水上通道。2006年，磁灶蜘蛛山窑址、土尾庵窑址、童子山窑址、金交椅山窑址等4处合称"磁灶窑址"，被国务院公布为第六批全国重点文物保护单位。

金交椅山

金交椅山窑址是磁灶窑中最具代表性的窑址，20世纪60年代在考古调查时发现。

金交椅山窑址位于磁灶沟边村金交椅山坡地，东北临大溪（梅溪上段），东邻沟边村，西界南安县境，南靠邱山。窑址发现时遗物堆积主要

磁灶金交椅山窑址

分布于金交椅山的北坡和西坡，面积达万余平方米。山上草木丛中，散布成堆的宋代青瓷片及窑具。

2002—2003年间，金交椅山窑址先后进行了三次考古发掘，面积约1550平方米，揭露4座窑炉遗迹，均系斜坡式龙窑。这种龙窑一炉可烧制数千上万件瓷器，可见当时烧制瓷器的规模之大。同时，还发掘出1处包括10口存储釉料的大缸的作坊遗迹。该窑址的发掘结束了磁灶窑址"只见瓷不见灶"的历史。

金交椅山窑址的考古发掘分两期进行，第一期自2002年6月至8月；第二期发掘为2003年2月至6月，两期共计发掘面积约1500平方米，发现和揭露有叠压、打破关系的龙窑遗址4条（Y1—Y4）和作坊遗址一处（F1）。这些窑址的作坊、密集分布的4条龙窑及其所在的山体、水系构成了陶瓷生产的完整体系。

1号窑（Y1）位于金交椅山西坡北侧，平面呈直长条形，窑头方向310度；窑头、窑尾均遭破坏，仅存中段残斜长13.6米，宽2.20~2.30米；窑壁由红砖或土坯砖砌成；窑门共发现7处（北侧3处，南侧4处）；护窑墙由石块叠砌于窑壁外侧，保存较好的有4段；西南侧的上窑路保存稍好；窑壁内侧还保存数处可判明是投柴孔位置的痕迹。据推断，该窑炉经两期使用，烧造青瓷、酱黑釉器，年代约为北宋末至南宋。

2号窑（Y2）位于金交椅山西北侧，平面呈长条状，窑头方向333度；窑炉受损程度较重，残斜长60.88米，宽0.78~2.28米；窑底前、中段坡度约16度，窑顶是楔形砖横向错缝立砌；窑头残存火膛后壁、两侧窑墙（有3重）；窑门共发现12处，护窑墙为大石垒砌，南侧窑墙外的上窑路为红褐土、瓷片堆垫；窑壁内侧保存5处可判明是投柴孔的痕迹。据判断，该窑炉分三期使用，烧造青瓷、酱黑釉器。

金交椅山Y2窑址

3号窑（Y3）位于金交椅山西坡中北部，平面呈直长条形，窑头方向292度，窑头、窑尾及中段被破坏，残斜长41.12米，宽2.00~2.36米，窑底坡度均为14度；共发现7处窑门；护窑墙较完整的有五段，为石块、残砖

金交椅山 Y3窑址

砌成窑乳式；南侧的上窑路保存较好；据推断，该窑炉分两期使用，烧造青瓷、酱黑釉器，约为五代末至北宋末。

4号窑（Y4）位于窑址西北坡，窑炉呈长条形、方向284度，窑头被破坏，窑尾保存北侧的一部分，残斜长44.5米，宽1.6~2.20米；窑底平均坡度15度（分南北两档）；共发现窑门14个（北侧8个，南侧6个）；窑炉南侧用石块垒成护窑墙；窑旁路面均为红褐色窑沙杂少量瓷片、瓦片。据判断，该窑炉也是分两期使用，烧造青瓷、酱黑釉器。

4座窑址的出土遗物，以陶瓷器和窑具标本为主，此外还有少量制瓷工具。出土的陶瓷器有青釉、酱釉、素胎三种，器类皆为生活用器。胎质大多夹有细砂，胎色多呈浅灰色或灰白色。其中，青釉器占了半数以上，釉色以青灰、青绿、青黄为主，大多数釉面莹润，玻璃质感强，开细碎冰裂纹。器型以执壶为主，还有各种罐、碗、碟、盒、瓶等。装饰技法和花纹种类繁多。

作坊遗址（F1）位于金交椅山北坡西侧的坡地上，介于1号窑与3号窑之间，面积约250平方米。地势东高西低、分6个梯状台地，发现贮泥池、沉淀池各1处，陶缸10口。推断该作坊是拉坯、上釉的工作场所，使用年代约为五代至南宋。

金交椅山窑址是目前磁灶窑系中经科学考古发掘面积最大、保存最为完好、出土遗物最多的一处宋代窑址。其中2号窑是四座窑当中保存最完整的，有窑口、火膛、窑壁、窑门、窑床，长度达到60.88米，确实令人惊叹。

金交椅山窑址不仅有保存完整的窑炉、作坊遗迹和出土遗物，而且周边的开地取土处、水上运输通道等环境保存也较为完整，可以说全面展示了古代外销陶瓷从生产到外销的全过程，这在全国古窑址中并不多见，因此具有重要的文物价值。

五彩纷呈

晋江磁灶窑中，除金交椅山窑址外，还有土尾庵窑址、蜘蛛山窑址和童子山窑址等3处著名窑址，可谓五彩纷呈，各有千秋。

土尾庵窑址位于岭畔村梅溪南岸小山坡，东邻后宅村，西界水尾宫，南接蜘蛛山。1995年福建省博物馆选择在山顶部及其东北角发掘，发掘面积共100平方米，发现龙窑遗址一处，出土一批陶瓷器和窑具标本。出土的陶瓷器类以日常生活用品为主，供器、陈设器等亦有相当数量。除常见的生活用品如碗、盘、碟、盏、杯、钵、盆、罐、壶等之外，还有灯、炉、瓶、枕、砚、军持、花盆及神像、动物模型等。釉色有青黄釉、绿釉或黄、绿釉及青、黑釉兼施（如青口黑釉盏），以及青釉褐斑、釉下褐彩等。装饰技法多样，纹样和图案有龙、凤、龟、蟾、狮、莲花、牡丹、寿桃、蔓草、荷叶等，其中以各式龙纹最有特色。据推断，该窑址为南宋晚期至元代。

蜘蛛山窑址位于岭畔村梅溪南岸蜘蛛山上，毗邻土尾庵窑。20世纪80年代发现时，遗物堆积范围仅存600余平方米。其出土器物风格与土尾庵窑的产品较接近。陶瓷器品种有青釉器、酱黑釉器、绿釉器以及素胎器等，胎质基本相同，质地较粗松，胎色呈灰、灰褐，施釉不到底。器形种类较多，其中茶盏、小罐、香炉、腰鼓为金交椅山窑址所未见。装饰技法和纹样图案多样。窑址中多次发现器物上有"程"姓的铭文，如瓦外销军持的底部记有"程家工夫"等，这种窑工记号说明宋元时期已经出现搭烧和生产责任制的管理模式。蜘蛛山窑址的黑釉盏、青釉碟、军持等，皆为宋元时期磁灶窑址的典型器物，因此推断该窑址为南宋至元代。

童子山窑址位于磁灶村梅溪北岸，距横跨梅溪的下板桥约100米。地势依山傍水，窑址遗物散布面积达万余平方米。1977年，泉州海外交通史博物馆对童子山窑址进行了小规模试掘，采集的陶瓷器标本主要是青釉器和素胎器，胎质类似，呈灰或深灰色；釉色多偏青黄，一般内满釉，器外施半釉，底部露胎。有的在釉下用褐彩绘画或图案、文字等。主要器形是各式盆，还有缸、罐、壶和建筑材料等。釉色有黄、绿、青等多种，装饰技法、花纹多样。其产品大量外销，居各窑之首。其中黄釉铁绘花纹大盘、军持、青釉碟等专供外销。童子山窑址历经多次考古调查，其中一号窑生产的黄釉铁绘花纹盆（盘）开创了泉州釉下彩绘之先河。据考古调查和试掘推断，一号窑的年代为宋元时期。

2003年初，在抢救性考古发掘后，当地政府为加强窑址、作坊和文化堆积层的保护，启动金交椅山窑址保护棚和泉州古代外销陶瓷博物馆建设，有效保护了遗产整体格局的完整性。

位于磁灶金交椅山窑址旁的泉州古代外销陶瓷博物馆，集中展示了宋元时期外销的陶瓷、修复的窑炉、作坊等。各时期的瓷器、沉船遗址、古代陶瓷制作工艺也在这里通过图文展示。

走进博物馆，展柜陈列的各种磁灶窑产品首先映入眼帘，包括绿釉军持、青釉五盅盘、酱釉印纹盖罐、擂钵、陶扑满、青釉铁绘花卉纹盆……这些出土自墓葬或古窑址、古沉船的陶瓷器物，以其独特的器型、釉色，彰显了宋元磁灶窑业以市场为导向锐意创新、走差异化路线的成功实践。

"似陶非陶、似瓷非瓷，是磁灶窑陶瓷的一大特色。"宋元时期，得益于濒临泉州港口岸的地理位置，磁灶窑在繁荣的海外交通贸易需求下，外销陶瓷生产蓬勃发展，达到鼎盛时期。为占领市场，磁灶窑业以海外市场为导向革新技术，在产品种类、釉色、装饰技法上博采众长，其陶瓷生产达到最高水平，产品种类繁多。

以金交椅山窑址为例，该窑址出土的典型器物以日用陶瓷为主，如执壶、罐、盆等。从制作工艺上看，这些器物釉色丰富，有青釉、酱釉、黑釉、绿釉、黄釉、黄绿釉等；装饰手法多样，采用"化妆土""施半釉""釉下彩"，以及刻划、剔刻、堆贴、模印等；装饰纹样包括折枝花、缠枝花、梅花等，突出海外定烧特点。

"走差异化路线，使产品更具观赏性，同时节约成本"，这是磁灶窑的另一特色。如果说德化窑以白瓷名扬世界，那么磁灶窑则以绿釉独步天下，并开了泉州陶瓷"釉下彩"之先河，而"施半釉"或"施釉不到底"技法对日本黑釉碗碟杯等食器也产生了深远影响。

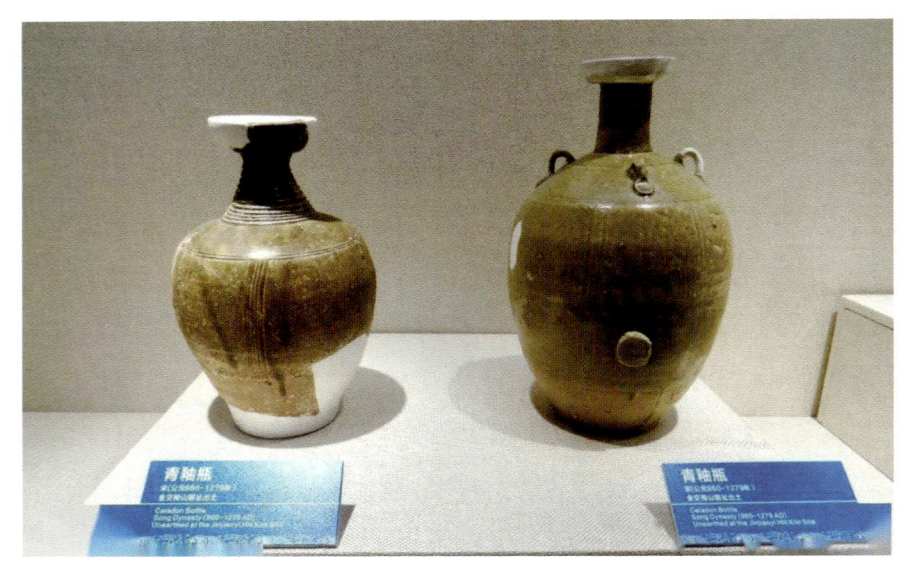

金交椅山窑址出土的青釉器

磁灶窑的产品属于大宗外销商品，虽然在国内发现较少，但在海上丝绸之路沿线各地多有发现。其中既有被海外博物馆、美术馆等收藏的，也有在日本、菲律宾等地出土的，还有不少是在各地沉船，如"南海一号""华光礁Ⅰ号"发现的。如日本横滨、长野、福冈、京都等地，就先后出土过磁灶童子山窑所产黄釉下铁绘花纹盆，蜘蛛山窑所产绿釉剔花器、龟形砚滴等；菲律宾也曾发现磁灶土尾庵窑所烧制的双龙抢珠、缠枝牡丹花纹饰、绿釉军持和黑釉军持，以及蜘蛛山窑烧制的印纹碟、军持、绿釉龟形砚滴等。

元末泉州发生"亦思巴奚"叛乱，明初又受朝廷"海禁"政策及东南沿海内忧外患的影响，泉州港逐渐走向衰落，磁灶窑以外销为主的经营模式被迫中断，窑场数量锐减，从此走下坡路。

直至清末大量华侨返乡建房，磁灶窑业才重逢新机。当时"红砖配绿釉"的番仔楼成为潮流，磁灶窑的绿釉产品再获青睐。借着这波热潮，磁灶窑开启产业转型，从以生产日用器皿为主，转变为以生产建筑陶瓷为主。一时间，绿釉瓶式栏杆、绿釉花窗、琉璃瓦等磁灶窑产的建筑陶瓷，成为市场热销产品。

磁灶窑址是宋元时期泉州城郊外销瓷窑址的杰出代表，反映了泉州以外贸手工业为显著特点的产业结构。该窑址与泉州海洋贸易的发展同步，其生产体系和生产规模展现了世界海洋贸易中心强大的基础产业能力和贸易输出能力。走进晋江磁灶窑系金交椅山、土尾庵、蜘蛛山和童子山窑址，不仅可以聆听泉州古代外销陶瓷的故事，而且可以感受传承千年的陶瓷制作工艺。

"陶舍重重倚岸开，舟帆日日蔽江来。"遥想当年，大江南北多少瓷窑曾经兴盛一时，现在大多已寂寂无闻；而晋江磁灶窑仍然持续经营、长盛不衰，确实令人惊奇、发人深思。"能言彩凤名堪比，守拙高人道不同"，或许这就是其中的奥秘吧！

德化窑址

世遗名片：德化屈斗宫窑址和尾林—内坂窑址均位于泉州西北部山区，是宋元时期泉州内陆地区外销瓷窑址的杰出代表。受益于宋元泉州海洋贸易的繁荣，德化窑在发展过程中创烧出独特的白瓷产品，显示在海洋贸易推动下泉州本地制瓷产业的创新和发展。其先进的分室龙窑筑造技术和庞大的生产规模，彰显出泉州作为世界海洋商贸中心强大的产业能力和输出能力。

宋元德化窑展示馆

万木深藏云泱漭，一溪空锁月弯环。

十年不踏门前路，只遣松风送我还。

从泉州古城区驱车两小时，来到地处戴云山区的德化。走进历史悠久的德化窑址，置身深山密林，踩着残瓷古片，仿佛回到宋元时期的繁华盛景。千年之前，德化瓷就是古代海上丝绸之路的重要输出商品，也是古代对外文化交流的重要载体。

瓷国明珠

我国陶瓷制作生产始于新石器时代，兴于唐宋，盛于明清。风靡世界的瓷器成了中国的代名词——"china"。德化是中国陶瓷文化的发祥地，曾与江西景德镇、湖南醴陵并称为中国"三大古瓷都"，在中国陶瓷史上占有重要地位，有"瓷国明珠"之美誉。

唐后期，德化陶瓷业已比较发达，泗滨村民于上寮等地建窑场生产陶瓷。三班颜化彩编纂了中国第一部完整的陶瓷工艺专著《陶业法》。从10世纪起，瓷器成为中外贸易最大宗的商品之一。德化瓷也告别自给自足的模式，大量销往东南亚、中东地区，成为"海上丝绸之路"的主要输出商品。

海外贸易的发展，有力地推动了泉州地区陶瓷业的兴盛。德化陶瓷也因此在宋元时代迎来了历史上的第一个黄金期，不仅窑业的水平高、规模大，产品也不断创新，日益精湛，以适应外销的需要。

宋代德化的制瓷工艺已采用轮作、模印和胎接成型技术，以阶级窑大量烧制各式青瓷、青白瓷、白瓷及少量黑釉瓷。德化窑产品主要以碗、盘、盒、瓶等日常生活用品为主，在保证实用功能的同时，还注重造型艺术和审美情趣，如形式多样的荷口花瓶、鼓腹长流喇叭口的执壶，以及形式繁多、大小不同、制作精美的瓷盒等。这些器物胎质洁白细腻，薄而坚硬。釉色白中泛青或青中泛白，色调深浅不一，深者呈湖绿色，淡者接近白色。纹饰线条之流畅，构图形象之简练雅致，题材内容之丰富，国内少见。

元代，德化开始建造鸡笼窑，陶瓷烧制技术由宋初的还原烧成技术发展为氧化烧制技术，产品质地莹润，如脂似玉，倍受世人喜爱。13世纪，马可·波罗将德化烧制的瓷器带回欧洲，引起轰动，后来这种光亮莹润的青白釉直道纹瓶便被称为"马可·波罗瓶"。在《马可·波罗游记》中，他记载了当时德化烧制瓷器的盛况，书中称"刺桐城附近有一别城，名称迪云州（德化），制造碗及瓷器，既多且美……"，这是西方文献第一次提到瓷器。

明代德化陶瓷制作工艺从造型到釉色都登上了新的境界，生产能力和工艺水平远在宋元之上，并以生产白瓷驰名于世，有"白如雪，薄如纸，明如镜，声如磬"的美誉。"瓷圣"何朝宗首创的象牙白瓷轰动世界瓷坛，被称为"中国白"。以何朝宗作品为代表的德化瓷雕，也被誉为"东方艺术珍品"，获得"天下共宝之"的高度评价。

明末清初，德化陶瓷业进入鼎盛时期，开发了釉下青花、釉上五彩和色釉等品种，产品大量外销，以致有"一笼白瓷一箱银"之说。16世纪德化瓷塑艺术不断向海外输出与传播，风靡了整个欧洲，不仅进入欧洲皇室，成为贵族用品，而且影响了欧洲陶瓷业的发展。德国奥古斯都大帝下令复制其所藏的1255件德化瓷塑，1708年成功烧制出第一件欧洲瓷器，1710年建立皇家麦森瓷厂。18世纪整个欧洲进入全面仿制德化瓷塑的时代，刮起了"中国风"。

德化窑生产的瓷器在世界上影响巨大，不仅实现了"民窑官用"，而且成为名副其实的"世界官窑"。那些青中泛白、白中透青的青白瓷，脂润玉泽、典雅隽秀的白瓷，以"釉面晶莹光亮，乳白似象牙，如凝脂冻玉，美不胜收"而闻名于世。在德化窑址烧制，从泉州漂洋过海，远销国外，成为王公贵族的珍藏品。

北京故宫博物院收藏的德化窑瓷器达700多件（54件属于清宫旧藏），其中明代德化窑瓷器200多件，其数量之大、质量之精，在世界上堪称"首屈一指"。在故宫博物院收藏的明代地方窑瓷器中，也是十分罕见的。

德化窑址横跨宋、元、明、清四个朝代，似乎可以让人一眼望穿德化陶瓷的千年。当时，德化窑业依靠泉州海商提供的海外市场需求信息，以市场导向，按订单烧制，同时不断创新，制造出品种多样、质量上乘的德

内坂窑址考古现场

化窑精品，深受海外消费者喜爱，成为我国外销陶瓷的重要生产基地，蜚声海内外。

迄今已发现的泉州外销陶瓷窑址达150多处，其数量之多、分布之广泛，在中国地级市中名列第一。1999年在南海打捞出水的中国清代商船"泰兴号"沉船，船上仅德化青花瓷就达35万件。2007年举世瞩目的"南海一号"出水的陶瓷，大量来自泉州德化窑系，专家由此推断，"南海一号"始发地很可能就是刺桐港。

德化窑作为民窑的典型代表，在中国民窑发展过程中具有举足轻重的地位。在陆续被发掘出土的德化窑址中，以屈斗宫窑址和尾林—内坂窑址最具代表性。屈斗宫元代窑址发现于1953年，1976年进行考古发掘，出土了一批元代白瓷和窑具，是研究中国古代南方窑炉技术体系最完整、最重要的考古资料之一。而尾林—内坂窑址横跨宋、元、明、清四个朝代，是德化陶瓷工艺史的重要证明。

1988年1月，经国务院批准，屈斗宫窑址连同龙浔、浔中、三班、盖德4个乡镇宋至明清的窑址一同列为全国重点文物保护单位。2015年，德

屈斗宫古窑址入口

化被联合国世界手工艺理事会授予"世界陶瓷之都"称号，是中国唯一获此殊荣的城市。2020年尾林—内坂窑址发掘出土，向世人展示了四个不同朝代窑炉发展演变的过程。

如今，承载着德化瓷器焙烧千年记忆的德化窑址，正用自己独特的方式，向人们诉说着泉州作为宋元中国的世界海洋商贸中心曾经的繁华盛景。

屈斗宫窑

屈斗宫窑址位于德化县龙浔镇宝美村破寨山西南坡，系宋元时代的窑址，红色回廊依山而建，回廊下的古窑基里，零星散落着许多瓷器碎片。

该窑址是1953年华东文物工作队在考古调查时发现。当地村民为纪念建在南坡小路边的"奎斗宫"而得名。1956年，北京故宫博物院陈万里等学者再次对屈斗宫窑址进行调查。此后经中央、省、地、县有关部门多次复查，1961年颁布为省级重点文物保护单位。

1976年4月，福建省、晋江地区文物部门和厦门大学历史系联合组织对该窑址进行发掘，涉及范围面积45000平方米（东西宽约300米，南北长

屈斗宫窑址

约150米）。确认该窑址为依山坡而建的分室龙窑遗迹（俗称"鸡笼窑"）。窑基长（坡长）57.1米，宽1.4~2.95米，分17间窑室，坐北朝南，偏西15度，坡度在12~22度之间。

屈斗宫窑的窑头火膛和窑床保存完好。火膛呈半圆形，与窑床交界处有5个通火孔。窑体宽大，窑室呈长方形，两边留有火路沟。窑室与窑室之间有隔墙（或称挡火墙），能够挡住部分上吸的热气流，使窑室内的压力变为正压，气流和温度易于平均。窑室底部倾斜，上铺石英细砂。窑基尚存14个窑门，东边11个，西边3个。窑身两壁外有护墙，用以保护窑壁。窑顶已全部坍塌，从出土的模型砖推断，窑顶为拱形。

屈斗宫窑既不同于龙窑，也不同于阶级窑，而是一种独特的窑炉类型，是由龙窑向阶级窑转化的过渡形式，称为"分室龙窑"，反映了宋元时期窑炉技术的进步与发展。

该窑址出土的生活生产工具，不仅有印制铜锣盘、小盘、直道纹洗、莲瓣纹碗、缠枝纹盒、军持印模，还有制坯和修坯用的转盘，敲开匣钵的铁窑刀，以及匣钵垫、支圈、莲瓣纹碗、托座、垫底饼、垫圈等。

出土的器物则有碗、盘、碟、壶、罐、瓶、洗、盅、盒、高足杯等十余种。釉色主要有两种：一是纯白釉，洁白纯净，莹润美丽；二是近乎影青系的白釉，洁净滋润，光泽性强。装饰方法和纹饰多样，有的器物底部还刻印物主姓氏或纪念文字，其中"卍"与"般"字与我国悠久的佛教文化有密切的关系。印有"寿""金玉""寿山福海"等吉祥文字的盒盖，具有浓厚的宋元瓷器特点。

走进屈斗宫窑址西侧的宋元德化窑展示馆，可以领略陶瓷古法烧制的卓越技艺，进一步近距离触摸德化的陶瓷文化。展厅中600多件代表性展品高度概括了德化窑的历史源流、瓷窑体系、产品特色、制作工艺、外销情况和文化价值，展示了德化窑在宋元时期的陶瓷生产工艺、艺术特征、贸易状况及其人文内涵。其中也有不少屈斗宫窑出土的军持、盒、小瓶、飞凤碗、执壶、弦纹洗、高足杯、瓷壶等器物，令人大开眼界，堪称"满地都是文化，满墙都是历史"。

与屈斗宫窑址近在咫尺的祖龙宫，始建于宋代，数百年来一直是德化陶瓷从业者心中的"圣地"，因为宫里供奉着德化陶瓷史上有突出贡献的"窑坊公"林炳。林炳为北宋中叶德化宝美村人，是德化窑炉革新的

祖龙宫

先驱者。

宋时，泉州刺桐港对外贸易十分繁荣，作为对外贸易主打产品的德化陶瓷需求量大幅增加，而当时德化瓷窑遍布，但烧瓷的窑炉都是一些方形或平顶条形的小窑，难以大规模生产瓷器以满足出口的需求，因此，"拱大窑"成了德化窑工共同的梦想。

林炳率先尝试"拱大窑"，他把小型的方形窑、平顶条形窑改建成大窑，并试着烧制陶瓷。但开始时高温焰火一冲出，瓷窑便塌顶，屡试屡败。林炳在塌窑处苦思冥想，有一天他在窑前打起瞌睡，梦中只见一仙女从空中飘然而至，向他"袒露双乳，凸起大腹，口吐烟雾"，并用纤纤玉指指向窑炉。梦醒后，林炳若有所悟，从仙女的形象和指向中得到启示，马上着手打造新窑炉。他一改过去使用的方形、平顶条形窑，将窑房砌成圆拱形穹顶大窑（凸腹）；两旁再砌小"奶窑"（露乳），以护住主窑房，避免烧窑时塌顶；同时砌窑囱拔焰消烟（吐雾）。没想到，新窑一试烧，竟大获成功，烧成的瓷器质优量多。林炳由此成为德化"拱大窑"第一人。时为北宋哲宗绍圣元年（1094年）。

林炳设计发明的圆拱形大窑炉（亦称鸡笼窑）不仅使容量扩大了十几倍，而且由于设计了烟囱拔焰消烟，使热度倍增，烧制出的瓷器更显得洁白、剔透。屈斗宫古窑就是根据这种圆拱形大窑炉改进而成的。后来，他又利用山坡地形，把几个窑房串联起来，这样既能充分利用热能，增加产量，又能使窑体更加牢固，为此后演变发展成龙窑（亦称蛇目窑）奠定了基础。

林炳创建的大窑炉在当时产生了巨大的影响，他也因此声名远播。各地纷纷前来学习他的建窑技艺。在时任泉州知府的授权下，德化开办了第一所"瓷庠"，类似于陶瓷学校，由林炳亲自到瓷庠传授技艺，现场指导，培养了不少学生。

与此同时，林炳也带领徒弟，将"拱大窑"的新技术传授四方。在赴江西传艺时，因积劳成疾客死他乡。林炳去世后，窑工们感念他为德化陶瓷业做出的贡献，称其为"窑坊公"，把他当作"窑神"一样祭拜。据日本文献记载，宋代有一个叫加藤四郎的日本人来德化学陶艺，将砌鸡笼窑的技术带回日本，砌成德化窑，并尊奉林炳为"陶祖神"。

林炳不仅深得当地百姓的爱戴，在海外也有很大的影响。为此朝廷敕封他为"烧制革新先行"的窑祖，那位指点他的仙女也被敕封为"玄女夫人"。家乡人为感激玄女"指点"的恩德，按照林炳梦中的仙女形象塑造了"玄女夫人像"，建玄女宫奉祀，并塑"窑神"像安放于玄女像之右。这座奉祀玄女、窑神的宫庙后来被称为祖龙宫，成为德化制窑人精神寄托之所在。

每年农历五月十六"窑神"诞辰日，德化制窑人都会到这里来举行祭拜活动，以颂扬窑坊公为陶瓷业发展做出的功德。祈求生意兴隆，寻求创新之道。中国传统的敬神祭祖典礼通常是以牲畜、蔬果之类食物为供品，而祖龙宫则以新开发的瓷艺品作为祭品，举行独特的"祭窑坊公"活动。制窑人通常都带着自己刚刚烧制出的最新作品或自己最得意的作品，前来参加祭拜活动。

这种奉祀方式是瓷界最独特的祭礼，不仅在闽南诸多宫庙中是独一无二的，即使在全世界也是绝无仅有的。祭祀当天，祖龙宫锣鼓喧天、热闹非凡，前庭的高甲戏、腰鼓队、大鼓吹、舞龙队等热闹开演。宫内主殿中早早摆放上琳琅满目的陶瓷作品，包括艺术陶瓷、日用陶瓷、西洋工艺瓷等悉数到场。在庆典礼乐声中，陶瓷界代表轮流奉上各自的瓷器供品，随后乡贤宣读祭文，童男童女诵读《窑坊公颂》，然后集体朝拜窑坊公，整个祭祀过程庄严而隆重。

德化祖龙宫这种以瓷为供、祭窑坊公的形式突出了行业特性和地方特点，与各地祭拜窑神的仪式有所不同，具有独特性。人们通过每年祭窑坊公的方式，表达自己对窑坊公的崇敬之情，寄托对瓷业发展的祈盼。

尾林—内坂

尾林—内坂窑址位于德化三班镇三班村、泗滨村，分布在上寮溪南北两岸。窑址四周山林茂盛，溪水潺潺，幽静怡然，让人感觉像是到了"世外桃源"。

走进上寮溪畔这片神秘的窑址，最先展示在眼前的是尾林窑遗址。2019年调查勘探确认这里有三处窑炉遗迹，窑址面积约8600平方米。2020年，福建博物院组织队伍对一号窑进行考古发掘，发掘面积242平方米，发现有叠压打破关系的宋元龙窑1座、元明分室龙窑1座以及明清横室阶级窑2座。

沿山坡由上而下，分别是宋元斜坡式龙窑、元明分室龙窑和明清横室阶级窑。这4座窑炉横跨4个朝代，第一次较为完整地揭示了德化窑从宋元时期的分室龙窑至明清时期的横室阶级窑的发展演变过程，填补了古代德化窑业技术史的缺环，为展示德化古代制瓷工艺技术提供了重要的实物材料。

此外，还对二处作坊遗迹进行试掘。出土瓷器标本主要为宋元明时期的青白瓷、白瓷以及少量清代青花瓷。青白瓷、白瓷装饰技法有模印、刻

尾林窑址

划、捏塑、堆贴等。纹饰主要有莲花、牡丹花、菊瓣、缠枝花卉等，部分器物底部有模印、刻划文字。青花瓷主要有碗、盘，图案有松鼠葡萄纹、龙纹、花卉等。窑具有伞状支烧具、支圈、垫柱、匣钵等。

内坂窑址位于上寮溪南岸，西北距尾林一号窑约230米，面积约3600平方米。经2016年、2019年考古调查勘探，已确认4处龙窑、分室龙窑遗迹。2020年，福建博物院组织队伍对二号窑进行考古发掘，发掘面积113平方米。揭露二道残存的隔墙，都仅存最底部一层立砖；窑门揭露7个，均位于西侧，窑门底部与窑底平；护窑墙揭露5处，主要位于西侧中前段地势较低处，平面多近似圆角长方形、弧形等；窑尾破坏较严重，出烟室仅存倒塌堆积及痕迹。

内坂窑出土器物以青白瓷为主，器形主要有碗、盘、盏、盒、瓶等。大部分器物的器表模印缠枝花纹、莲瓣纹等。窑具以支圈、伞形支烧具、垫柱为主，少量匣钵。内坂二号窑的窑炉结构较为简单，窑墙未发现多次修补现象，出土产品风格以南宋中晚期为主。初步认定内坂二号窑年代为南宋中期至元代初期。

尾林窑址东南隔上寮溪与内坂窑相望。穿过上寮溪西岸的尾林窑址，一眼就能望见位于溪东岸的内坂窑址：手工作坊的遗迹，用石头垒砌的百米水渠，十米宽的拦河石坝，用来粉碎、淘洗、沉淀瓷土的水碓坑（9个）、淘洗池（16个）和臼坑（18个）。瓷土加工区中，溪水流入水坑，带动水车捣鼓瓷土，远处传来"咚咚咚"的响声，让人仿佛穿越时空，回到宋元。

八百年前，这里烧制好的陶瓷，通过古驿道运往刺桐港，留下无数的足迹和汗水。挑夫们挑着瓷器，沿着古驿道或健步如飞，或步履蹒跚，一路走到永春，再经水路运抵泉州港。

德化山多、水足、矿富，得天独厚的自然资源和人文环境，对德化陶瓷的生产和陶瓷文化的发展十分有利。古人通过科学选址建窑，就地取材，解决原材料成本及供给问题；同时采取肩挑手提、水陆联运的方式，解决运输安全和运输成本问题，避免瓷器在运输中破损。

沿着上寮溪两岸建造的尾林—内坂窑，依山坡而建，不仅生产规模大，而且延烧时间长，加之供应链直接高效，减少了成本支出，使这两座瓷窑生产的陶瓷产品更具竞争力。

尾林—内坂窑出土的分室龙窑结构的窑炉，出现在德化制窑业蓬勃发展的宋元之际，其烧造质量远远大于普通龙窑，最大限度地节约了时间和成本，提高了生产效率。两座瓷窑出土的瓷器标本，主要是宋元时期的青白瓷、白瓷以及少量清代青花瓷，表面光亮莹润，具有较强的玻璃质感，犹如玉脂甘雪。窑工把精美的莲花、菊瓣、牡丹花等纹理修饰在器瓶之上，显示出精湛的制窑技艺。

与尾林—内坂窑址同在三班镇的蔡径村月记窑，也是明清时期兴盛一时的名窑，已有400多年历史。整条龙窑共有33阶梯，长约33米，被陶瓷界称为德化千年柴烧窑炉的"活化石"，是研究中国古法烧制柴窑的必选之地。每年农历五月十六日，一场原汁原味的"拜窑神"仪式都会在这里上演，拜窑神、点窑火、演绎"薪火相传"……身穿古装的窑工们通过祭拜窑坊公林炳的方式，祈求风调雨顺、窑火兴盛。

尾林窑址出土的青白釉粉盒

"大邑烧瓷轻且坚，扣如哀玉锦城传。"陈列在宋元德化窑展示馆中的一件件陶瓷产品，如军持、粉盒、碗、罐、高足杯、盆、瓶等，向世人展示了千年以前德化窑业的盛况，让人感叹古人的勤劳与智慧，竟能创造出如此惊艳绝伦的物件。

一业延千年，一瓷兴一县。德化先进的制瓷技艺、窑炉筑造技术以及庞大的生产规模，彰显出泉州作为世界海洋商贸中心强大的产业能力和输出能力。正如清嘉庆德化诗人郑兼才所描绘的："骈肩集市门，堆积群峰起。一朝海舶来，顺流价倍蓰。不怕生计穷，但愿通潮水。"他在诗中描绘的正是当时德化青花瓷大量销往全国各地和东南亚、东非各国的盛况。德化陶瓷业延续千年至今，这颗"瓷国明珠"依然熠熠闪光。正如《瓷国明珠》一诗所写：

浐溪两岸玉瓷芳，素雅晶莹透丽妆。

炉灶千窑烟不见，观音万座艺弘扬。

才华施展群星聚，文脉传承世代强。

踏碎琼瑶泥尽作，云亭南曲土清香。

安溪青阳下草埔冶铁遗址

世遗名片：安溪青阳下草埔冶铁遗址位于泉州安溪尚卿乡，地处青阳村南部山坡上，面积约一万平方米，包括一处冶炼遗址，分布于矿山上的一组古矿洞，一处冶铁余氏家族的祖屋遗址，一段古道以及为冶铁提供薪柴的山地。它是宋元时期泉州冶铁手工业的珍贵见证，与泉州的陶瓷生产基地共同显示出宋元泉州强大的产业能力和贸易输出能力。

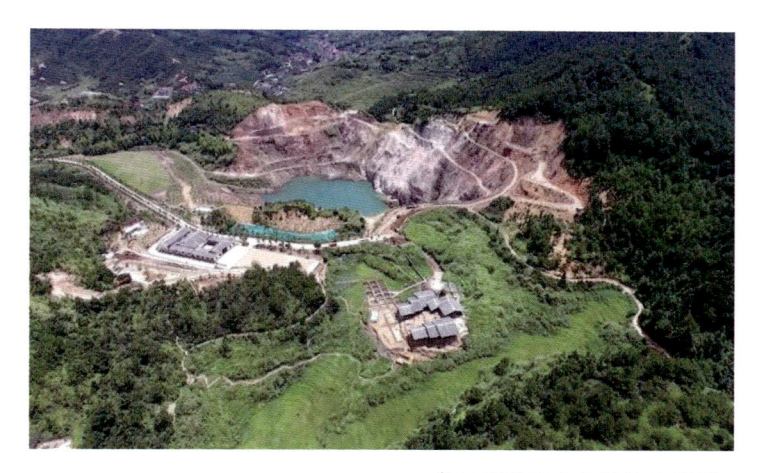

青阳下草埔冶铁遗址全景图

山窗云爱戴，石径草婆娑。

磬响村烟寂，茶香客话多。

这是五代时安溪首任县令詹敦仁对安溪山水、人文的赞美。当年正是他慧眼识珠，发现南安县小溪场（今安溪县城）"三峰玉峙，一水环回"，"土沃人稠，舟航可通"，于是具文申请设县，并取名清溪，成为创建安溪县的首位功臣。

詹敦仁在安溪体察民情，垦地造田，兴修水利，栽桑种茶，使得"民喜耕织"，"冶有银铁，税有竹木之征。"到宋元时期，安溪已成为东南著名的冶铁基地。宋应星在《天工开物》中称，全国冶铁业"西北甘肃、东南泉郡，皆锭铁之薮也。"这"东南泉郡"正是以安溪铁矿场为代表的泉州冶铁业。

冶有银铁

冶铁技术的发明与铁器的使用是人类文明史上的重要里程碑。我国有着悠久的冶铁历史及独特的技艺传统，古代冶铁业就十分发达。

经考古发掘，中国最早的块炼铁铁器出现于公元前14世纪，最早的生铁铁器发现于公元前8世纪（春秋早期）。战国时期冶铁业有了进一步发展，但只能冶铸农具和少数手工工具，锻制兵器还比较少。到西汉时，冶铁技术水平大大提高，不仅能生产铁制长剑、长矛、环首大刀等兵器，而且大量生产各种铁制生活器皿和杂用工具。灯、釜、炉、剪等在西汉中期的遗址中均有发现，说明汉代铁器的使用已相当广泛，冶铁业的作坊多，规模大，水平高。

冶铁业的发展，为农业提供了先进的农业工具，如铁铲、犁、镐、锹、锄、镰、刀等；同时也节省了一部分劳动力，大大促进了农业的发展和社会分工的进步；反过来，又为冶铁业提供充足的劳动力和消费市场，推动了冶铁业的迅速发展。两者相互促进，共同提高。

唐五代开始，铜铁等金属器和陶瓷器已成为海上丝绸之路输出的主要产品。据永春《清源留氏族谱·鄂国公传》记载："陶瓷铜铁，远泛番国，取金贝而还，民甚称便。"说明五代时冶铁业得到进一步发展，铁已成为古泉州港对外输出的重要产品。

宋元时期，我国冶铁业高速发展，福建是最重要的铁产地之一，尤以泉州安溪等地的铁矿、铁场最负盛名。据明万历《泉州府志》记载，北宋开宝年间（968—975年），泉州设置矿冶场务201处，开征铁银课。泉州产

对下草埔冶铁遗址展开考古发掘

铁之场,北宋盛时有15场,南宋后期仍存5场,较著者,如永春倚洋(今湖洋)、安溪青阳(今青洋)。

宋代泉州铁矿的开发和冶炼极为发达,泉属各县都出产铁砂。铁场有永春倚洋、安溪青阳、德化赤水等处,而以安溪青阳冶铁最为重要。当时泉州商人把当地造的锅、鼎、针等铜铁制品,兴贩于不产铁的两浙,还与桐油一起输往南海诸国。泉州的安溪、永春、德化成为闽南冶铁业的核心区。

据志书记载,安溪的前身为咸通五年析南安西界而设的"小溪场",因"民乐耕蚕,冶有银铁,税有竹木之征,险有溪山之固"等自然、经济条件,于后周显德二年(955年)立县。这说明早在五代时,安溪就存在"冶有银铁"的产业和"税有竹木之征"的制度。北宋初,官方在安溪设置青阳铁场,使青阳铁场成为泉州乃至整个闽南地区最重要的冶铁产地之一。

安溪处于闽东火山断裂带，岩浆频繁强烈活动，使地下埋藏的各种矿藏种类多，储量大，品位高，包括铁、银、石灰石、高岭土、花岗岩等20多种金属和非金属矿，其中铁、煤储量位居福建省前列。得天独厚的铁矿资源，给冶铁提供了丰富的矿石，令安溪一千多年来冶炼活动持续不衰。宋人李焘《续资治通鉴长编》称："庆历五年（1045年），青阳（安溪青洋）铁冶大发，即置铁务于泉州。"可见，在宋代泉州就已设有专门管理冶铁的官方机构。

位于安溪县境中部的尚卿乡，距县城50多千米，辖青洋、银坑等17个行政村。除农业主产外，矿藏有银、铁以及石墨、石灰石等。随着泉州港的兴盛，安溪青阳铁场的铁产品（铁片、铁块等炼铁粗加工产品）成为对外贸易的重要商品。

事实上，当时冶铁场在安溪县遍地开花。除了青阳铁场所在的尚卿乡外，湖头、长卿、祥华、剑斗、福田、感德等乡镇也都有冶铁矿场和作坊，考古调查发现冶铁遗存共20余处。

宋元时期，在朝廷鼓励海外贸易的政策下，以安溪下草埔遗址为代表的冶铁作坊，与晋江下游的铸铁、铸钢冶炼作坊，共同构成了泉州完整的冶铁业生产链。铁、铁器、铁块、铁鼎等各种铁制品从泉州港出发，一部分销往国内邻近的江浙等地，另一部分则"远泛番国"，源源不断地销往东南亚国家和地区，乃至行销世界。

14世纪中期汪大渊撰写的《岛夷志略》一书，详细记录了作者从泉州跟随海船行商的见闻，他发现将铁制品作为贸易商品的国家或地区共有48个，这些铁制品包括铁器、铁块、铁条、铁线、铁锅、铁鼎等。

明代以降，由于朝廷实施"海禁"等政策的影响，海外贸易发展受限，泉州府安溪、永春、德化各县虽然均有出铁，但炼铁基地已北移至潘田冶场等地，青阳铁场逐渐走向衰弱，直至被尘封地下成为历史，昔日人声鼎沸的铁场销声匿迹，变成了山间的梯田。

清代，泉州冶铁业仍有一定发展，重心移至德化。清乾隆时连士荃在《龙浔竹枝词》中描述了当时德化冶铁的场面："炭火六炉终夜煽，熔成生铁利人多"。据福建省《赋役志》载："光绪三十年全省冶铁三十三县，德化年纳炉税银三百三十两，为全省之冠"。

20世纪70年代"南海一号"沉船出土，在船上发现的铁器是仅次于瓷器的最大宗船货。据专家推测，"南海一号"沉船应从泉州港出海，沉船出水的瓷器以泉州德化窑、磁灶窑为主，出水的铁器极大可能也是来自泉州青阳等矿场。

20世纪70年代以来，南海及周边海域发现的古沉船中，数量可观的铁器向人们展示着"海上丝绸之路"与铁器贸易的往昔，成为宋元时期安溪冶铁业兴盛的实物证明。

青阳铁场

青阳下草埔冶铁遗址地处泉州西北山区腹地的五阆山余脉，位于安溪县尚卿乡青洋村。自北宋时期，官方就在此设置青阳铁场，《宋史》中亦有北宋庆历五年（1045年）"泉州青阳铁冶大发"的记载。

时光回溯到千年之前。北宋咸平二年（999），当地政府在安溪青阳设置专职铁场，青阳铁场自此名载史册。由于该铁场位于泉州内陆腹地重要铁矿分布区，拥有丰富的矿产资源；五阆山脉森林茂密，伐木烧炭十分便利，可提供取之不尽的燃料；北高南低，东西夹向，形成风口，使下草埔犹如一个天然鼓风机；山道旁有溪流，临近水源，便于取水，水路四通八达，便于运输。这些都为下草埔冶铁制作和产品外销提供了有利条件，推动安溪冶铁业不断发展和走向鼎盛。

青阳铁场分布在下草埔几个不同的山坳里。得天独厚的冶炼场，吸引了许多能工巧匠从四面八方聚集青阳。冶铁炉里，熊熊炉火肆意舞动，火星四溅；各地来的能工巧匠以娴熟的冶铁技艺，源源不断地生产出块炼铁、生铁……下草埔冶铁就这样延续了数百年。

翻开安溪青阳的历史就会发现，宋元时的下草埔冶铁场是一片创业的热土，有许多姓氏的族人聚集在这里生产生活，劳作场面十分热闹。鼎盛时期青洋村的炼铁炉多达上百处，环抱村庄的后山就遗留着多处古矿井遗址。

下草埔出产的铁制品经过短途陆运到渡口，然后上船转水运，由西溪入晋江，最终抵达泉州港。宋元泉州的铁产业具有外向型经济的特征，其产品既向国内销售，也向国外流通。国内的主要销售地，在江浙地区；国外的主要出口地，则是南海诸国和印度洋沿岸国家。

斗转星移，在历史长河中沉寂许久的下草埔冶铁遗终于揭开层层面纱，向世人诉说泉州冶铁手工业的兴盛繁华。1985年，青阳冶铁遗址被列为安溪县首批县级文物保护单位。

2019年10月至2020年8月，在国家文物局统筹下，北京大学考古文博学院联合安溪县博物馆对下草埔冶铁遗址展开考古发掘，同时对遗址周边的古矿洞、古道、冶铁遗址、墓葬、余氏祖厝遗址等展开调查。整个遗址核心区域约5000平方米，包括一处冶铁遗迹，分布于矿山上的一组古矿洞，一处青阳余氏家族的祖屋遗址，一段古道以及为冶铁提供薪柴的山地。

从遗址处找到的石堆、池塘、护坡、炉、房址、地面、小丘及众多板结层等遗迹中，考古专家推断，此地集中冶铁的时间大约在宋元时期，形成了较为完整的冶铁生产体系，块炼铁技术与生铁冶炼技术并存。碳-14年代测定和陶瓷类型学研究进一步证实了这一推断。

所谓冶铁就是把铁矿石冶炼为铁，考古专家从发掘过程采集到的积铁样品中发现了高碳钢颗粒，认为是块炼铁生产的产品。据此判断，该地工匠通过改良块炼铁炉的炉型结构，优化还原气氛，可以通过块炼铁技术直接冶炼得到高碳钢，免去了熟铁渗碳的过程。

现场发掘的6个冶炼炉中，有5个被判断为块炼铁冶炼炉，1个为锻炉。

下草埔冶铁遗址板结层

经实验室分析检测,从遗址内采集的部分炉渣中有白口铁、灰口铁(均属于生铁的一种)颗粒,由此可以确证,虽然尚未发现生铁冶炼炉,但遗址内必然存在生铁冶炼的活动。

由此可见,下草埔冶铁遗址是一个冶炼技术十分完备的冶炼遗址,也是国内目前首个经科学考古发掘的块炼铁(熟铁)和生铁冶炼并存的遗址。它展现了宋元中国东南地区冶铁手工业遗址的独特面貌,是宋代经济史、手工业技术史、海洋贸易史的重要发现。

以该遗址为代表的安溪宋元冶铁遗址,普遍存在板结层的独特现象,具有典型的地方特点,这种技术在国际上也是首次发现。

循着蜿蜒山路,走进这座藏在深山中的冶铁遗址,高高的古矿洞,山间古道下方的冶铁作坊,构成了一个颇具规模的冶铁基地。遗址东高西低,保护棚依山势而建,形成了坐东朝西的多级台地。拾级而上,由炉渣、矿石、碎陶瓷片堆叠硬化而成的活动面，是当时工人们的活动场所。平整开阔的活动面东侧，层级分明的台地上，清晰可见6座冶铁炉遗址和3处房屋遗址。经考古挖掘，其中多个冶铁炉型在国内尚属首次发现。

板结层是冶炼过程中形成的独特现象，也是下草埔遗址的重要特点，每当冶炼垃圾堆积到一定高度，古人并没有安排专人搬走炉渣，而是就地铲平，在上端以"板结层"的方式进行处理，起到压实、固定冶炼垃圾的作用，既简易有效处理了冶炼垃圾，又可以作为随后冶炼的操作平台，继续开炉冶炼，呈现出自下而上、依靠山坡修筑冶炉的独特冶炼方式。

相邻的板结层间距大致等同，在60厘米至80厘米间，可见这是有组织、有规划的行为。每一层板结层的形成都表明一段冶炼时期的兴废，而且多层板结层堆积到一定高度，一旦达到山坡的极限，该冶场就随之弃用，另择其他场所。这充分体现了先民在处理人地关系上的超常智慧。

下草埔冶铁遗址形成的14级台地不是寻常的梯田，而是连续冶炼数百年之久形成的堆积形态。作为国际上首次发现的独特板结层现象，充分显示出"板结层使用"这一古代先进人地关系处理技术的优势，堪称我国古代冶铁史上的一项"百年大计"。

作为宋元时期留存下来的古铁矿冶炼遗址，安溪青阳下草埔冶铁遗址是泉州乃至福建重要的冶铁场地。考古结果显示，该遗址面积约一万平方米，发现有炉底、炉壁、冶铁炉渣等冶铁遗迹、遗物。部分探方已揭露至炉渣、木炭屑、黏土、石头形成的锈蚀板结层，可以确定下草埔遗址为宋元时期冶铁遗址。

在下草埔群山之中至今仍存有古老的矿洞。目前已发现10余处古矿洞遗迹及2处烧炭遗迹。此外，遗址还出土了莲瓣纹瓦当、大量筒瓦及其他建筑构件，上面的装饰纹样为重瓣莲花纹，与泉州南外宗正司遗址出土的瓦当类型相似，遗址等级较高，表明遗址内可能存在高等级建筑（或官署）。

安溪青阳下草埔冶铁遗址清晰地展现出"采矿—冶炼—锻造"系列冶铁手工业的上游环节，其冶炼遗迹、出土遗物，展现了宋元中国东南地区冶铁手工业遗址的独特面貌，是古代中国先进冶铁技术的珍贵见证。遗址的发现，证明了泉州冶铁历史发展的历程，反映出宋元时期泉州经济的繁荣景象，为研究古泉州（刺桐）史迹提供了重要的实物依据。

"炉火照天地，红星乱紫烟。"诗仙李白于《秋浦歌十七首》中描绘的冶炼场景，在宋元时期的泉州成为现实。

遗址展示

走进远离尘嚣的安溪青阳下草埔冶铁遗址，只见遗址旁一座古朴的展示馆静卧在青山绿水间。它默默守护着遗址，用深入浅出、形式多样的专业语言，为来访者讲述那段激情燃烧的岁月和历久弥新的往事。

安溪青阳下草埔冶铁遗址展示馆的选址和建筑风格，十分用心考究。站在展示馆门前，就能将遗址及周边的环境一览无余。展示馆以闽南古代建筑风格为主，参照青阳村余氏族人族谱中记载的祖厝的历史样式修建，采用砖木结构，白墙黑瓦，建筑风格古朴大气，既延续历史，又与周边山川、民居融为一体。

展示馆包含序厅、千年铁场、冶炼神工、远渡重洋和结语五个部分，完整地呈现了宋元泉州富有特色的"产—运—销"高度整合的海外贸易体系和安溪青阳铁场的历史与价值，展现了古代块炼铁冶炼技术、生铁冶炼技术、安溪青阳铁制品的贸易线路，以及冶铁业在安溪的有序传承、创新发展。

序厅部分的遗产点分布图，将青阳下草埔冶铁遗址放在宋元泉州海外贸易这个宏大的时空视野中，慢慢展开叙事，十分引人入胜。"千年铁场"展厅则以点面结合的形式，通过大量史料以及青阳冶铁遗址群分布图、安溪县铁矿点分布图，结合考古发现的遗址群中的古矿洞图、矿洞调查等照片，系统而全面地介绍了安溪冶铁业及青阳铁场的发展史，使人们对遗址

青阳下草埔冶铁遗址一角

的前世今生有一个较为完整的了解。

为了让参访者更直观地了解冶铁技术、冶铁过程,"冶炼神工"展厅用一组雕塑和壁画,鲜活地还原出宋元冶铁现场的情景,清晰地展示出"采矿—冶炼—锻造"系列冶铁生产的上游环节:左边壁画表现的是矿洞林立、工匠从矿洞内将采集的矿石搬运到冶炼场所的场景;右边复原冶炼场景,包括由炉口、炉颈、炉膛、鼓风口、排渣口等部分构成、按遗址1号炉复原的炼炉和按遗址4号炉还原的锻炉。参访者走到炉前,叮叮当当的打铁声就会响起来,音效、雕塑和光影的效果,令人仿佛穿越到宋元时代的冶炼场景中。

为了更好地展示遗址的价值和考古成果,"远渡重洋"展厅通过《青阳冶铁遗址周边的古道调查图》《晋江水系图》《宋元时期海上贸易线路示意图》等地图,讲述宋元时期下草埔遗址出产的铁制品如何从深山腹地走向海外、从古代走到现代。

同时，展馆还展出大量出土的珍贵文物，包括钱币、金属器、陶瓷、冶炼遗物、石块等五大类。考古现场发现的祥符元宝、皇宋元宝、熙宁通宝等钱币，均铸造于11世纪初期；金属器分为铁制品和铜制品，铁钉是遗址目前仅见的经锻打铁制品之一，还有铁片、铁块等块炼铁粗加工产品，是遗址性质的直接证据；冶炼遗物包括炉渣、矿石、烧土、炉衬四类，以炉渣数量最丰富。遗址还出土了8万多件陶瓷器碎片，年代集中在南宋中晚期至元代之间，多为日用生活器具，形式多样，有碗、盏、盘、碟、罐、盆等。以安溪窑产品为主，并兼有德化、磁灶、建窑等窑口产品，部分器物上保存有墨书题记。

透过琳琅满目的出土文物，人们仿佛看到：在数百上千年前，一拨又一拨铁匠曾经在这里忙前忙后，用当时最先进的冶铁生产技术，冶炼出质量上乘的铁条、铁块等铁器坯件，源源不断送出山外，从泉州港扬帆起航，沿着古代海上丝绸之路"远贩番国"。

展馆史料丰富翔实，跨越前世今生，以大量实物为证，让文物"开口"说话。展厅现场还复原了一艘古朴的宋元海舶，停靠在岸边，背景是浩瀚的大海，由近及远，大大小小的商船正披荆斩浪、驶向远方，立体逼真的效果让人如临其境。

以下草埔冶铁遗址为代表的安溪青阳铁场，保存了能够呈现完整的冶铁生产体系和环境关系的珍贵物证，见证了安溪冶铁千年的辉煌历史，揭开宋元泉州冶铁手工业的神秘面纱，与泉州的陶瓷生产基地共同显示出宋元泉州强大的产业能力和贸易输出能力。

安溪悠久厚重的千年冶铁史，就在这一方小小的天地中徐徐展开……

第六篇 飞梁遥跨海西东——交通网络

潮来直涌千寻雪，日落斜横百丈虹。

泉州湾的涛声，在洛阳桥和安平桥的千年岁月中回荡。10至14世纪，随着泉州海外交通、商贸的日益兴盛，这两座举世闻名的跨海大桥，为宋元时期泉州的经济发展和水陆运输提供了极大的便利，也为古代泉州的桥梁建设积累了宝贵的经验。

作为泉州古城与晋江南岸的陆运节点，横跨晋江的顺济桥，同样有力地促进了泉州城南商业区的集聚与繁荣，带动了晋江、南安、同安等地的经济发展。

从江口码头到石湖码头，一个个码头相继兴建，使泉州湾码头的航运功能得到更加充分的利用；从六胜塔到万寿塔，一座座航标塔陆续竣工、投入使用，使进出刺桐港的航船更加安全便捷，港城一体的水陆转运系统更加快速畅通。

海路迢迢，潮落潮起。遥想当年，江口码头、石湖码头帆樯云集，人声鼎沸，诉说着海上丝绸之路千年的故事；万寿塔、六胜塔守护着泉州港的出海通道，迎送着每一天的天际归帆。

往事历历，化为今天的历史，激励着后人继承前辈传统，劈波斩浪，奋勇前行！

安平桥

洛阳桥

世遗名片：洛阳桥位于泉州城东北洛阳江畔，是中国历史上第一座跨海梁式石桥，也是我国古代桥梁建筑史上的一个伟大创举。这座由宋代官方主持建造的大型跨海石桥，经历代修缮，至今保存完好。它是泉州陆路运输网络发展的里程碑，不仅加强了泉州与闽中、闽北及内陆的经贸联系，促进了对外贸易的发展，而且开启了宋元泉州的造桥运动，推动了国家口岸水陆转运系统的建立与完善。

洛阳桥

十里西风晓气横，银涛飞落海云生。
洛阳无此江山好，更倚阑干看月明。

金秋时节，漫步在古朴的洛阳桥上，近观青翠的红树林，远眺洛阳江出海口，清风拂面，心旷神怡。望着长虹般的跨海大桥和耸立在桥北的蔡襄石像，不禁对这位造福桑梓的历史名臣肃然起敬，心怀感激，同时也为泉州古代劳动人民的非凡创举而由衷赞叹。

前世传奇

洛阳桥位于泉州洛阳江入海口，距泉州城区十余千米，是当时粤东、闽南前往江浙、中原的必经之路。大桥修建前，人们往返只能靠渡船。但洛阳江"水阔五里，波涛滚滚"，每逢大风海潮，常常连人带船翻入江中。清乾隆《泉州府志》记载："万安桥未建，旧设渡口渡人，每岁遇飓风大作，沉舟而死者无数。"为祈求平安过渡，人们把这个渡口称为"万安渡"，寄望万古安澜。

万安渡未建大桥，给闽南与闽中、闽北之间的经济、文化交流造成了极大的障碍。北宋庆历初年（1041年），郡人李宠抛石修建了一座浮桥；皇祐五年（1053年），僧宗设及郡人卢锡、王实等筹募资金建造石桥，但未能完成；直到嘉祐四年（1059年），才由泉州郡守蔡襄主持完成。前后历时6年8个月，耗银一万四千多两，但未用国库分文，均由卢锡、王实等人募捐集资而来。

桥名最初为"万安桥"，后以"洛阳桥"闻名于世。因为唐五代时期，大量中原人南迁到晋江流域，他们思乡情切，看到这里山川地势很像黄河、洛水一带，便把这座跨海大桥称为洛阳桥，闽南语也被称为河洛语系。

洛阳桥是中国历史上第一座跨海梁式石桥，与北京卢沟桥、河北赵州桥、广东广济桥并称为我国"古代四大名桥"。洛阳桥长1200米，宽5米，花岗岩石砌筑；有船型桥墩46座，左右两侧有500个石雕扶栏、28尊石狮，还有7亭9塔点缀其间；桥的南北两端矗立着武士造像和镇风石塔，塔身刻有浮雕佛像及图案，桥周围还种植了700棵松树。桥北还有一座祀通远王的昭惠庙，曾是蔡襄建桥的指挥所。

当年主持完成洛阳桥建造的泉州郡守蔡襄（1012—1067年），字君谟，仙游人，曾两次任泉州知府。相传他自幼聪明博学，十八岁考中状元，后

洛阳桥全景图

入朝为官。因从小受母亲教诲为官要为民解难，因此在朝中为官不久，便申请回地方任职，以便服务当地百姓。

担任泉州郡守后，蔡襄发现洛阳江两岸民众来往确实十分不便，但洛阳江水深浪大，要造一座跨海大桥谈何容易，仅桥基如何建设就让他日夜发愁。据说他后来托梦向海龙王求助，并从"醋"字中得到启示，领悟到是龙王要他于"当月廿一日酉时动工"，可保万无一失的意思。果然，当日酉时海潮退落，三天三夜不涨潮，蔡襄按时动工，使桥基得以顺利砌成。

嘉祐四年（1059年），洛阳桥顺利完工。从此，洛阳江上一桥飞架，南北畅通，行人车马凌波而过，如履平地，实现了刺桐港海上贸易的陆海联运，带来了宋元泉州的繁荣兴旺，对福建政治、经济、文化的发展都发挥了极大的作用。正如史籍所载："渡实去海，去舟而徒，易危而安，民莫不利。"

桥成之时，主持建造大桥的蔡襄不仅"合乐宴饮而落之"，而且撰书《万安桥记》，详述建桥的过程，包括造桥时间、年代、桥梁的长宽、花费的银两、参与的人物等。全文仅153个字，内容丰富、文字精练。文中赫然记载成其事者第一人即是卢锡。卢锡不入仕途，却热心公益事业，造福地方；而蔡襄身为地方主政者，主持修建洛阳桥却不居功，官民一心，方能成此功业。

后来，人们在洛阳桥南修建了蔡忠惠公祠（即蔡襄祠），以纪念这位热爱桑梓、爱民惠民的郡守。蔡襄祠始建于宋代，历代均有修葺，现存建筑为清代修建，祠堂大厅中间是蔡襄的塑像。桥中亭有《万安桥记》碑刻，世称"三绝"碑。碑文由蔡襄亲自撰书，书法遒美，刻工精致，为洛阳桥增辉不少。

除《万安桥记》外，蔡襄还有《昼锦堂记》等书法作品和鼓山《忘旧石》等碑刻传世，超然脱俗，神清气淡，典雅优美，充满文人气息和艺术魅力。蔡襄因此名列"宋代四大书法家"之一，《评书》称："追配前人者，独蔡君谟书。"

洛阳桥的建造，反映了泉州繁荣兴盛的海洋贸易活动。正如后人所言，"如果当时来往海外的船只不多，就不会开辟那么多的港区；没有那么多商货丛集的港区，也不会有这些跨海长桥。"洛阳桥贯穿闽南、闽中、粤东，大大方便了海舶货物的运输集散。两宋时期泉州跃居全国三大港口之一，洛阳桥自然功不可没。

宋代之前泉州建造的桥梁并不多，两宋时期则掀起了造桥热潮。在洛阳桥建成后30多年间，先后修建了25座桥梁，大多建于滨海或海湾之上，连接港区和城市中心。

宋元时期，泉州所造的桥梁不仅数量多、速度快，而且技术水平高、工程规模大，还发明了许多先进的造桥技术，在我国乃至世界桥梁史上都是空前的，以至后人有"闽中桥梁甲天下，泉州桥梁甲闽中"之美誉。

卧海长桥

作为中国历史上第一座跨海梁式石桥，洛阳桥首创"筏形基础""浮运架梁""养蛎固基"等先进造桥技术，代表了中国当时最先进的造桥技艺。

其一，筏形基础。早在北宋，泉州工匠就以惊人的毅力和极大的聪明智慧，创造了一种直到近现代才被人们充分认识的新型桥基建造方式，即"筏形基础"。首先在江底沿着桥梁中线抛掷石块，并向两侧展开一定宽度，形成一条横跨江底的矮石堤，作为桥墩基址，然后在基址上面建桥。

这种建造方式对中国乃至世界造桥科学技术都是一个伟大的贡献。直

洛阳桥鸟瞰

到19世纪末，世界各地在桥梁工程中才采用"筏形基础"，迄今只有百余年时间。而早在900多年前，我国工匠在洛阳桥建设中就采用"筏形基础"筑成了桥墩底盘。

其二，养蛎固基。为了巩固桥基，蔡襄命人在桥基两侧养殖了大量牡蛎，利用牡蛎外壳附着力强，繁殖生长速度快的特点，巧妙地把江中抛掷的石块黏接在一起，形成牢固的桥基和桥墩。这种别出心裁的"养蛎固基法"，是蔡襄善于观察事物，并将它合理应用于桥梁基础建造的科学方法，也是世界上第一个把生物学应用于桥梁工程的先例，成为世界造桥史上的一个奇迹。

据《宋史》记载，蔡襄"种蛎于础以为固，至今赖焉"。这说明养蛎固基并非自然附着，而是有意所为，而且推而广之。正如明人何乔远在《洛阳万安桥赋》一诗中所说："洛阳长桥卧海波，江翻流撼奈桥何？垒石重栈屹不动，牡蛎戢戢生咸醝。"诗中赞美了海蛎以及养蛎固基对洛阳桥建造的作用。

由于养蛎固基效益显著，洛阳桥建成后，历代均严令禁取桥下蛎房。明代王慎中《重修泉州府万安桥碑记》云："盖蛎附址石，则涂泥聚，而石得相胶蟠以固。故忠惠公（蔡襄）于桥之南北表石为台，以识其界，禁敢取蛎界内者。"

"址石所累，蛎辄封之"。这种固基法虽然在内地江河建桥筑基时无法应用，但它开启了把生物学与桥梁建筑学相结合的方向，是中国固桥技术的首创和工匠精神的体现。

其三，浮运架梁。宋时泉州所建桥梁，从桥基、桥墩至桥板，均采用当地产的花岗岩作建桥材料，石构建筑坚固耐用，但其质地沉重，给搬运、起落、就位带来一定难度。据1993年大修时实测，洛阳桥的桥板最大的长11米、宽0.98米、厚0.8米；按每立方米花岗岩2.7~2.8吨计算，每条石板重达数吨，最重的达15吨。

当时没有现代起重设备，于是采用"浮运架梁法"，即利用海潮涨落的高低差来架设桥面的大石板。据王慎中《重修泉州府万安桥碑记》记载："凿石伐木，激浪以涨舟，悬机以弦牵……"。所谓"激浪以涨舟"，就是将沿岸采的石梁预先放在木排（或船）上，趁涨潮时驰入两个桥墩之间，俟潮落木排下降，石梁便架于墩上；"悬机以弦牵"则是指在海水落潮、木排下降时，由于波浪的涌动木排不稳定，因此吊装设备一绳千钧，悬箩装石，只有牵引石料就位，筑成石墩，架正石桥，才能顺利完成桥梁安装。这是潮水可及之地筑墩架梁采取的科学方法，显示了古代工匠建桥的非凡才智。

其四，船形桥墩。洛阳桥采用的船形桥墩，设计十分科学，桥墩全部用长条石交错垒砌，迎水面尖且窄，背水面宽而坚实，符合流体力学减阻原理，既减少、分流了海水正面冲击力，又保证桥墩拥有足够的承载力。不仅颇具特色，而且有利于分水。一千多年来，洛阳桥抵御了多少次潮水侵袭，至今仍岿然不动，这与船形桥墩的科学设计也是分不开的。

洛阳桥是我国古代桥梁建筑史上的伟大创举。身为泉州郡守的蔡襄，指导工匠在前人所造浮桥的基础上，架石为梁，首创"筏形基础""养蛎固基""船形桥墩"等建造技术，成功地建造了我国第一座海港大石桥，为后世所称颂。《泉州府志》称之为"海内第一桥"我国著名桥梁专家茅以升教授也称"洛阳桥是福建桥梁的状元"。

两宋时期，泉州桥梁建造技术日趋纯熟，成就斐然。洛阳桥首创的"筏形基础""养蛎固基""浮运架梁"等先进造桥技术，作为中国重要发明载入了世界桥梁史册。据记载，北宋泉州建造的十座大型桥梁，洛阳桥长三百六十丈，其余桥梁最长仅八十丈，因此称之为"第一桥"使当之无愧的。南宋绍兴二十一年（1151年），宗室赵令衿出任泉州知州时，就借鉴万安桥的建造技术，主持修建了举世闻名的安平桥。

乾道四年（1168年），王十朋任泉州知州。在《万安桥诗》中，他高度赞扬了蔡襄建造洛阳桥、造福桑梓的丰功伟绩："北望中原万里遥，南来喜见洛阳桥。人行跨海金鳌背，亭压横空玉虹腰。功不自成因砥柱，患宜预备有风潮。蔡公力量真刚者，遗爱胜于郑国侨。"在王十朋看来，蔡襄造桥的遗泽，甚至超过春秋时郑国的著名政治家公孙子产，这无疑是极高的评价。

今生故事

洛阳桥在建成后的900多年间，历经千年风雨潮水侵袭，以及地震、台风和战火的摧残等各种自然、人为的破坏，前后修缮达26次。由于资金有限，桥的高度不够，每逢洪水，桥面经常被淹没。传说泉州富商李五，曾因生活问题被诬告，并抓往京城问罪。囚车经过洛阳桥时，因洪水淹没路面而艰难过桥。为此他对天发誓，如能平安无事返乡，定当出资将洛阳桥增高三尺。三年后他果然平安回乡，于是践行了自己的诺言。

作为举世闻名的跨海大桥，洛阳桥自泉郡士绅、僧人倡建之后，历经明代地震后重修、民国年间的改造，以及20世纪90年代的局部性复原维修，得到政府和民间各方力量的大力支持，其先进的营造技艺也得以保存至今。如1938年，蔡廷锴将军率十九路军进驻泉州时，就专门修葺了洛阳桥。大桥主体完整，桥身稳固如初，桥墩石间缀满白色蛎房的痕迹，桥上人流络绎不绝。

现存洛阳桥全长731米、宽4.5米，船型墩45座。墩孔净跨8米，上置6至7条石板，石板最长11米，最宽1米，最厚0.8米。桥的南北两端各置2尊将军石像，两两相对，桥上有石塔5座，包括月光菩萨塔、宝印经塔等；此外还有石亭7座，供行人休息。桥身及附属建筑物，有许多艺术石雕，如昂首挺拔或口含石球的石狮子等，造型美观；桥中央碑亭有明万历年间"西川甘露"碑刻和清道光年间石刻"天下第一桥"，中亭周边还有历代碑刻12方，包括宋代摩崖石刻"万安桥""万古安澜"等。

古往今来，众多贤士名流都对洛阳桥的雄伟壮观以及它不朽的历史贡

蔡襄塑像

献，予以肯定、赠以褒美。吟咏洛阳桥的各种诗赋甚多，如北宋泉州知州、力主设立市舶司的陈偁，在《题泉州万安桥》一诗中，就写出了洛阳桥跨海连接两岸的雄姿：

> 跨海为桥布石牢，那知直下压灵鳌。
> 基连岛屿规模壮，势截渊潭气象豪。
> 铁马著行横绝漠，玉鲸张鬣露寒涛。
> 缣图已幸天颜照，应得元丰史笔褒。

南宋刘子翚在《万安桥诗》中赞曰："跨海飞梁叠石成，晓风十里渡瑶琼。雄如建业虎城峙，势若常山蛇阵横。脚底波涛时汹涌，望中烟景晚分明。往来利涉歌遗爱，谁复题桥继长卿？"诗中的长卿指汉司马相如，当年他离开成都赴长安、过升仙桥时，曾在桥柱上题曰："不乘高车驷马，不过此桥。"诗人把他与蔡襄相比，认为今天人们在过桥时，也会缅怀、歌颂修桥者遗留之功绩。

明代万历年进士、曾任刑部尚书的苏茂相有《咏万安桥》一诗："群山匡卫此中亭，蹑履登临酒易醒。秋至流朝海若，月明清韵听湘灵。只今虹影闻天浪，保客槎头可犯星。堞外纵横千里目，遥天直北数峰青。"其中"只今虹影闻天浪""堞外纵横千里目"等句，写出了这座跨海大桥的气势和雄姿。

明代诗人、曾任福建按察司佥事的谢肃在《万安桥》诗中曰："万安桥在泉南郡，骢马来时踏淼茫。群柱直排沧海浪，夹阑横截洛阳江。荔花洲岛春风暖，榕叶亭台晓日苍。浩想蔡公能济险，转因驱石笑秦皇。"其中"群柱直排沧海浪，夹阑横截洛阳江"把洛阳桥描绘得大气磅礴、气吞山河。明代戏曲家、书画家顾大典亦有诗云："沧波欲尽海云垂，千尺晴虹挂水湄。寂寞寒潮自来去，行人惟说蔡公祠。"歌颂了蔡襄造福百姓的功绩。

在宋元中国海外贸易最兴盛时期，泉州兴建的桥梁多达175座，其中最负盛名的就是洛阳桥。它是宋代由政府官员主导，海商、士大夫、僧侣等通力协作，采用先进造桥技术建造的大型跨海石桥。在构建宋元时期泉州水陆复合的运输网络中，具有开拓性的里程碑意义。它不仅打通了泉州港北上中原广大内陆腹地的交通枢纽，对促进泉州海外贸易的发展、繁荣发挥了重要的作用；而且带动了泉州石材产业和石雕艺术的发展，推动泉州成为中国古代桥梁建造技术的中心。

俗话说，"站如东西塔，卧如洛阳桥"，这是古代泉州人精神气质的形象表达。这种爱拼敢赢的精神，敢闯敢试的精神，官民合力的精神，代代相传，谱写了泉州向海而生的辉煌历史篇章；同时，也为后人提供了潜移默化的文化滋养。

让我们走进这座素有"海内第一桥"之称的千年古桥，去感受它经历的岁月沧桑，去寻找海上丝绸之路的经久魅力，去领略台湾诗人余光中浸润在《洛阳桥》中的乡愁诗意：

> 刺桐花开了多少个春天
> 东西塔对望究竟多少年
> 多少人走过了洛阳桥
> 多少船驶出了泉州湾……

洛阳桥中亭

安平桥

世遗名片：安平桥位于泉州城西南的围头湾畔，横跨晋江安海与南安水头之间的海湾，是中古时代世界上最长的梁式石桥，也是中国现存最长的跨海梁式石桥。安平桥的建成是泉州地方政府、民间宗教人士以及商人和平民共同参与的结果，既体现了宋元时期泉州多元社会结构对海洋贸易的贡献，也反映了海洋贸易给泉州社会带来的经济繁荣和财富积累。

安平桥一角

"世间有佛宗斯佛，天下无桥长此桥。"这是镌刻在安平桥中亭石柱上的一副著名楹联，系清同治五年（1866年）黄恩承所刻，不仅立意清新、对仗工整，而且写出了五里桥的气势和厚度，堪称楹联经典。从此，这座俗称"五里桥"的宋代古桥便享有了"天下无桥长此桥"的美誉，并引得无数人慕名而来。

长桥卧波

安平桥位于晋江安海镇和南安水头镇之间，像一条长虹横跨海湾。因安海古称安平，故名"安平桥"；由于桥长五华里及位于安海镇西，俗称"五里桥"或"西桥"；南安史志则称为"镇安桥"。

安平桥建于南宋绍兴八年至二十二年（1138—1152年），历经十三年告成。据《晋江县志》记载："晋江、南安之界，旧日以舟渡，宋绍兴八年，僧祖派始筑石桥未就，二十一年守赵令衿成之，酾水三百六十二道（即分水道为三百六十二孔），长八百十有一丈，宽一丈六尺……"

安平桥是中国古代最著名的梁式石板平桥，用花岗岩和沙石构筑，建成后历代均有修缮。现存石桥全长2070米，桥面宽3米至3.6米。桥上两边均用简朴的方形石柱与条状石板联成栏杆，以保护行人往来安全。铺架桥面的花岗岩石板又阔又厚，最长可达10余米，大多从咫尺相望的金门岛开采及海运而来。

桥上东、中、西部设有水心亭（水心禅寺）、楼亭、中亭、雨亭、宫亭等五座"憩亭"，供过往行人休息，亭中配有菩萨像供人们参拜。第五座亭子的建筑式样较为特别，左边一重檐上叠加一个四边上覆六边的三重檐尖顶，十分罕见。长桥两旁还置有形式古朴的对称方形石塔四座，圆形翠堵婆塔一座，塔身雕刻佛祖，面相丰满慈善。桥栏柱头雕刻着惟妙惟肖的雌雄石狮与护桥将军石像，皆为佛教南来的代表作，雕刻手法夸张，显得十分别致。

在800多年前的南宋，朝廷割地称臣。地处泉州的安海港，却是帆樯林立，客商云集，一片繁忙景象。据有关史料记载："安海镇于府南六十里，古名湾海，宋初始改为安，曰'安海市'，西曰'新市'，东曰'旧市'。海泊至，州遣吏攫税于此，号'石井津'。"

宋元时期，安海人善于漂洋过海发展海上贸易，"商则襟带江湖，足迹遍天下，南海明珠，越裳翡翠，无所不有，文身之地，雕题之国，无所不到……"。"斯时，海港千帆百舸，乘风顺流，出入海门之间；渡头风樯林立，客商云集，转输货物山积；市镇之繁荣，不亚于一大邑。"（明《安海志》）说明当时安海对外交通、商贸十分发达。

可是，由于安海与水头之间是茫茫大海，风大浪高，往来两地只能靠舟渡船运。而"飓风潮波，无时不至，船交水中，进退不可，失势下颠，漂垫相系，从古已然，大为民患"（赵令衿《石井镇安平桥记》）。

为适应海内外经贸与交通发展需要，在海湾上建设一座大桥成为安海、水头两地百姓的殷切期盼。以当时的造桥设备，要在这万项波涛之上修筑跨海大桥，建造难度之大可想而知。

南宋绍兴八年（1138年），俗家在水头的龙山寺住持僧祖派，因经常往来于安海水头之间，常常遭遇台风、目睹舟毁人亡的惨剧，于是心生慈悲，决定募资倡建五里桥。弟子僧智渊和安海富商黄护各鸠金万缗为助（一缗即一贯，当时八品县令月俸为十五贯），长桥方始开工建设。

僧祖派亲自负责设计建造，但大桥筑到一半便因资金短缺而停工6年。直到绍兴二十一年（1151年），郡守赵令衿到泉州上任，亲自主持续建工作，富商黄逸也踊跃捐资，大桥才得以复工。一年后全桥竣工，命名为"安平桥"。赵令衿在《石井镇安平桥记》中记载："斯桥之作，因众志之和，资乐输之费，一举工集。"

安平桥是继洛阳桥（万安桥）之后，泉州建设的又一座跨海大桥，也是当时全国最长的石板桥，有"卧龙""巨虹"之誉，为历代所赞誉。大桥建成后，十分宏伟壮观，凭栏远眺，就像一条长龙伸向远方。即使目力再好，似乎也望不到尽头。因此有"隐然玉路，俨然金堤，雄丽坚密，工侔鬼神"之说，乃至"老壮会观，眩骇呼舞"，"实古今之殊胜，东南未有也"（赵令衿《石井镇安平桥记》）。

安平桥的建造，是宋时泉州海外交通发达、社会经济繁荣的标志，也是泉州劳动人民智慧的结晶。

安平桥全景

金汤永固

　　安平桥横跨海湾,把南安水头镇和晋江安海镇连接起来。虽然历经数百年风雨沧桑,依然金汤永固,令人叹为观止。

　　安平桥为梁式石板平桥,全部用花岗岩石建造,桥长2070米,共有桥墩361座。桥墩有三种形式,一种是长方形墩,第二种是双尖船形墩,第三种是单尖船形墩。其中长方形墩290座、双尖墩26座,单尖墩44座。

　　由于中亭港和西姑港这两处水流湍急,因此朝上游的方向都筑成船形,以减少水流之阻力。现存331座桥墩,均用长条石和方形石横纵叠砌,十分牢固。桥面用两千多条石板平铺而成，两墩之间用六七条不等的石板铺筑。远远望去，状如长虹。据1980年安平桥大修时实测，桥板长8米～11.2米、宽0.4米～0.8米、厚0.34米～0.82米。桥面上数以千计的花岗岩石板，虽然长年累月经受风吹、日晒、雨淋，表面上已经风化斑驳，却依然坚固、耐用。

安平桥采用"睡木沉基"法等先进的造桥技术，在世界桥梁史上占有特别重要的地位。"睡木沉基"又称"卧椿沉基"，由于有些港道水深泥烂，抛石容易陷进去，导致大量石材浪费。"睡木沉基"则是在泥滩上将椿木平列分层交叉，然后垒压上大石条，随着石条加高，重量不断增大，木头排逐渐沉陷至水底承重层，从而奠定桥墩的基础。这种筑基法是继洛阳桥"筏形基础"后又一项可贵的发明创造，后来在泉州桥梁工程中被普遍应用。如泉州石笋桥、顺济桥、南安丰州金鸡桥等，均采用"睡木沉基"法。1980年11月，安平桥（五里桥）重修之际，相关考古发掘工作证明，该桥建造时确实采用了"睡木沉基"法，从而为中国乃至世界桥梁史留下了极为宝贵的实物资料。

由于五里桥跨越中亭港、西姑港、水头港等五个港道，港道有深有浅，水流有缓有急。于是，设计者因地制宜，根据海湾潮水的流速和流向的不同，设置桥墩的位置和形状：在水流缓慢的浅水域里筑长方形墩，计308座；在水流湍急的水域里筑双头尖的船形墩，计28座；在一面较深峻的水域里筑一头平一头尖的半船形墩，计25座。

这说明，聪明的闽南人在宋代就已掌握潮汐涨落的规律并能巧妙得加以运用，区别不同部位，采取形态各异的桥墩结构，以缓和水流冲击。中国著名桥梁专家茅以升在《安平桥》一文中由衷赞叹道："这在世界古桥中，恐怕是唯一的。"

安平桥共设置五个桥亭，建筑精巧坚固。虽然式样各异，但亭中均供奉佛像，可供行人避风、躲雨、遮阳、小憩乃至祭拜。其中以中亭（水心亭）规模最大，亭前两侧竖立着两尊护桥石将军雕像，身高1.59～1.68米，东面是文官，西面是武官，戴盔执甲仗剑，形态威武，反映了宋代石雕装饰艺术的高超水平。亭中供奉着观音菩萨，人称"中亭佛祖"。中亭桥面宽达十米，周边有历代修桥碑记16方，年代从明天启三年（1459年），到清光绪十二年（1886年）。中亭曾几经兴废，现存建筑为清同治五年（1866年）重建。

安平桥东尽头耸立着一座白塔，名曰"瑞光塔"，建于宋绍兴年间（1131—1162年），是一座砖木结构的五层楼阁式砖塔，塔高22米，外呈六角形，塔身涂抹石灰，内部空心。砖塔边有一座观音堂，平日里香火不绝。瑞光塔下，安平桥静卧海湾，伴着落日霞光，构成了一幅壮丽的图景。

安平桥不仅表现了我国古代桥梁建筑和工程技术的水平，而且反映了宋元时期闽南沿海地区社会经济繁荣的情况。鉴于安平桥历史悠久，工程巨大，技术高超，国务院于1961年将它列入全国重点文物保护单位。1963年福建省人民委员会在桥两端各立一碑云："安平桥始建于宋绍兴八年

安平桥

（1138年），历时十四年告成。全长2070米，俗称五里桥，有'天下无桥长此桥'之称。"

安平桥建成后，虽然牢固平稳，坦荡如砥，但由于年代久远，加之安海湾海滩泥沙淤积，海岸线不断前移，使之从水上桥变成陆上桥。桥墩大多残破倾斜，桥板不少断裂，到了20世纪30年代，桥两侧的石栏杆已全部消失。后来还曾两次面临被拆的险境，所幸在文化部门的努力下得以保全。

20世纪80年代初，国家百废待兴之际，特地拨出专款，对安平桥进行了历史上最大规模的重修改造，除恢复原来的建筑面貌外，还于安平桥两侧挖沙灌水，使它重新变成湖，以供游客乘船游览古桥胜景。四周建起了绿地公园，海湾下游还修筑了一条公路沟通晋南，以避免车马在桥上驰驱损坏石桥。经过重修、加固，全桥的桥墩、桥板、栏杆、桥亭、人工河、隘门及晋南公路全部顺利竣工，安平桥得以重新恢复"旧貌"，焕发出青春活力。

通过重修改造后，虽然经过多次重修，安平桥仍保存着宋代建筑风格，对研究我国古代桥梁建筑史和桥梁工程技术，具有重要的参考价值。人们来到这里，总要漫步观赏，为这座长虹般的大桥和兴建大桥的劳动者击节赞叹！

水国安澜

宋绍兴二十一年（1151年），当安平桥建成后，主持建桥的泉州郡守赵令衿兴致勃勃地赋诗一首，题为《咏安平五里桥》：

为问安平道，驱车夜已分。
人家无犬吠，门巷有炉熏。
月照新耕地，山收不断云。
梅花迎我笑，为报小东君。

明代石碑"安平桥"

  这首诗写出了作者完成修桥宏愿之后的欣慰心情。安平道系晋江安海的古称,"小东君"则是司春之神。作者还有一首《咏安平桥》的长诗,对安平桥做了全景式描绘,如"玉梁千尺天投虹,直槛横栏翔虚空。马舆安行商旅通,千秋控带海若宫",将安平桥的险峻和促进商旅的作用描写得淋漓尽致,让人一目了然。

  安平桥与安平东桥都建于南宋,以"双桥跨海"的景观成为安平八景之一。明代南京工部右侍郎何乔远在《秋日安平八咏(其四)》中写道:"西桥五里海门遥,小阁观音压岸腰。陡见莲花清宿淤,拍天白雪是秋潮。"描写的是秋日里的安平桥风光。海风吹来,安平桥下如雪的浪花翻腾,那景色确实壮观。

  传说明代泉州文人陈紫峰,有一天和好友史笋江、曾渐溪、黄凯同游于安平桥上，突然下起雨来，而他们游兴正浓。史笋江便出了一个对，上联云："暴雨骤倾万斛珍珠浮水面。"黄凯不假思索，立即对曰："长虹高挂一条金带束天腰"，堪称绝对，一时传为佳话。

安平桥也是一座书法艺术的宝库。安平桥西端的桥头堡——听潮楼，镌刻着孙垣题写的楼名"听潮楼"三个大字，字径达30厘米，用笔饱满，气势开张，深得颜鲁公神韵。古时候，这里水流湍急，海水汹涌，涛声阵阵，文人骚客喜欢在此观潮。海潮汹涌，人潮涌动，心潮澎湃，实乃人与天地的对话，听潮楼由此得名。

听潮楼的辕门上，镌刻着"水国安澜"四字，系清嘉庆戊辰年（1808年）南安知县盛本所书，字径35厘米，刚健挺拔。意为安平桥建成之后，这一带海湾从此便安然无恙。据盛本是浙江慈溪人，乾隆五十四年进士，工书法，遗墨流传，人皆宝之。光绪《慈溪县志》称其"工隶草，尤善擘窠书"。

听潮楼旁竖立着三块石碑，其中一块仅存一"桥"字，这是南宋绍兴年间南安县尉陈大方的碑题，"安平桥"三字字径二尺，篆书，搭配匀整，气象峻峭。旁款一行，正书云"右迪功郎南安县尉陈大方立"。陈大方系绍兴八年进士，绍兴末任南安县尉。后人据此残碑补全，立于其旁，但补的字采用现代电脑体，终究没了那种高古的气象。

还有一块明代石碑，上刻"安平桥"三字，系明万历进士、官至大学士的闽南书法家张瑞图所撰。这两块石刻均是修桥时发掘出土的。

而在安平桥中亭，则竖立着十几方历代修桥的碑刻。现存最早的石碑是明代天顺三年（1459年）的《重修安平桥记》，距今已有500多年的历史。碑高188厘米，宽60厘米，额题篆书，碑文下半部分已漶漫不清，后人根据资料用红漆补写。

这些石碑，包括明万历庚子年（1600年）、明崇祯十一年（1638年）、清雍正五年（1727年）以及清乾隆、嘉庆、道光、咸丰、光绪年间所立诸碑，分别从工程技术、人文艺术、文物考古等方面反映了安平桥建造的情况，具有重要的史料价值，堪称宋元时期泉州海上丝绸之路的重要遗迹。

漫步安平桥，海风拂面，波光荡漾，自是心旷神怡，耳畔仿佛传来历代文人墨客的吟诵声："玉梁千尺天投虹，直槛横栏翔虚空"（赵令衿）；"闲步石梁看远潮，水晶境界绝尘飘"（陈汉民）；"潮落潮生皆逆旅，石亡石在等微尘"（黄伯善）；"五里长桥横断浦。不度返乡，只度离乡去。剩得山花怜少妇，上来椎髻围如故"（廖仲恺）。历代诗人用自己的生花妙笔描绘了这座跨海大桥的雄伟壮观，也写出了羁旅人家的乡愁。

过了东憩亭，很快就能看到望高楼。楼西侧的"寰海境清"及东侧的"金汤永固"题刻，书写了一段回肠荡气的抗倭史诗，把人们的思绪带回到历史深处。

从望高楼至白塔（瑞光塔）依旧是陆上桥，桥旁的澄渟院是弘一法师生前来过的地方。当年他使用的房屋仍保留着原貌。岁月蹉跎，斯人不在，空留书屋伴长桥。

望高楼

800多年过去了，其间风风雨雨，沧海桑田。20世纪50年代安海围垦了"解放埭"，种植番薯、甘蔗等农作物。水头镇在"围海造田"运动中，也围垦了"林柄埭"，形成水田数千亩。1962年11月，著名文学家、历史学家郭沫若前往石井瞻仰民族英雄郑成功故居，途经五里桥时曾赋一诗云：

> 五里桥成陆上桥，郑藩旧邸纵全消。
> 英雄气魄垂千古，劳动精神漾九霄。
> 不信君谟真解醋，爱看明严偶题糕。
> 复台诗意谁能识，开辟荆榛第一条。

当年的五里桥，除西姑港和中亭两段外，大多已成为陆上桥。郭沫若从安海白塔步行出发，走了不久就遇到雨，只好又返回。所以他当年看到的是沧海桑田的"陆上桥"，而非今日横卧在碧波荡漾海湾上的五里桥。

安平桥是安海港兴盛的历史见证，也是泉州海上丝绸之路港口城市的重要载体。远远望去，安平桥像飞虹一样，横架在水头镇与安海镇之间的海湾上，一端连着晋江，一端连着南安；又像一条漂泊的大船，运送着来来往往的商旅，驶向海丝的远方。到过这里的人，无不被这座千年古桥之美所醉倒，发出诗意般的感慨：桥美如画，画美如诗，诗意如水。

海湾深处，芦苇飘荡，白鹭飞翔，围绕着这座历史悠久的古桥所发生的故事，至今仍让人津津乐道。五里桥创造了三个世界第一：一是世界最长的石桥，全长2255米；二是世界石料用量最大的石桥；三是世界上唯一因水势不同而采用三种桥墩的古桥。直到1905年，平汉铁路郑州黄河大桥（桥长3015米）建成通车，安平桥的长度记录才被正式打破。

如今，历经800多年岁月沧桑和风雨洗礼的五里桥，愈加庄重大气，愈加古朴典雅。它是泉州港"涨海声中万国商"繁华图景的见证者，也是闽南人伟大智慧和创新力量的"代言人"。

顺济桥遗址

世遗名片：顺济桥位于泉州古城区南门外，始建于南宋时期，是古代横跨晋江两岸最长的一座石桥，也是进出入泉州南部商业区的主要通道。顺济桥以临近顺济庙（天后宫）而得名，它伴随着泉州海洋贸易的发展而建设，不仅完善了泉州的水陆转运系统，而且使晋江南岸广大地区与泉州城区紧密联系在一起。

顺济桥遗址一角

清溪共订暮云期，万里霜天映酒卮。

贾客迎风催棹急，游人待月放舟迟。

星星野火迷村树，隐隐寒潮漾钓丝。

一曲高歌娱永夕，江头何事泣蛟螭。

明代泉州文学家黄凤翔在《咏晋江》一诗中，描绘了晋江两岸的秀丽风光。人们从诗中仿佛看到，暮云下的清溪秋色如霜，贾客迎风催棹，游人待月放舟，伴着星星野火、隐隐寒潮，活脱脱一幅江村夜景图。商人与游客的不同心态，月和舟、人和船的悄然互动，都被描绘得惟妙惟肖，让人读来心旷神怡，意犹未尽。诗人笔下的清溪，正是晋江流经泉州南门外的一段溪流，又称浯溪或浯江。横跨浯江之上的那座千年古桥，就是闻名遐迩的顺济桥。

南宋名桥

晋江是泉州的第一大河，也是泉州人民的"母亲河"。它发源于戴云山区，从上源的两大支流、源于永春雪山的东溪（桃溪）和源于安溪桃舟的西溪（蓝溪），到南安丰州双溪口汇为黄龙江，沿金溪、笋江、浯江、溜江、蚶江而下，汇入大海。

清《晋江县志》曰："晋邑之水，以大海为归。而洛阳江绕其左，笋江、浯江、溜江均为晋江者环其前。二江皆趋于海。"也就是说，晋江蜿蜒流经泉州古城时，分为笋江、浯江、溜江，最后与洛阳江汇合流汇入大海。

泉州古城横跨晋江的第一座大桥并不是顺济桥，而是笋江之上的浮桥。北宋皇祐初年（1049年），泉州郡守陆广造舟为梁以渡行人，所以称为"浮桥"。元丰七年（1084年），转运判官谢仲规重修浮桥，并改名"通济桥"。

南宋绍兴三十年（1160年），提刑官陈孝则（浮桥人）和弟弟陈知柔（贺州知州）共同筹划，请枢密院事梁克家（泉州人）协助将浮桥改建为石桥，由僧文会主持建造。工程于当年动工。至乾道五年（1169年）建成，历时近十年。石桥建成后称为"笋江桥"或石笋桥。桥长75.5丈（约235米）、宽1.7丈（5.7米），有桥墩15座，两翼配有扶栏，十分巍峨壮观。

乾道六年（1170年），时任泉州郡守王十朋到此考察，在诗中称赞曰："刺桐为城石为笋，万鏊西来流不尽。……世无刚者桥岂成？名与万安同不泯。"每年中秋之夜，游人乘舟到江中，就能看到清源山、紫帽山相连在一起的倒影；而笋江桥下，16个桥孔倒映着一轮皓月，恍若"春江花月

2006年7月23日，顺济桥因年久失修倒塌

夜"，令人如痴如醉。"笋江月色"因此成为泉州"八大名景"之一。

笋江桥建成后，成为古城区通往西南方向山区腹地的交通要道，但位于笋江下游的浯江"尚需舟渡"，每到下雨天，江水便会暴涨，波涛汹涌，以致无法通行。只是浯江江面比笋江宽许多，要在此建桥又谈何容易。直到南宋嘉定四年（1211年），邹应龙出任泉州知州后，才广募资金，并主持建造了顺济桥。

邹应龙（1173—1245年），字景初，南宋庆元二年（1196年）状元及第，声名鹊起，从此开启仕途，初授秘书郎、知南安军、权礼部侍郎、给事中等职。嘉定二年（1209年），地方旱、蝗灾害严重，百姓饥寒交迫，犯上作乱。皇上诏群臣进言，邹应龙力陈必须重振朝纲、廉洁吏治、薄赋宽民、抚集流亡。却因此得罪擅权专政的太师、皇帝宠信的右丞相史弥远，结果被降为"待制宝文阁"，同年底出知泉州。

嘉定三年（1210）初，邹应龙到泉州赴任时，虽然刚刚遭遇宦海风波，但精神上并没有消沉，依然雷厉风行，为地方办了不少实事。当时泉州已是对外通商的大港，不少皇室宗亲也在这里经商，并享有特权。个别宗亲与奸商勾结，凌虐商民，从中渔利，地方官却不敢过问。邹应龙到任后，把个别有恶行的皇室宗子及奸商庄文宝绳之以法，起到杀鸡骇猴的作用，保证了商贸活动的正常开展。而最为人们称道的，是他在泉州大力发展交通，并主持修建了顺济桥。

当时泉州的港口和经济已经赶上广州，并试图超越它。由于商贸发达，古城内外商旅往来不绝，"温陵大邦，甲于闽部，蕃汉杂居"；城市四处可见"朱门华屋，钿车宝马相望"。位于晋江北岸的德济门，是泉州城的南门，也是南北交通往来的重要关口。但晋江南岸商旅及漳、潮等地民众要通过德济门进入泉州城，只能依靠小舟摆渡过江，不仅费时费力，也很不安全。

邹应龙到任后发现了这个问题，经过实地考察，他决心在德济门外建一座通往晋江南岸的跨江石桥。为了解决造桥所需资金，邹应龙沿用修城墙时利用"贾胡簿录之资"的经验，积极动员番商捐助公益。居泉番商果然没有让他失望，再次慷慨解囊。番商踊跃捐献的资金加上修建泉州城墙时的剩余资金，邹应龙顺利解决了顺济桥建造资金的燃眉之急。

资金到位后，他迅即组织工匠，抓紧时机开工建设。为确保大桥的顺利建设，他充分吸取洛阳桥的建设经验，采用"筏形基础"和"船形桥墩"。不仅在"维桥之前，累石为堡，以临重渊"，采用全河床抛填块石和条石；而且根据上下游水流湍急的水文实际，采用双尖船形墩，其尖端上下均为月牙形，以利于上游山洪下泄和下游涨潮的江水分流，分散湍急水流对桥墩的压力。同时以重量十足的石梁板覆盖在桥墩上，以保证桥身的稳固。

在邹应龙的大力支持和亲力亲为下，筑桥工匠快马加鞭，仅用不到一年时间就将这座大型梁式石板桥顺利建成。因靠近顺济宫（天后宫），被命名为"顺济桥"；又因它在笋江桥（浮桥）之后建造，因此百姓习惯称之为"新桥"，浯江的这一段江面也被称为"新桥溪"。

横跨浯江的顺济桥，全长151丈（498米），宽1.4丈（4.6米），桥墩31个。

顺济桥遗址鸟瞰

桥体为"东北—西南"走向，东侧桥头指向德济门的方位。桥上有石栏杆、塔幢，桥头有威武的石将军，桥中石刻"顺济桥"三字。中外商船泊于南关港，首先看见的就是顺济宫和顺济桥这两座宏伟的建筑，"顺济""妈祖"之名也随之四海传扬。

作为泉州古城第二座横跨晋江的梁式石桥，顺济桥并非南北贯通直达泉州古城，其桥北终于草洲岛（俗称菜洲），这从《明·泉州府志泉郡总图》可以看出。草洲岛与古城有笋浯溪（俗称破腹沟）相隔，故古时桥北设木梁吊桥，有舟通行或有警即吊起。桥北桥南筑有桥头堡，置戟门，昼开，夜有警闭，而桥南桥头堡勒"雄镇天南"四个大字，今皆不存。

由此可见，顺济桥建成后，笋江上游自永春而下的山货船仍可顺流而下，沿笋浯溪经吊桥直达南关港，而南关港海舶派舟亦是沿此路线进入水关到市舶司报关。这种状况一直延续至清末，嘉庆廿五年（1820年），该吊桥尚有补造记录。换言之，顺济桥经吊桥再入泉州城南，至少保持了600多年。

一桥飞架南北，两岸变通途。顺济桥建成后，不仅成为泉州古城与晋江南岸的陆运节点，而且成为古代泉州通往晋江、南安、同安及漳州、潮州的重要通道，有力地推动了泉州海洋贸易的发展。

作为城市商业性城区对外衔接的交通枢纽，它完善了泉州的水陆转运系统，同时为泉州地区古桥梁建设积累了丰富的经验，并开创了地方政府与居泉番商密切合作、集资建桥的崭新模式。

清乾隆二十四年（1759），时任泉州知府怀荫布在多次增石修桥后，盛赞邹应龙的建桥之功："浯江横贯二里许，桃源、武荣诸山流由此入海。霖雨暴涨，巨浪拍天……自斯桥成，而肩摩踵接，直蹑风涛于足下，而恬然不知，厥功伟矣！"

在泉州任内，邹应龙不仅主持建造顺济桥，加固城池，而且兴学古文，在文庙内建六经阁，在安海镇建"石井书院"，成为泉州各县建院最早、规模最大、设备最完善的书院，对晋江乃至泉州文风的兴盛产生了积极的影响。清道光《晋江县志》记载："（应龙）嘉定三年守泉州。修举废坠，兴学古文。郡城故卑薄，应龙以贾胡簿录之资，请于朝而大修之，城始固。又即明伦、议道堂间建六经阁。"

嘉定五年（1212年），邹应龙以祖母去世为由"乞祠"（即自请退职），后来官至参知政事（即副宰相）。这位"为官一任，造福一方"的历史人物，为人方正刚直、不避权贵，在泉州地方史上留下了良好的口碑，深受老百姓的爱戴。

海国冲衢

自唐代开始，伴随着晋江北岸泥沙的自然淤积，泉州城区逐步向东发展。从北宋至南宋，古城区日趋兴盛，清净寺、顺济庙（天后宫）相继落成，市舶司也在泉州设置，古城南部商业区开始往外拓展。

嘉定四年（1211年），刚刚出任泉州郡守的邹应龙急于建造顺济桥，正是为了满足城市南部商业聚居发展、交通需求旺盛的需要。绍定三年

（1230年），沿江翼城的建设及城市南门的南迁，标志着泉州城市南部商业区已基本确立，顺济桥与德济门、天后宫共同成为泉州城南的重要地标。

在明代，顺济桥也被称为"浯渡桥"（见何乔远《重修浯渡桥记》）。因其建造在笋江下游、浯江之上，"其地下通两粤，上达江浙，实海国之冲衢，江城之险要也"。

作为继上游笋江桥之后建成的第二座跨江大桥，顺济桥把晋江南岸的广大地区与泉州城的陆路交通紧密联系在一起。从此由泉南进城，无论从石湖港至古城区，或从深沪湾、围头湾的港口进城，均可由陆路经顺济桥到达泉州南门，而不必再绕行至晋江上游的笋江桥，使泉州与安海、同安、漳州等地的陆路交通更为便捷，大大方便了晋江南岸各港口与泉州城区之间的往来。

顺济桥所在的南关港，是中外商舶货物云集的繁忙区域，也是商人行香祷告、人员密集往来的重要街区。随着海上丝绸之路的兴盛发达，泉州城内外商旅往来不绝。海外舶商从顺济桥下的码头将丝绸、瓷器等货物装到船上，然后顺江而下，到达晋江出海口的后渚港，将货物转载大海船，扬帆出海。

顺济桥建成后，与洛阳桥、安平桥一起，共同形成宋元时期泉州对外运输的"大通道"。它不仅见证了泉州城市海洋贸易的大发展，也体现出城市商业拓展对交通系统的促进，体现了国家口岸水陆运输网络的逐步完善。

由于运输繁忙，加之屡受台风、暴雨影响，顺济桥出现了各种损坏或毁坏的现象。正如人们所说，"再牢固的建筑，也敌不过时光无休止的咬噬；再牢固的桥梁、通道，也经不起滚动的繁荣不间断地冲激"，因此历代对顺济桥多有修缮。

清康熙年间，施琅平台后不久，发现顺济桥和笋江桥磨损较为严重，于是带头捐银，并募捐主持修建了这两座跨江大桥。清乾隆二十二年（1757年），顺济桥因受台风影响，"七、八、九三坎倾毁殆尽"，时任泉州知府怀荫布"增石筑之";后来"一坎至六坎将近坍塌,十六、十七两坎敧侧",知府王君勋只好"一并拆卸改筑"。

1932年,当地军阀陈国辉将顺济桥的石梁改为四梁式截面钢筋混凝土连续梁桥(全长约500米),不仅汽车可以通行,而且成为福厦公路的主要通道。直到20世纪50年代,顺济桥仍是泉州通往厦门方向的唯一通车桥梁。

1956年中秋恰逢天文大潮,台风正面登陆厦门,并引发了泉州50年一遇的大洪水,顺济桥和浮桥均被冲断。1958年农历五月三十,同样也是受台风和天文大潮影响,顺济桥水位超警戒线2.9米,整座大桥被淹了两天三夜。

从20世纪60年代到90年代,顺济桥进行过多次大修补,将损坏的9孔钢筋混凝土梁改为简支组合梁,即在工字钢梁上浇注钢筋混凝土桥面板;桥墩部分仍保留宋代石桥船型桥墩的基础,桥面也基本保留了民国时期的旧貌;对负载过重的桥梁进行加固、加宽和修缮,以满足福厦公路日益繁忙的交通需要。

进入21世纪初,顺济桥频频告急。先是2006年7月23日,受台风"碧利斯"影响,顺济桥坍塌了3个桥墩;紧接着8月10日晚,顺济桥再次坍塌,桥体面目全非;2010年9月,受台风"凡亚比"影响,顺济桥大面积坍塌,仅存部分桥面和桥墩11个。其中西侧残留6个桥墩及连续桥面,东侧残留4个桥墩及部分桥面,其余桥墩仅在低潮时可露出部分石块。顺济桥彻底变成了断桥,行人和车辆均无法通行。

站在顺济桥头远眺,可以看到断桥残件共分为三段:桥南一侧的桥面尾部倾斜向江水,江中有一个桥墩立着,桥北的断桥则一头扎进江水,一头翘起。"那沉入江中的顺济古桥,只在江的两岸留下数个桥墩,以此印证这里曾有过一座千年古桥,这里曾经车水马龙。时间的淘洗已使顺济古桥成为断桥,但它仍站成一道历史,让人们去追想那些与涛声有关的往事。"一位本地作家望着残缺的断桥,向世人感慨地告白。

顺济桥断桥桥墩

2019年，为了探明古桥遗址的准确情况，国家水下考古中心对顺济桥遗址进行了水下声呐扫描，对顺济桥的残存桥墩及桥台情况也进行了探测。经探测，现存桥长约400米，共有船型桥墩及桥墩遗址约30处。

跨越晋江的顺济桥，在古代曾是泉州城南商业区与晋江南部沟通的重要桥梁。直至它被鉴定为危桥前，仍承担着泉州交通联动的作用，是与泉州人联系最为紧密的一座古桥。有着八百多年历史的顺济桥丧失全部通行功能后，在其上游八十米处建起了顺济新桥。2020年，顺济桥遗址被列入第九批省级文物保护单位。

一段残桥就是一段历史。历经岁月沧桑的顺济桥，以遗址的方式向世人展示其作为交通要道的辉煌历史。

古桥古渡

位于晋江下游、顺济桥下的富美渡，是古代泉州海外交通的重要渡头之一，也是连接内地与海外的商贸货物集散地。站在古渡边，滔滔晋江水迤逦东去，渐行渐远。

宋元时，富美古渡十分繁盛。这里港区水深，水面辽阔，沿岸的富美和车桥、厂口、后山、新街、土地后等码头一字型排开，长达一里多，可供船舶靠泊卸货，是中外商船停泊、装卸货物、补充物资以及开展贸易最为集中的地方。停靠富美码头的商船，主要以杂货和水产品为主。当时管卸货叫"上水"，装货叫"下水"。

古渡头的桩基通常都是用木桩打在江里，然后铺上松木板、填入大石块，最后再用石板铺就。古渡东侧有一条壕沟，约5米宽，早年可乘小船直达德济门。与富美古渡相邻的聚宝街，是海外商贾的聚集地，以销售珠宝、翡翠为主，店铺鳞次栉比，行人摩肩接踵，十分热闹。位于车桥头的"来远驿"更是远近闻名。直至清代及民国时期，这片区域仍是泉州商贸和金融活动的中心地带。

作为晋江沿岸的渡口，包括富美古渡以及美山古渡、江口古渡等，都是江边渡口。由于江水的水位伴随海水的潮汐而起落，每当涨潮时，江水处于高位，各种船舶靠岸装卸货物，渡口就显得特别繁忙；而当落潮时，江水处于低位，此时船舶较难靠岸停泊，码头也变得比较清闲。

宋元时代的刺桐港世界闻名，富美古渡地处泉州城南门外，远洋大帆船可以直泊江边码头，属于泉州最为繁荣的港区和商业区。因此《泉州府志》有"一城要地，莫盛于南关"的说法。泉州市舶司在城南设立近400年，管理着泉州诸港的海外贸易及有关事务；富美境竹树港还有清政府建立的海关署等，均是富美古渡及所在南关区域繁荣的见证。

在浯江沿岸众多古渡口中，富美渡口是迄今保存最为完好的古渡口之一。在富美宫通往江滨路的出口，一块饱经风雨的石碑记录了这里过往的历史。虽然泉州的经济重心早已转移，古渡已变得日形萧条，但它见证了昔日泉州的一段风华，令人难以忘怀。明清时期的一些诗歌作品中也留下了当年的悠悠往事。如明代诗人黄克缵的《咏晋江》一诗：

  城枕三峰百蝶开，苍溪数曲绕楼台。
  江闲箫鼓游人少，天外帆樯估客来。
  洲渚遥分平野绿，石桥横障晚潮回。
  舍舟扶杖登高处，万里熏风亦快哉。

  诗中的"三峰"指清源山三峰鼎峙；估客即商贩，指外国商人；熏风指东南风、和风，出自东汉高诱《吕氏春秋注》："巽气所生，一曰清明风。""石桥横障晚潮回"描写了顺济桥横跨浯江、晚潮拍岸的动人场景，而"天外帆樯估客来"一句，则是刺桐港帆樯林立、商贸繁盛的真实写照。

  明代晋江诗人庄一俊也有一首描绘晋江秋色和顺济桥秋景的七言诗，不仅极富画面感，而且带着些淡淡的忧思和感伤。

  江树离离若可齐，江门之水下浯溪。
  诸峰返照潮声远，万户沧洲烟火低。
  来听渔歌鸥泛泛，去随秋色草萋萋。
  道人那得伤心恨，一任西山送日西。

  诗人笔下的浯溪，就是浯江的别称，系晋江下游流经泉州德济门外的一段江面，故有"江门之水下浯溪"之说。诗中的"诸峰返照潮声远，万户沧洲烟火低"，把依山傍海、人烟稠密、商贸繁盛的泉州城描绘得如诗如画，令人怦然心动。

  在长诗《晋江歌》中，庄一俊更是借滔滔晋水，历数泉州千年发展轨迹和诸多历史名人。他在诗中写道："晋人避乱来江水，今人遨游江水湄"，因此他大发思古之幽情，既感叹"时代凄凉数百载，风流往事怀悲辛"，又自诩"风尘数子才非一,览古怀贤泪沾臆"。对明代泉州四大理学名家及他们的代表性著作,他给予了很高的评价,同时又为自己的"怀才不遇"而抱屈。他寄望"四贤瘄寐岂后时,百代风骚我得之",祈愿"虚斋千古不磨灭,江水东流无尽期,青天白日空三益,衰草断桥歌五噫。"豪情壮志与落寞失意交织在一起,令人不胜唏嘘。

明代文学家黄凤翔也有两首咏晋江的七言诗。其一是:"棹歌泛泛向沧洲,夹岸松阴为少留。看竹芳园还问主,怀人雪夜独回舟。风摇细缆天新雨,潮涌空江月欲流。渔父矶头垂钓罢,可能从我五湖游?"其二是:"桥门欲听新莺啼,正是潮来春水西。春水渺茫不可渡,新莺未啭使人迷。千峰雨过南山下,万壑云生北陇低。借问星河何处是,高楼独坐订诗题。"

黄凤翔(1538—1614年),字鸣周,别号田亭山人,泉州城内会通巷人。明隆庆二年(1568年)戊戌科进士第二名,钦点榜眼。曾参与编修《明世宗实录》及主持会试,官至国子监祭酒、礼部尚书。为人平易忠厚,为文深淳尔雅,为故乡名胜写了不少碑记和题咏,还主持编纂了万历《泉州府志》。

人们说,顺济古桥就像一架古琴横跨晋江两岸,一座座桥墩如同一个个琴键。那急湍而过的江水抚弄着桥墩,击发出一阵阵或急促或轻缓的音律。涛声回响在江的两岸,与晚风合奏出一曲悦耳动听的旋律。

顺济桥中段原有"三友石",即由三块巨石板纹成的"岁寒三友"(松、竹、梅)图案,十分逼真;桥尾也有由两块长4丈余的石板抱合而成的"夫妻石",相传男女在此相遇,其运必亨。诗人曾道在《桐阴旧迹诗纪》中,分别描绘了这两块奇石的形象:"梅白松苍竹有筠,天然墨渍露精神。春风江上图如绘,秋水桥头画迫真。"(《三友图》)诗中三友石的精神气韵跃然纸上;"缀骈两石判阴阳,一线痕牵册尺长。日月不渝盟带砺,雌雄作配俨鸳鸯。"(《夫妻石》)诗中把夫妻石与鸳鸯类比,让人对"日月不渝"的海誓山盟肃然起敬,心悦诚服。可惜这两块奇石在1932年顺济桥改建时均已被毁。

在富美渡头附近、担水巷末端，有一座远近闻名的庙宇，名为富美宫。它始建于明正德年间（1506—1521年），主祀西汉名臣萧太傅，配祀文武尊王及王爷二十四尊，清光绪辛巳年（1881年）移建于万寿路现址。富美宫供奉的萧太傅，俗称萧阿爷、白鬃公，原为属地保护神，后逐步发展成为泉州唯一的"王爷行宫"，香火十分兴盛。

现存庙宇为清代建筑，庙中檐椽斗拱雕刻精美。后殿柱子上有两副对联，分别是："麟阁将相光社稷，汉室忠魂壮乾坤"；"富有经术名重环宇，美德善政祀享千秋"。它和富美宫殿内外的木雕、石雕一样，多取材民间流传的忠孝故事，均十分精美。

泉州民间王爷崇拜由来已久，富美宫被称为"泉郡王爷庙总摄司"，分灵遍及我国闽南、台湾地区以及东南亚，其中仅我国台湾地区就多达2000余处。泉郡富美宫是台湾萧太傅信众信仰的祖庙，深深扎根于广大台胞的心中，每年到泉州进香的台湾宗教团体络绎不绝，富美宫也成了泉台文化交流的一条重要纽带。

广泛流传于我国闽南地区和马来西亚沿海地区的"送王船"，是一项禳灾祈安的民俗活动，而泉郡富美宫正是"送王船"的重要传播源头，历来被誉为闽南和台湾的"王爷总馆"。

泉州"送王船"的历史不仅十分悠久，而且规模和影响也闻名于世。据清乾隆《泉州府志》记载："是月（指农历五月）无定日，里社禳灾，先日延道设醮。至期以纸为大舟及五方瘟神，凡百器皆备，陈鼓乐、仪仗、百戏，送水次焚之。"民间仿民用船制作"王船"，因装饰华丽，又称为"彩船"。王船一般长6米至10余米，能承重几百担，在正常气候下，具备远程漂航的能力。

古代外出经商、航海者普遍企求平安发财，为避免人船之灾，常有放小舟、彩船之举。明末清初，伴随泉州先民携带富美宫香火移居台湾和海外谋生,以及商贸活动祭祀王爷中"送王船",王爷信仰文化也传播到台湾和东南亚各地。

泉郡富美宫所造的"王爷船"长二三丈、载重二三百担,从富美渡头下水,先由佩带符箓的水手启航,顺晋江下游驶出海口后就近停泊,水手一边焚烧佩带的符箓一边祷告,接着张帆起锚,水手上岸后,"王爷船"随风逐浪漂向大海。近几年来,台湾王爷信仰宫庙来泉郡富美宫谒祖进香、交流文化的就达462座。

"为恶到时终有罚,秉诚处世总无忧。"泉郡富美宫的这副对联格外引人注目。可以看出,城南的民间信仰与海外贸易生活息息相关。正是千百年来泉州经济、文化、技术等各方面拥有的优越条件,为泉郡富美宫对闽台乃至东南亚国家的王爷信仰、送王船习俗产生了深远的影响。

时光赋予了顺济桥和富美古渡以独特的风韵,人们何时才能伴随顺济桥头的涛声,在富美古渡重新领略"涨海声中万国商"的景象,在聚宝街头重温"市井十洲人"的繁荣呢?

江口码头

世遗名片：江口码头位于泉州古城东南的晋江北岸，是连接古城的水陆转运节点，与真武庙同为泉州城郊的重要内港"法石港"的遗存，反映了内港码头的功能构成和使用方式。它与石湖码头、六胜塔、万寿塔等共同体现了宋元泉州由内港码头、外港码头、航标塔等共同构成的河海运输网络。

江口码头一角

宋元时期，泉州港是"梯航万国"的东方巨港。往来于泉州港的众多中外船舶中，有不少溯晋江而上，抵达泉州城郊的重要内港法石港，在涨海声中装卸吞吐、通商贸易。

江口码头（含文兴码头、美山码头）位于泉州市丰泽区法石社区，距泉州15里，是沿江的集群商业码头之一，处在江海交汇处的咽喉地带，内航可直达晋江内河，为宋元泉州港鼎盛时期泉州城区与港区水陆转运的枢纽。

文兴码头

文兴码头地处晋江入海口，枕山潄海，背靠万岁山、宝觉山、桃花山，南临滔滔晋水，南北岸相距约1000米左右，为泉州城区通往后渚港必经的水陆交通要道。

文兴码头始建于南宋，是泉州沿江的集群商业码头之一。码头呈南北走向，从江岸自上而下延伸到江面，为花岗岩石构斜坡阶梯的驳岸码头，以错缝形式为主砌筑。现存部分长34米、宽3.5米。码头基础以松木桩加固，在铺筑方式上与后渚港发现的古码头一样，采用"睡木沉基法"，即以瓦砾上铺松木为基础，然后再垒砌条石。码头沿用至近现代，已部分沉陷于江中，尚可见残长近20米，迭砌不太规整，但基本保持历史风貌。

文兴码头属于宋至清代古建筑的遗存，占地面积约400平方米。经考古发掘现存的宋至清代的基础、石墩台、泊位、驳岸、建筑遗址及其出土文物等，都反映出文兴码头历史悠久、规模浩大，在古代海外贸易中发挥过重要的作用。

渡头右侧现存宋代宝箧印经塔一座，是古渡的镇风塔，也是进出泉州湾内港的航标之一。这种塔由五代时期的吴越国王钱俶于956年创建，因其形似宝箧，内藏印经，故名宝箧印经塔。该塔塔身为花岗岩，共七层。底层四面各阴刻一字，由右至左顺读为"佛、法、僧、宝"，第二、三层石刻为佛像；四、五、六层构件已沉入江中，仅存塔顶石构件。

该塔为宋代遗物，颇具特色，残存二段花岗岩石刻，因年代久远，风化剥蚀严重，局部尚有残损，表面呈黄褐色，每层塔身石构件均是方形，系分别雕凿后再行衔接的。上段边长0.68米、高0.65米，四面各有一尊半浮雕的半身佛像；下段边长0.70米、高0.49米。

石塔于"文革"时期被推倒。20世纪后期，一村民游泳踩到大石，打捞上岸后发现就是被推倒的石塔构件，现塔身上部。而塔身下部"佛法僧宝"构件则在文兴码头附近村民拆迁搬家时发现。于是石塔被重新拼砌立

文兴码头宝箧印经塔

于文兴渡。石塔身和须弥座仰上枭为原构件,其余均为新建。

20世纪五六十年代,因晋江上游金溪水闸的建成,晋江两岸的沙滩被淤泥所代替,河床也增高。随着江心中芸洲的开垦,文兴码头成为晋江及中芸洲两岸交通的渡口,至九十年代初才彻底废弃。

距文兴码头江边100米处,在20世纪80年代曾发掘出一艘宋代商木船残骸,因残骸压在民居下,只好复填地下。在码头背后约40米处有两座宫庙,一是奉祀水神的"王爷宫",一是奉祀保生大帝的文兴宫。"法到精深一丝能过胍,石经锻炼九转可成丹",镌刻在文兴宫石柱上的这副藏头联,不仅书法苍劲、严谨、流畅,而且富含哲理,表现出对保生大帝的崇敬之情。

文兴宫附近民居密集,其中有一座面阔三开间一进深的红砖蚵壳墙体民居,蚵壳片片相砌,状如鱼鳞,美观大方。白色蚵壳墙体配以花岗岩石墙基，墙上窗户以红砖为框，红白相间，鲜艳夺目，保存了古代泉州传统的"出砖入石"、红白相间的建筑特色。从实用价值看，炎夏可以隔热，寒冬又可起保暖，不渗水、不腐蚀，是当地民众"靠海吃海""收旧利废"创造的富有闽南特色的建筑景观。文兴宫左侧还有一座清代砖石木混合建筑的二层楼房，楼上梳妆亭保存完好，颇具特色。

文兴码头周边文物古迹众多，如惠安白崎回族祖祠（清真教堂）、清代历署四川总督黄宗汉祖祠以及烟墩山的烽火台，1979年出土的西班牙查理二世银币。此外还发现了唐至清代的近百种铜钱币。

码头周边民众奉祀各种海上保护神，如真武帝、妈祖、王爷、保生大帝等，说明该码头在海外贸易繁荣时期敬奉海神保护的多元化信仰。明至清代，文兴宫独具特色的送王爷船去台湾的习俗，见证了泉台之间文缘相承的关系。文兴码头为泉州古港建筑研究提供了实物依据，体现出深厚的历史文化内涵。

1991年联合国教科文组织"海上丝绸之路"考察团到泉州，专门到法石文兴码头实地考察，对这里保存完好的文物古迹及其历史价值给予高度评价，让文兴码头声名远扬。

文兴古渡历代均有修缮，2002年起市、区政府拨款对码头全面修缮，并对周边环境进行整治，已建的码头广场面积达1000平方米。码头广场为文兴古码头的配套建筑，与王爷宫、真武庙、文兴宫协调相衬。

美山码头

美山古码头位于法石社区美山自然村，与文兴码头相距约1100米，处于下游。它是古代泉州港的集群商业码头之一，也是泉州古城区与后渚港区水陆交通的枢纽。

美山码头始建于宋代，临江处筑就石构墩台，以"一丁一顺"的方法交替叠砌，现存部分长约30米，宽约20米，墩台东西两侧各附有一条南北走向的石构斜坡式道路，向南延伸至江中。墩台的边坡较陡，台基由下而

美山天妃宫

上渐次内收，外侧壁面呈斜状，以便于高潮位时大船深水停泊。由于江底为软基，码头基础的底层均采用"睡木沉基"法以松木桩夯成。

美山渡码头系宋至清代的古建筑。渡头离水面约4至5米，为花岗岩筑砌。上层约1米左右为近代筑砌，下面为旧有的石构筑砌，曾经历宋至清不同时期的数次叠压。石构多作丁顺砌法，临水面有多处崩塌。该渡头水位较深，是法石村古代重要的码头之一。

美山码头北侧有清初设立的"课税口"（即海关报税口）遗址，附近还设有河泊所及清代的文馆、武馆，现均已废，对于研究古海关的规制以及古渡的历史人文具有一定参考价值。

美山码头北侧有一座祭祀海神的庙宇——美山天妃宫，建于明永乐年间（1403—1424年），已有近600年历史，至今仍是当地民众的宗教信仰中心，香火鼎盛。

美山天妃宫前身为妈祖庙，专祀海神妈祖。据史料记载，南宋淳熙十三年（1186年）建法石寨，因寨前连着后渚港，紧厄晋江要冲，是海内外商船必靠的码头，一时间商铺鳞次栉比。为了就近拜祭妈祖、祈求船舶出海平安的需要，便在美山建起了妈祖庙，但规模不大。明正德年间曾作为广东高州一带商人从海上贩运入泉的聚居地——高州会馆。

明永乐五年（1407年），郑和第二次出使西洋途经泉州，派使者往顺济宫拜祭妈祖，奏请"令福建守镇官重表其庙"，借助官方修建宫宇的影响，在原广东高州会馆旧址兴建规模宏大的美山天妃宫，配礼二十四司与千里眼，顺风耳等从祀诸神。

美山天妃宫为明、清建筑风格，坐北朝南，建筑规制中轴线，由照壁、山门、东西廊和大殿（天后殿）、两厢廊等组成一个完整的建筑群（原梳妆楼、观音阁已废）。照墙雕镶"美山福地"四大字，山门三开间，两进深、硬山顶，主体殿堂与两厢间有凉亭、开井。现存建筑占地两千多平方米，是泉州市郊规模较大、保存较为完好的天妃宫。

正中主殿为天后殿，五开间、四进深，宽63米，深83米，硬山顶、占地1652.9平方米，建筑面积300平方米，单檐燕尾歇山式砖木结构，与角亭共用40根石柱斗拱连接，甚为壮观。前廊东西两侧各建一亭，成为"虎头亭"，颇为壮观。后殿有一株500多年的古榕。殿中有一副楹联"美仑新奂神能佑善，山庙垂光海不扬波"，让人顿生景仰之心。

元至正五年（1345年），伊本·白图泰提到"余见港中，有大船百余，小船则不可胜数矣"，描写的正是这一带江面的盛况。20世纪50至80年代，在此陆续发现12—15世纪的造船遗址、船骸、石碇等及数座伊斯兰教石墓。其中法石港宋船（未发掘）是继泉州湾后渚港海船出土之后的又一宋代海船重大发现。

2006年5月，美山码头与文兴码头、真武庙及石狮六胜塔、姑嫂塔、石湖码头合并为"泉州港古建筑"，经国务院公布为第六批全国重点文物保护单位。

法石古港

法石古港早在宋元时期就是一个集商贸、文化和军事为一体的港口。在地理位置上，它与泉州城区只有数里之遥，水陆交通便捷。当年商贾云集，帆樯如林；百货山积，人声鼎沸，成为海上货物的运转中心。

作为泉州三湾十二港之一，法石港因扼晋江入海口，踞泉州地理之要，枕山倚海，海岸线长达1.5千米，水域宽、航道深，是一个著名的天然良港。既可避风，又有可供进行装卸货物的码头，是外来泉郡商舶的必经或驻泊之地，也是商船远航的起始港。宋元时期许多番船商队在此聚集泊碇，航运、造船业相当发达。如今依然留下众多海商遗物和海外交通史迹，让人怀想它昔日的辉煌和繁华。

宋元两代，泉州是中国沿海最重要的造船基地之一。法石拥有造船必备的码头和船坞，如圣殿、厂口、文兴、长春、美山码头和乌墨山澳、鸡母澳，均是当时造船和修船的重要场所；如今仍有地名沿称造船巷、打帆巷等。

1292年意大利旅行家马可·波罗奉忽必烈之命，率领庞大船队护送蒙古公主远嫁波斯合赞大王，所乘十三艘大船曾泊碇该码头补给、放洋，迄今遗址尚存，里人称之为马可巷、马可井，是研究古代海外交通史的重要史迹。

清乾隆四十八年（1783年），众船商在法石所立的《泽被海滨碑记》云："澳有二十四，而法石为要，盖为内通南关，外接大坠，实商渔出入必由之所，亦远近辐辏咸至之区。故部馆、文馆、武馆俱设是处，所以稽查透越，盘察漏税，试重其地也。"并明文要求不得对运载五谷诸货船只"留难阻滞丝毫勒索"，以保持港口繁荣。清同治十一年（1872年）的《重修海印寺记》称："大海航樯，出没其前。"从中亦可窥见法石海事兴盛之一斑。

明清时期，法石人外出泛洋经商贸易的比比皆是。自20世纪70年代以来，法石出土多批明清时期流入中国的西班牙银币，包括1974年在坂头村圣殿宫掘出的148枚西班牙哈桑二世银币，上面刻有"1779"字样；1977年、1979年及1984年在东海粮站仓库等地先后发掘出的数百枚银币。它无疑是法石港航海贸易繁盛的见证，也是对举世瞩目的大帆船贸易历史的很好说明。

法石街（即石头街）肇建于唐宋期间，是拥有一定规模的草市或曰街市，成为远道来泉的中外商人从事商业贸易的经营场所。百姓以渔业、造船、航运、码头搬运、港口作业、农业及手工作坊、商贸谋生。

宋代设法石寨，明代设河泊所。明末，沿海海防形势日益严峻。天启七年（1627年），知府王猷在法石附近的鹧鸪山（晋江入海口突出部）建鹧鸪口城台，崇祯二年（1629年）竣工。清康熙十九年（1680年）祥芝巡检司移设于鹧鸪，改称鹧鸪巡检司。清代至民国时期在法石街美山设报税口（海关）。

海外交通带来了古代波斯、阿拉伯、印度、非洲和东南亚诸种文化，中原文明与海外文化在此交融汇合，形成了异彩纷呈的多元文化现象。1982年出土的宋代商船香料均印证，法石港是800多年前泉州乃至中国最早对外开放交流的古港。

法石为海外舶商提供了理想的生存空间，成为波斯人的侨居地，也是住泉外国侨民最集中的聚居区之一，如宋末元初的阿拉伯巨商蒲寿庚家族就把这里作为经商和居住的地方。这里的地下长眠着阿拉伯人的先贤，云麓花园、西墓园以及四处飘荡的素馨花和茉莉花香，使这里的空气都显得有些与众不同。

法石是一座宗教文化和民俗文化的宝库。世界各大宗教随海舶移植到这里，并与本土的道教、儒教等和平共处、共祀一堂，同享人间烟火，充分体现了法石人兼容并蓄的气度和宽阔的胸怀，形成了独具特色的多元宗教文化。法石古朴淳厚的民俗风情浓郁独特。从法石女的服饰到传统节日

长春妈祖宫

的喜庆习俗，处处映射着法石人多情尚义、热情好客、憧憬幸福生活的美好心灵。

在法石烟墩山发现的新、旧石器时代的器物，改写了法石开发史。宋代法石寺的石雕男性观音、风狮爷、石碑、阿拉伯式石墓盖，明代王用汲墓的石刻，清代礼部右侍郎富鸿基墓道碑，宋代法石寨、烽火台、墩台，还有南宋末帝赵㬎、赵昺驻跸的法石寺、天童寺，都具有较高的历史、文物价值。作为男性生殖器崇拜物的法石石笋更是巧夺天工，弥足珍贵。法石还有独具特色的古民居建筑，包括保存明清建筑风格的闽南传统建筑古大厝以及蚵壳厝和中西合璧的洋楼。众多的历史遗迹向人们展示着法石古港的魅力。

位于法石社区东段的长春妈祖宫，距长埕古码头仅百步之遥，与文兴古码头、美山古码头相毗邻，与海关法石分卡遗址、河泊所遗址、报税口遗址以及美山妈祖宫一起，构成一道独特的"海丝"风景线。

始建于清代的长春妈祖宫，占地面积达1000多平方米，坐北朝南，现存建筑有拜亭、天井、正殿。正殿面阔、进深三间，抬梁式木结构，硬山式屋脊。神龛塑有妈祖雕像，两侧配有"千里眼""顺风耳"雕塑。整座宫庙极具闽南传统建筑规制和布局。

长春妈祖宫地处泉州湾出海口，番舶客航汇聚之地，"海丝"文化内涵极为丰富。据传，长埕村首富陈阿婆拥有十八艘大帆船，庞大船队长年穿梭于沪榕东南沿海一带。同治年间，自福州购得上等福杉三大船，用于重修长春妈祖宫、长埕陈氏宗祠及兴建陈氏民居。至今长春宫内犹存石刻联对"长沐恩波殚心顶礼，春谋匠石独力肩成"及同治丁卯年重修碑记石刻。当地百姓用"大厝砖仔壁，商船十八只"来形容船商的富庶。

闽南著名渔村蟳埔历来为海交要津，港深浪平，往来船舶多停泊于此。村民靠海为生，家家户户皆敬奉海神妈祖。始建于明万历年间、扩建于清顺治年间的顺济宫香火十分旺盛。山门内东墙嵌有一方花岗岩石碑，为顺治十八年（1661年）《钦依泉郡水师都司刘公功德碑记》：

> 鹧鸪去城可十余里，山麓垂环，岛屿朝望，民庐数千户，衣冠文物辈出，为吾泉巨麓要津。比岁民苦于海，守险者又苦于兵，有水师仁将刘公，命汛约束无毫扰民，桑麻种植渔佃咸安焉。公署在涂门，往来贸易从公门入者，关市熙然，皆曰此方有仁将在。故公来澳少而民晏如，民来城多而民复晏如。顺治十七年澳中天妃宫庙倾圮，公来汛捐建，又置义田以祀千春。告成，父老勒诸石，而请序于余，余感公之德，而慕其义，爰乐为之记。

这方石碑表达了乡人对泉镇水师都司刘志盛为政清廉，不许士兵违纪扰民，并献地重建顺济宫的感激之情，故由生员、居士、里老竖碑纪念。

康熙二十四年（1685年），福建水师提督施琅平台全胜而归后，也曾题匾"靖海清光"来宫敬奉，为顺济宫增添了许多光彩。

法石历史文化积淀深厚，名胜古迹星罗棋布，文物瑰宝举世瞩目。1991年联合国教科文组织"丝路考察团"到法石考察，对这里保存完好的文物古迹和古朴淳厚的民俗风情赞叹不已，给这些不同肤色的考察队队员们留下极其深刻的印象。1994年中东沙特、阿曼等国家驻华使馆的外交官及专家学者来到泉州，特地到法石做客。2002年联合国教科文组织古遗址理事会理事亨利博士也来法石考察，对其历史价值给予高度评价。

法石古港见证了刺桐港的千年沧桑，徜徉在这片神奇的土地上，你能体会到充满地方特色的文化传统，看到东南沿海潮起潮落、风樯云集的绚丽风景。

文兴宫

石湖码头

世遗名片：石湖码头位于泉州湾南侧、石湖半岛西岸，地处晋江出海口，是宋元时期泉州湾的外港码头，也是一座具有悠久历史的古码头。作为体现世界海洋贸易中心运输网络的代表性遗产因素，它成为泉州外港码头的珍稀物证，实证了宋元泉州优良的建港条件，与江口码头共同呈现了刺桐港的水陆转运系统。

林銮古渡

宋元时期，位于泉州湾南面、连江通海的古镇蚶江是刺桐港的门户之一。作为这个门户象征的蚶江林銮渡，迄今已有一千多年的历史。岁月悠悠，当年满载陶瓷、丝绸、茶叶驶出港湾的商船和飘荡着香料芬芳、远航而来的番舶，都早已远去，只留下渡口层层叠叠的石级台阶和裸露的花岗岩巨礁，让人怀想其昔日的辉煌。

林銮古渡

唐王朝是一个国力强盛的王朝，对外实行开放政策。偏居东南一隅的泉州商人抓住对外通商的契机，大力开展海上贸易，使泉州一跃升成为全国四大对外贸易港口之一，与广州、宁波、扬州并驾齐驱。

晋江沿海一带历史上就有不少人以航海为业。据清代晋江人蔡永蒹的《西山杂志》记载，出生于东石海商家族的林銮，继承家族的经商传统，不失时机地扩大海上贸易，获益颇丰。为了满足航运快速发展和船体吨位提高的需求，他决定在石湖西南侧建造一个具有更深航道的码头，并巧妙地利用海岸边的两块天然巨礁来建造码头，世人称之为"林銮渡"。

林銮渡码头建成后，远远望去，如巨鲸般横卧在海岸边。临海的斜坡上凿出许多拴缆孔，以方便船舶停靠和货物装卸。唐开元八年（720年），林銮尝试从泉州直航渤泥（加里曼丹岛北部文莱一带），历经艰辛终于如愿以偿。由于加里曼丹岛出产的香料质优价廉，直航使他可以直接到香料产地采购，不仅利润丰厚，而且带动了沿海地区航运业与对外贸易的发展。正如《西山杂志》所载：林銮"试航至勃泥，往来有利，沿海疍家人俱从之往，引来番舟……晋海舟人竞相率航海"。

林銮的船队航行于勃泥、琉球、三佛齐、占城等地，运去陶瓷、丝绸、铁器、茶叶及手工艺品；运回象牙、犀角、明珠、乳香、玳瑁及樟脑等产品。有些用货币交易，有些则采取以物易物的方式，用彩缎、竹编、陶器等换回楠木、象牙、茴香、犀角、樟脑。由于"蛮人喜彩绣，武陵多女红"，因此以彩缎换香料为多。

林銮引来番舟后，为了引导船舶安全入港，以免被礁石触沉，他又斥资聘请能工巧匠，历时近20年，在东石至围头沿海建造了七座灯塔，包括埔头塔（钟厝）、云峰塔（钱厝）、龙吟塔（石菌）、虎啸塔（塔头）、凤鸣塔（西港）、马嘶塔（石兜）、象立塔（围头），合称为"七星塔"。塔高大约六丈左右，多为五层石砌结构。如矗立于塔头刘村最南端的虎啸塔，就是一座五层方形翘檐石塔，背倚印山，南望沧海，远眺金门，颇为壮观。

北宋元祐年间（1086—1094年），曾担任侍禁的傅琏在这座礁石码头与岸线之间加筑栈桥，世人称之为"通济桥"。实际上是一条长66米、宽2.2米的石堤，用长条石纵横砌筑而成，与原有礁石码头共同组成一个"曲尺状"的栈桥码头，全长113.5米，把码头与沿岸村庄连接了起来。由于石堤采用松木桩加固，因此地基十分稳固。

林銮渡地处晋江出海口南岸，潮水流量较大，航道较深，可以说选址非常科学。渡头装有木吊杆，便于装卸货物。由于海潮或风向的原因，有时大型海舶只能停靠在锚地，通过小型驳船把货物运到林銮渡，由挑夫把货物挑上岸，再分散到各个地方。

随着时间推移，林銮渡成为泉州港水陆转运的重要码头。古渡周边也逐渐形成了"渡尾街"，每次番舶到来，商贾便云集码头，商铺、酒家、客栈、钱庄、布行、陶瓷行、杂货行等应有尽有，每天车水马龙，市场十分繁荣。从事航运与海外贸易成为当地的重要产业和村民的重要经济来源。

林銮古渡是研究泉州海外交通史及"海上丝绸之路"的重要实物资料。至今古渡头尚遗存一方明崇祯十二年（1639年）重立的"通济桥"残碑。根据栈桥基础考古调查，栈桥最下层仍保留着宋代的石质桥基，其上部可见明代和近代对栈桥的多次修补痕迹。

2006年林銮渡作为泉州港古建筑的一部分被列为第六批全国重点文物保护单位。虽然林銮渡的存在确证无疑，但林銮家族的发家史，包括其经商成就、造船规模等是否如《西山杂志》所载，尚需进一步考证核实。

人杰地灵

林銮古渡头矗立着一座精巧古朴的石亭，名为"再借亭"，亭内竖立着一方碑刻，碑高2.4米，宽0.9米。上刻"再借亭"三个大字，出自晋江青阳人、明代大学士张瑞图手笔。两边有小字，记立碑事迹，立碑者为"都指挥黄口阳率哨捕队兵立"。

林銮古渡口鸟瞰

碑文大意是：参宪巡道黄某苙泉，巡视沿海，见晋江沿海一带，鸡犬不惊，流离回集，黎庶安居，海寇不敢来犯，民无徭役之苦。制巨舰出海，货物丰盈，此实曾樱之功。因曾樱要外调，泉州一带兵民竞扳辙挽留。帝恩诏许"再借"。民怀其德，盖亭立碑云云。

曾樱（1581—1651年），江西人，明万历四十四年（1616年）进士，历任工部主事、郎中和常州知府等职。持身廉洁，为政公正，不畏强权。崇祯元年（1628年）迁福建右参政，分巡漳南道（辖汀州、漳州二府）；崇祯四年（1631年）分巡兴泉道（辖兴化、泉州二府），驻扎泉州，负责海防事务。

当时，流散海盗与荷兰殖民者互相勾结，四处袭扰，曾樱建议派时任副总兵、熟悉海盗底细的郑芝龙为先锋，最终击退"红夷"。不久，海上巨盗刘香袭扰广东，两广总督熊文灿欲得郑芝龙为援，福建巡抚却心存疑虑，不同意由郑芝龙领兵出征，支援广东。而曾樱对郑芝龙十分信任，遂以全族百余人的身家性命为他作担保。郑芝龙果然不负所望，英勇善战，剿灭了袭扰泉州湾及台湾海峡的海盗集团。曾樱的保荐之举自然功不可没。

曾樱在泉州海外贸易史上发挥过重要的作用。在任期间，他奏请朝廷开放海禁，允许百姓出海贸易，同时抑制豪强，制止横征暴敛，深得民心。古渡头保存的那方明代崇祯十二年（1639年）重修通济桥的碑刻，就是曾樱开放海禁，招徕外商，使"海舶珍奇"汇集石湖的历史见证。曾樱离任之时，泉州民众向朝廷恳请"再借"他留任泉州，并获批准。后来当地百姓在渡头修建了"再借亭"，以褒扬这位明代清官的政绩和美德。

崇祯后期，曾樱先后任福建按察使、湖广按察使、山东右布政使、右副都御史。隆武帝即位后，任工部尚书兼东阁大学士，后加太子太保、吏部尚书、文渊阁大学士。明亡后，他携家避难于中左所（今厦门），永历八年（1651年）中左所被攻陷后自缢殉国，是一位清正廉洁、忠勤体国的良臣。

再借亭中有一副对联："芰憩留棠芾，鳟鲂乐衮衣。"引用的典故出自《诗经》。芰憩指在茅草屋里休息，棠芾喻指惠政；鳟鲂是两种鱼，泛指招待客人的美味佳肴；衮衣是高官达贵所穿的礼服，代表贵人。对联借《诗经》中怀念召公的颂诗，表达老百姓对这位清官依依不舍的情感，是一处重要的历史文化遗迹。

再借亭旁还有一座始建于南宋、至今已有800多年历史的"英烈侯宫"，供奉着10世纪时因守卫海防、屡败贼寇的闽将"英烈侯"以及被封为"青山王"的张悃。张悃是五代闽国将领，人称张将军。曾奉派驻守泉州惠安，颇有治绩，受到当地民众爱戴，奉之为神明。

南宋建炎年间（1127—1130年），"海寇作，神（指青山王）有阴助功，邑人蔡义可闻于朝，赐庙额诚应"。南宋景炎元年（1276年）皇帝敕封张悃为"灵安尊王"，因曾在惠安青山御寇，又称"青山王""青山公"。

惠安大青山南麓建有青山宫，又名诚应庙、灵安王庙，是闽台各地供奉青山王庙宇的祖庙，各地的青山宫均由山霞青山宫"分灵"而立。与湄洲岛上的天妃宫、漳州龙海的慈济宫并称为"闽中三宫"。"英烈侯"又称"相公爷"，神姓辛，系张悃爱将。石湖"英烈侯宫"至今仍是船员、渔民出海祈福的一处圣地，被石湖村民视为航运保护神。

石湖码头在经历了唐宋时期的辉煌之后，到明朝又迎来了郑和第五次下西洋的荣耀。当时，郑和下西洋的船队曾在这里停靠。传说郑和船队出海时，经过石湖六胜塔附近洋面，突遇狂风，情况危急，郑和遂下令将"镇海神针"投入海中，顿时风波平息。

1981年石湖港水域出土的一支铁锚，似乎证实了村民传说中的郑和"镇海神针"。这支明代四爪铁锚，锚爪残长在80～120厘米之间，口径12～13厘米。锚杆残长268厘米，口径17厘米，总量785.3千克。这支铁锚的形状，与万历十五年（1587年）罗懋登在《三宝太监西洋记通俗演义》中绘制的铁锚插图一样，见证了郑和下西洋船队经停泉州的历史事实。后来这支铁锈斑斑的铁锚，成为泉州海交馆的镇馆藏品之一。至今石湖民众仍将当年郑和船队经过的洋面称为"三宝澳"或"三宝溪"。

石湖今昔

石湖半岛位于泉州湾口中部，地处晋江和洛阳江出海口，三面临海，西侧为半月形海湾，形成天然的避风良港，对内可直达双江，对外扼守泉州湾主航道，地理位置得天独厚。自古以来就是古刺桐港的门户和来往闽台的要道。

据《闽书》记载，石湖古称"日湖"，因旭日从海湾东升而得名。六胜塔建造后，巍巍石塔与美丽海湾交相辉映，遂改称"石湖"。所在村落

林銮古渡口一角

和码头也因"石湖"而得名。

唐宋时期,香料、珠宝成为泉州港最大宗的进口商品,并转运江浙各地,对中国社会生活的各个方面产生了深刻影响。据《宋史》等史书记载,后梁开平二年(908年),王审知派人向后梁王朝大举进贡,贡品有"玳瑁、琉璃、犀象器并珍玩、香药、奇品海味。色类良多,价累千万"。从乾德元年(963年)至太平兴国二年(977年)的14年间,泉州地方长官陈洪进先后向朝廷进贡各种名贵香料17万斤,其中仅977年就进贡乳香7.4万斤。南宋初期,从三佛齐(苏门答腊)转运至广州和泉州的香料数量,甚至成为这两个港口繁荣程度的标志。

林銮渡的建成,使石湖成为远近闻名的商贸埠头。当地民众借助天时地利,广泛参与海外贸易活动。12世纪,随着泉州海外交通的兴盛和作为泉州外港航标塔的万寿塔、六胜塔的相继兴建,石湖码头的航运功能得到更加充分的利用。

石湖由于在地理上扼守海上入泉的咽喉要道,历代为海防要冲之地。

五代时，刺史留从效便在石湖修筑寨城，城墙周长四百丈（约1200米）。北宋熙宁年间（1068—1077年），又建石湖巡检寨，为晋江、南安、惠安、同安"四县陆路总要地"，以保障泉州湾出海口航道的畅通和航运安全。南宋嘉定年间（1217—1219年），真德秀担任泉州太守时，重修寨城，扩建营房，编制也从125人增至225人。后又调拨水军100人，以加强海上巡逻力量。设在石湖的巡检寨不仅是海防据点，同时承担海舶的监管职能。

根据宋代海外贸易管理条例规定，满载香料和珍宝的外国商船进入泉州港之后，要先停靠石湖码头附近海域，由石湖巡检寨或小兜（崇武）巡检寨派员登船核检封仓；然后由差吏随船沿着晋江护送至"都务亭"；泉州市舶司（海关）官员根据规定，检验货物和人员，按照税则征税。完成申报流程之后，才能卸载货物，进入市场交易。

明万历年间石湖置巡检司，时任浯屿水寨把总沈有容（1557—1627年）建议将浯屿水寨徙至石湖，并获批准。沈有容对石湖城址和官署进行了大规模建设，由于军费不足，他只好用自己多年立功的赏金和卖掉旧水寨的材料款来垫付，前后历时一年，终于建成了水寨，使之成为泉州的海防重镇。上控惠安崇武港，下辖金门料罗湾，不仅扼泉漳之咽喉，而且可警卫台湾、澎湖诸岛。

沈有容在紧张的海防军备中，仍不忘邀请各地乡贤名士前来造访，以扩大石湖寨的声势和影响。这批乡贤名士，包括詹仰庇、何乔远、林云程、庄应曙、陈建勋等，在饱览石湖山水之后，也不负所望，为石湖写下了不少传世诗赋。

如林云程在《赠沈士弘将军移镇石湖》一诗中曰："海峤新开名将府，石湖雄踞海东头。峰峦崒崪云中出，岛屿参差水上浮。帷幄筹兵夸霍卫，屯营结阵列貔貅。风波不动平如掌，好赋诗篇饮戍楼。"将石湖一带山峰高耸险峻，岛屿错落散布的景色，立体式地展现在人们面前。庄应曙也在诗中对石湖海防军备情况作了详细描述："雄镇新开俯大江，边头坐啸碧

再借亭

油幢。舳舻虎视奇兵出，剑戟鹰扬杂虏降。名拟云台堪第一，功标铜柱可无双。天朝推毂悬知近，待我重来醉玉缸。"

历经宋、元、明、清四代的石湖码头，是东南亚各国商船进出古刺桐港的重要停泊点和补给基地，亦是泉州对外贸易和海上丝绸之路的前哨，见证了泉州千年海外交通贸易和海防要塞发展的历史。

石湖港口条件十分优越，海底为平岸花岗岩结构，常年不淤。航道低潮位水深14米，高潮位水深36米，大型深水船舶可以进出自如。港道从石湖外屿至北线，滩宽2000米，长7200米，可供万吨级船舶停靠，是良好的深水锚地。

曾经的古渡早已无法满足现代航运的需求，如今在距古渡一千米处，崛起了全国内贸集装箱运输中转枢纽港——石湖新港。它是国家一类口岸，也是泉州湾中心港区，拥有5000吨级、1万吨级、3.5万吨级、5万吨级泊位各一个。

石湖港所在的石渔村，有海运企业10多家，船舶载重能力从20年前的10万载重吨，发展到200多万载重吨，单船超5万载重吨，石渔人撑起了泉州海运的半边天。此外，石渔村还有集装箱运输车辆1700多部，八成的村民从事海运、港口物流服务及内海、滩涂养殖捕捞业，年人均收入名列全省民族村前茅。回族村民郭氏兄弟创办的安盛公司，从一艘铁壳船起家，发展成为全省第一家上市的海运物流企业，在全国民营船运业中排行第三，世界排名第26位。

由于地质条件的变化和时代的变迁，曾经人头攒动、摩肩接踵的林銮渡码头如今已经已基本荒废，古码头周围的滩涂也变成养殖海蛎的场所。但在不远处，崭新的石湖港和雄伟壮观的跨海大桥已经建成，古老的码头得以重生。

海路迢迢，岁月不居。行走在古栈桥上，虽然看不到往日的舳舻千里，却可以远眺新石湖港现代化的集装箱码头和停泊在码头上的万吨集装箱巨轮。历经千年，泉州湾涛声依旧，古老的渡口风韵犹存。

林銮渡

六胜塔

世遗名片：六胜塔位于泉州湾南侧的石湖半岛，地处晋江出海口，宏伟壮观，气势非凡。这座八角五层的花岗岩石塔，始建于北宋政和年间，复建于元顺帝至元年间。它面向滔滔大海，地势十分险要，不仅是海上船舶进出泉州湾的重要航标，也是研究宋元时期泉州对外交通、贸易和建筑艺术的珍贵实物。

六胜塔

"海上擎天标一柱，攀跻直出碧云端。茫茫众水浑无际，渺渺孤帆过急湍。"这是明代诗人陈建勋在《同沈将军登石湖塔》一诗中对"六胜塔"的描绘，诗题中的"石湖塔"即指远近闻名的石狮六胜塔。

"六胜"古塔

六胜塔位于石狮市石湖村金钗山上，是一座八角五层的花岗岩石塔，高36.6米，底围约47米。为仿木结构的楼阁式建筑，塔身结构由外壁、回廊及塔心三部分组成，每层设四门、四龛，且位置逐层互换；各层门、龛两旁有浮雕金刚、力神等佛教形象，也有塔檐、平座等，雕刻形态逼真，技艺精湛。

六胜塔的外形、结构与泉州开元寺的东西塔十分相像，不仅同为五层，而且都是浑体花岗岩石砌，只是高度比东西塔略低。其雕刻之精工细致，塔身之雄伟壮丽，完全可与泉州东西塔相媲美。

六胜塔为北宋政和年间僧人募资建造，元代重修。史载，北宋政和年间（1111—1118年），高僧祖慧、宗什和施主薛公素等通过募捐建造六胜塔于山坳。据民间传说，南宋景炎元年（1276年），南宋端宗赵昰被拥于福州，受元军所逼，退至闽南，又为蒲寿庚所阻，进泉州城未遂，一度避居石湖，并在此建行宫，后由石湖出海，死于硇洲（今广东吴川县南海）。石湖因而遭到元军报复性的洗劫，六胜塔亦未能幸免。

嗣后，海上贸易继续发展，蚶江再度繁荣，民居稠密，番船所经，风樯林立。元顺帝至元二年（1336年），蚶江富商巨贾凌恢甫鸠资重建。因此，该塔每层横梁上都刻着建造者的姓名和时间，这是它与其他塔不同的地方。如底层南面拱门的门额上悬着一块"华带碑"，上面刻着"万寿塔"三字，上款"檀越锦江凌恢甫立"（注：锦江为蚶江的别称），下款"至元丙子腊月建"（1336年）。以上逐层所刻的建筑时间是：第二层"岁次子丑十一月"（1337年），第三层"岁次戊寅十月"（1338年），第四层"岁次己卯正月"（1339年），第五层"岁次己卯三月"（1339年）。据此而知，此塔前后历经4年才建成。

"六胜"之名从印度佛教的"六胜缘"而来，"六胜"即人胜、解脱胜、修习胜、福田胜、依止胜、转业胜。六胜缘是阿罗汉修得"留多寿行"必须具备的条件，因建塔者祖慧、宗什修行"留多寿行"的缘故，遂为石塔取名"六胜"。六胜塔因"佛"得名，见证了泉州本地宗教与印度佛教的交融，成为两地文化交融并汇的历史见证。

在距离六胜塔百米之遥，有一座东岳古寺，以奉祀东岳大帝而得名。它始建于唐开元十八年（730年），比六胜塔还要早将近400年。而六胜塔就是由东岳寺中的两位僧人祖慧、宗什联合蚶江乡绅薛公素一起募资兴建的。明代陈懋仁《泉南杂志》记载："宋政和间（1111—1113年），僧祖慧、宗什等，以其地类明州育王山，募缘为石塔，壮丽几拟开元镇国、仁寿二塔。"

六胜塔底层南面拱门上悬有一块匾额，上刻"万寿塔"三个字，恰好与石狮宝盖山上的"万寿塔"重名。说起这方匾额还有一段来历，六胜塔自北宋政和初年建成以来，一直得到较好的保护。南宋景炎二年（1277年），元世祖忽必烈派遣大军追击南宋端宗皇帝至泉州沿海，一时战火点燃，六胜塔大半建筑在战乱中遭到破坏。到元顺帝至元二年，蚶江海商凌恢甫才独资重修六胜塔。为了祈求众生平安、健康、长寿，故悬挂"万寿塔"匾额，表达了大家共同的良好愿望。

塔匾上款所刻"檀越锦江凌恢甫立"，表明凌恢甫系蚶江（锦江）人，也是此次六胜塔重修的捐资人，"檀越"即施主之意。下款所刻"至元二年丙子腊月日建"，表明此次重修工程始于1336年底。结合塔中横梁镌刻的修建时间统计，重修工程前后耗时两年零四个月。

在古代，建造和重修一座像六胜塔这样的石塔，其工程之巨、花费之大是难以想象的，凌恢甫如能有此财力和担当？据史书记载，凌恢甫先祖系河北人，宋代（11世纪中期）因中原战乱迁居石狮蚶江，以从事海运起家。凌恢甫继承并发扬光大家族产业，成为富甲一方的巨商。除重建六胜塔外，他还在蚶江当地搭亭、盖庙、修路、筑码头，并营建过"五落大厝"。后人称之为"凌恢甫现象"，它不仅是个别海商经济实力雄厚的证明，也是14世纪泉州海外交通和贸易繁盛的整体反映。

宋元时期泉州海外交通贸易发达，石湖作为泉州沿海的一个重要港湾，和安海港一样，是中外商船寄泊、来往之处。据说当时石湖一带曾围

六胜塔与东岳庙

筑城墙，且有渡口十几个，所泊商船数量惊人。正是由于泉州海外交通贸易的繁华，才造就了凌恢甫的富甲一方，而他也懂得富而报恩，花了四年多时间重建六胜塔，为当地海商、渔民祈求平安。凌恢甫的重修善举使六胜塔最终得以继续发挥航标作用，足以让后人永世不忘。

航海灯塔

> 城枕三峰百堞开，苍溪数曲绕楼台。
> 江闲箫鼓游人少，天外帆樯估客来。
> 洲渚遥分平野绿，石桥横障晚潮回。
> 舍舟扶杖登高处，万里薰风亦快哉。

站在濒临海湾的高山上，明代诗人黄克缵极目远望，心旷神怡，在《咏晋江台》一诗中写下了对家乡的赞美和对"天外帆樯估客来"的赞扬。

黄克缵（1550—1634年），字绍夫，号钟梅，泉州永宁镇梅林村人。明万历进士，历任兵部尚书、工部尚书、刑部尚书、吏部尚书，兼理户部事务、总督粮储等，世称"黄五部"。为人光明磊落，为官清廉正直，公正做事。著有《数马集》《杞忧疏稿》《理性集解》《春秋辑要》《全唐风雅》等。诗中的"舍舟扶杖登高处"，即泛指泉州湾的两山两塔。

六胜塔位于泉州湾出海口，海中那座较大的岛屿就是大坠岛，与之相邻的较小岛屿是小坠岛。大、小坠岛之间的航道在11世纪即被称为"岱屿门"，是船舶从泉州湾通往外海的必经之路。据南宋吴自牧《梦粱录》卷记载："若有出洋，即从泉州湾港口至岱屿门，便可放洋过海，泛往外国也。"当年郑和第五次下西洋，就是从这里起锚的。

六胜塔与岱屿门主航道遥遥相对，是商船经泉州湾驶入晋江、洛阳江沿岸内河港口的重要地标。出入泉州湾的船只，均可在海面上清晰地以它为导航标志。而在离六胜塔不远处，万寿塔凌空矗立在石狮宝盖山上，是泉州湾海岸的制高点和主要航标。两座航标塔遥相呼应，成为中外商船导航的地标和护佑商旅的精神寄托，构成泉州港独特的古代航海导航体系。

明清时期的泉州海图有力佐证了这两座航标塔的重大价值。这些航海图、海防图包括明代的《郑和航海图》（茅元仪编纂：《武备志》）；《福建省海岸全图（清写本）》（日本国会图书馆藏《中国沿海地形分布图》）；清代《七省沿海全图》等。这些古代海图均有万寿塔和六胜塔的明确图标，证明两塔在当时具有重要的航标功能和航运作用。

更令人惊叹的是，在日本发现的清代《中国沿海地形分布图》，总长十几米，全图彩绘，十分精致。其中《福建省海岸全图》（清写本）总长约五米，图上宝盖山、关锁塔、泉州府、洛阳桥、鹧鸪山、法石、石头街、永宁街等重要地标均清晰可见。

六胜塔是泉州湾江海交汇处的主航道航标塔，也是世界上最早的航海

六胜塔（万寿塔）

灯塔之一。当时泉州港共有10多个渡口，停泊着数百艘来自东南亚和波斯等国的商船。金钗山位于泉州湾外口，是来往商船的必经之处。每到夜晚，六胜塔顶上都会点上几盏灯笼，犹如一枝枝擎天红烛照耀四方，让远方的商船找到航向。

屹立于石湖金钗山之巅的六胜塔，日里夜里迎送着远方的商船，照亮通向世界的海上丝绸之路。今天当人们登上塔顶，依然可以俯瞰浩瀚的海峡和往来穿梭的舟楫。

一柱擎天

用花岗岩石块垒筑起来的六胜塔，飞檐斗拱，石梁石瓦，既有宝塔的玲珑，又有石塔的稳重。石塔中空，一柱擎天，不愧是一座雄伟壮观的石塔。六胜塔的建造是宗教人士、商人及平民共同参与的结果，体现了宋元时期泉州多元社会结构对海洋贸易的贡献。

六胜塔重新建成至今，历经六百余载，屡遭台风、雷击，也遭受过多次地震，尤其是明万历三十二年（1604年）十一月初八日泉州的八级大地震，"是夜连震十余次，山石海水皆动，地裂数处，郡城尤甚。"造成泉州"开元寺东镇国塔第一层尖石坠，第二、三层扶栏因之并碎。城内外庐舍倾圮，覆舟甚多"，石牌坊倒塌数座，连洛阳桥的大石梁也被折断，而六胜塔却安然无恙，依然顽强挺立在海岸山巅，充分显示了古代泉州建筑工匠的独特匠心和高超技艺，令人叹为观止。

细看六胜塔，是用花岗岩大块石砌成，仿楼阁式，八角五层，基座须弥座，顶装相轮刹，塔体由塔心、回廊和外壁组成，每层设四门、四龛，门、龛的位置逐层转换，使塔身不易崩裂。这充分说明了古代建筑工匠的高超技艺。每层龛外两旁浮雕天神、菩萨立像，座转角也雕有负塔力士。塔身外面，每层都有塔檐和回廊、护栏。各层转角处的石柱顶上，置圆形仰莲栌斗，上三层还做有鸳鸯交首拱。明代陈懋林在《泉南杂志》中称其"壮丽几拟开元镇国、仁寿二塔"，其精美可见一斑。

六胜塔除外观雄伟、结构严谨、石雕精湛外，在抗震性能方面也有卓越表现。据科学研究，石塔卓越的抗震性能首先得益于"双筒"结构和辐辏梁的设置。塔室中心用花岗岩条石砌筑起一个平面八角形的塔筒，从第一层直通塔顶。塔筒外壁和塔室内壁之间，每层每角架设一条大石梁，一头插入塔筒外壁的转角部位，一头插入塔室内壁的凹角部位。大石梁两端，出二跳丁拱承托，用以缩短跨度，提高抗震力。这种结构从平面上看，极类似于车轮。塔筒就是车轮的轴心，塔壁就是轮辋，八条大石梁就像八根辐条，连接车毂和轮辋，组成一个辐辏状的套筒式绞结体，使外围的塔壁和室内的塔筒紧紧牵拉，相互攀抵，保证了塔身重心的聚向力，从整体上起到了加固作用。其次，石塔塔壁坚厚达2米，采用丁顺砌筑法，大量使用仿木斗拱、"墩接柱"等构件，也在客观上起到了稳固塔身，吸收、缓冲地震能量，减轻、消除地震破坏的作用。

六胜塔建成后成为海港地标，其最突出的建筑特色有三：一是实现了

东岳庙

建筑艺术性与结构稳定性的完美结合；二是集中体现了宋元时期仿木楼阁式石塔建筑的精华；三是显示了师古而不泥古、因地制宜、独具匠心的泉州工匠精神。

这种工匠精神和独特的建筑价值，体现在六胜塔的每个构件上、每个细节中。选择大片完整的花岗岩石作为塔基，可避免沙基液化现象；基座采用双须弥座形式，有利于防风抗震，艺术上也增强了雄伟气势；石塔平面呈八角形，厚重的塔体通过八个角度延伸，使得塔身线条柔和飘逸，还能削弱各个方向的风压；塔体"三段式接柱法"，能抗震减压，是古代仿木石塔建筑的一项技术创新……

据介绍，以塔身周长作为塔身高度的比例标准，符合圆形物体的周长接近高度时最具美观和谐感的建筑理念。而六胜塔高约36米、周长47米，显得不怎么协调。这是因为六胜塔濒临大海，为了更有效得抵抗强风破坏，通过适当降低高度比例，来增加稳定性。古代泉州工匠遵循古法又不拘泥于程式，统筹兼顾塔的结构稳定性、比例协调性和功能实用性，使得六胜塔成为中国元代仿木楼阁式空心石塔建筑的典范。

六胜塔下立有三方石碑，一方是《重修六胜塔碑记》石刻，碑文为：

> 六胜塔，又称石湖塔，宋政和（1111—1118年）初僧祖慧、宗什等以其地类明州（今浙江宁波）育王山，募缘为石塔。塔五层，楼阁式，通高36.6米，层层浮雕雀替，金刚力神，结构严谨，雕刻精湛。宋景炎丁丑年（1127年），兵毁过半。元至元丙子年（1336年）锦江凌恢甫（航海实业家）鸠资重修。

在经历十年浩劫之后，石塔年久失修，塔身破损严重，须弥座已废，颇有倾散之危。1981年，省政府拨出专款，交由晋江县文物主管部门精心修葺，1984年腊月告成。共增补各类塔石1829块，石佛35尊，加修须弥座，添置避雷设施，使古塔渐复原貌，保留宋代风格。修复后爰以镌石为记。

还有两方分别是"全国重点文物保护单位：泉州港古建筑——六胜塔"石碑和福建省人民政府公布六胜塔为"省级文物保护单位"的石刻。

六胜塔是石湖港的重要历史遗存，也是泉州湾主航道驶向内河港口的地标，并有护佑商旅的作用。

当年，地方名贤詹仰庇、何乔远等曾应驻守石湖寨的沈有容将军之邀，前往石湖六胜塔（即石湖塔）观光。在《九日登石湖塔，沈宁海将军载酒见饷，即席赋赠》一诗中，詹仰庇写道：

丝绸画《刺桐古港》

闻道将军意气多，诗书况复事干戈。
凌烟素志先辽水，誓日丹心靖海波。
谈笑风前闲叔子，指挥阃外重廉颇。
清秋高塔烦开宴，杯酒殷勤问薜萝。

从诗中可以看出，当时沈有容不仅热忱款待了他们，还带各位名贤参观了寨垒、艨艟，并对守军如何在海上抵御倭船作了详细解说。詹仰庇十分钦服，在诗中对沈有容的军事指挥才能颇多赞赏。

同行的何乔远在《九日从詹司寇泛海访沈阃帅，同登石湖塔》一诗中，对"直插天南"的六胜塔也给予了高度赞扬：

> 晓霁轻烟失石尤，危帆柔橹送阳侯。
> 浮图自插天南尽，极岛遥明海北秋。
> 应节层梯堪试健，凭高绝顶正空眸。
> 将军别有军中乐，不止清歌水调头。

从诗中不难看出，当时六胜塔内即有层层节梯通往塔顶。站在塔上极目远眺，美景尽入眼眸，令人心旷神怡。

陈建勋的《同沈将军登石湖塔》一诗曰："倚岸楼船刁斗静，披襟山寺酒杯宽。归来忽起濛烟霭，咫尺浮图不可看。"从诗中的"披襟山寺"一语中可以看出，当时石湖金钗山上还建有寺庙，而这座寺庙正是六胜塔边的"东岳古庙"，香火十分兴旺。

站在东岳庙前，仰望六胜塔，似乎觉得非常不可思议：一千年前，人们是靠着怎样的毅力，将沉重的花岗岩一块块垒筑到如此之高呢？是信仰的力量，还是商业的力量，或者兼而有之？

六胜塔下的蚶江、石湖在古代为泉州重要外港，是当时海外交通繁荣的历史见证。传说当年这里有18个渡口，停泊着亚非各国番舶近百艘，海路交通盛极一时。清初，这里又成为大陆与台湾地区对渡的中心码头。

历经七百年风雨沧桑，六胜塔依旧巍然屹立。它沐浴着天风海涛，"耸一柱擎天之雄观"，"睹六龙回日之高标"，引领着中外商舶安全进出泉州港，成为蓝蓝泉州湾的一道美丽风景线。

万寿塔

世遗名片：万寿塔又称姑嫂塔，位于石狮市永宁镇，雄踞于石狮宝盖山巅，既是商船进入泉州港的航标，也是镇守海口、护佑商旅的精神寄托，其"望夫成石"的传说更承载了泉州民众对海洋贸易的历史记忆。它和六胜塔一样，是研究宋元时期泉州对外交通、贸易和建筑艺术的珍贵实物。

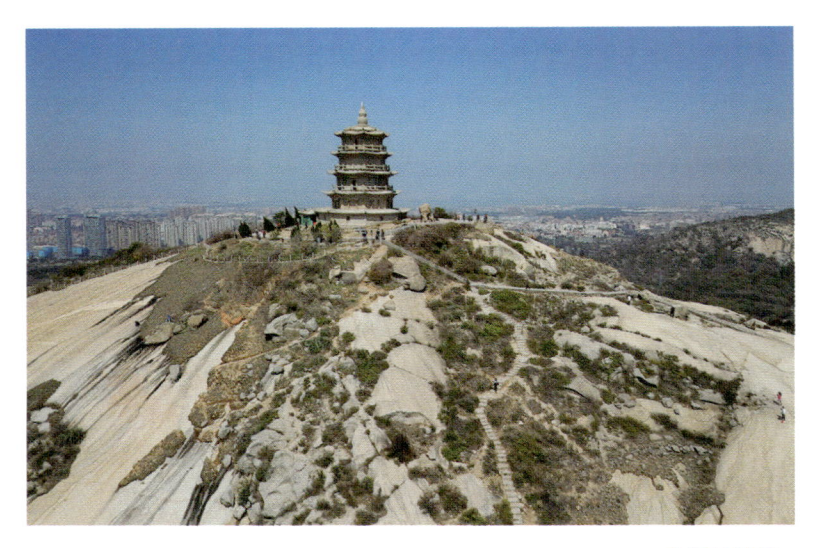

石狮姑嫂塔

石狮东南海滨，巍然屹立着一座凌霄独立的山峰，名叫宝盖山。因周边未与其他山峰相邻，故有"大孤山"之称。高踞宝盖山巅的那座石塔，就是海内外闻名的"姑嫂塔"。明代"布衣诗人"黄克晦有诗曰："乱嶂江边出，大孤山最孤""青天憎独立，谁复插浮图。"诗中的大孤山即宝盖山，"浮图"则指姑嫂塔。

"万寿"古塔

姑嫂塔的正式名称是"万寿塔"，又称"关锁塔"，是一座花岗岩建造的、仿楼阁式空心石塔，高21米。虽然不足泉州东西塔的一半高（东塔高48.27米，西塔高44.06米），但是它依山借势，因此显得特别宏伟、壮观。

姑嫂塔建于南宋绍兴年间（1131—1162年），迄今已有800多年的历史。它背靠泉州湾，面临台湾海峡，有"镇南疆而控东溟"之势。因其"高出云表，登之可望商舶来往"，遂成为航标灯塔。

南宋时期，泉州港是世界上最大的贸易港口之一，与70多个国家和地区有贸易往来，对外交通十分繁忙。宋朝吴自牧在《梦粱录》中说："若欲船泛外国买卖，则自泉州便可出洋。"为适应海外交通的需要，在位处泉州外港的宝盖山建造石塔，作为指引商船抵岸的航标灯塔，其意义无疑是十分重要的。《八闽志》记载："在永宁里有石塔甚宏丽，商舶自海迁者，指为抵岸之期。"这里说的石塔，就是指万寿塔。虽然志书记载只有寥寥数字，却明确指出了万寿塔在航海上所起的重要作用。

万寿塔共有5层，塔的第一层西面开了一个拱形门；第二层以上每层有两个门洞，转角倚柱体梅花形，顶置护斗；塔身层层向上缩小，每层迭涩出檐；每一层的塔身外都有围栏环卫四周，塔里有石阶直通塔顶。

在塔的第二层门额上，刻着"万寿宝塔"四个字。但是，数百年来，人们都把这座塔称为"姑嫂塔"，"万寿塔"之名反而常常被人遗忘。这与在闽南侨乡及东南亚华侨聚居地广泛流传着的一个凄美传说有很大的关系。

传说很久以前，闽南天旱，庄稼颗粒无收，新婚不久的张姓男子因无法缴交田租，被迫离别新婚之妻和未婚小妹，远走南洋，约定三年后回乡还债及与家人相会。

张郎离开家乡后，姑嫂俩不时爬上宝盖山，垒石登高，远眺大海归舟，盼望亲人早日归来。转眼三年时间就到了，张郎却没能按时归来。因为他到南洋后，干的是苦力活，依旧穷困潦倒，因此没能如愿返乡。

姑嫂俩渴盼着丈夫、哥哥的归来，几经周折，终于将家书送到张郎手

姑嫂塔全景

中。张郎接到信后,思乡情切,愧疚难当,当即决定返乡与家人团聚。姑嫂俩得知消息,欣喜异常,日盼夜盼他的归来。谁承想,就在张郎返乡时,海上突遭狂风暴雨袭击,惊涛骇浪把他乘坐的帆船打翻,张郎因此葬身大海。姑嫂俩闻讯痛不欲生,随即也纵身跳入大海……

后来乡亲们为了纪念这两位性情刚烈、情深似海的姑嫂,就把万寿塔称为"姑嫂塔",并相沿成俗。如《闽书》所记:"昔有姑嫂嫁为商人妇,商贩海久不至,姑嫂塔而望之,若望夫石。"姑嫂塔中第五层方形龛里所刻二女像,就是为了传说中的姑嫂。明代苏浚(苏紫溪)有《咏姑嫂塔》一诗:

> 古刹倚嶒霄，六凤独听潮。
>
> 千杯迎海市，万里借扶摇。
>
> 琼树当空出，飞帆带月遥。
>
> 二妃环佩冷，秋色正萧萧。

苏浚（1542—1599年）系晋江人，字君禹，号紫溪。明万历元年（1573年）中解元，五年举会魁，历官南京刑部主事、陕西参议、广西按察使、广西参政等。为官公正廉洁，"政尚简易，兴文化俗"，并善于选拔人才。著有《易经儿说》《四书儿说》《韦编微言》《漫吟集》等，是明代后期著名的理学家。

诗中的"二妃"即指人们传说中的姑嫂。这首诗赞叹姑嫂塔像一朵芙蓉般美妙，想象姑嫂二人深秋时节遨游空中，身上的环佩发出悦耳的声响，苏浚的神来之笔展现了姑嫂塔温情一面，在咏姑嫂塔的诗中别具一格。

在繁华的商贸景象背后，海商及其家眷的生活也随着海潮起起伏伏。元代诗人刘仁本在听到一位海商之妻述说丈夫出海十余年不归的经历后，写下了四首感人的七言绝句——《闽中女》：

> （一）闽中女儿颜色娇，双双鸾凤织鲛绡。织成欲寄番船去，日日江头来候潮。
>
> （二）海南番舶尽回乡，不见侬家薄幸郎。欲向船头问消息，荔枝树下买槟榔。
>
> （三）当时郎着浅番衣，浅番路近便回归。谁知却入深番去，浪逐鸳鸯远水飞。
>
> （四）象犀珠翠海南香，万里归来水路长。薄幸又从何处去？十年海外不思乡。

姑嫂塔山门

诗中不仅描写了海商家眷对丈夫的思念和对"侬家薄幸郎"的不平，同时也展现出"象犀珠翠海南香"的异域风情和福建商人对近海、远洋贸易的积极参与，读之令人动容，乃至辗转难眠，感慨万千。

关锁烟霞

位于宝盖山上的姑嫂塔，相传为僧人介殊募捐所建。他有感于大孤山位于滨海风口、水口交接之处，系一方风水灵气、人文兴衰之宝地，因而发心兴建此塔，作为抵御邪恶的"关锁水口镇塔"，因此又有"关锁塔"之称。

站在深沪湾南岸，隔着碧水一湾，遥望大孤山雾霭环绕，关锁塔如插云端，岚气飘逸中透出阵阵霞光，好一派名不虚传的"关锁烟霞"。由于高出云表，背依泉州平畴，前临台湾海峡，海上归舟，远远即入视野，因此成为古代泉州海上交通的导航标志。

乾隆三十六年（1771年）秋，由于雷震，击毁姑嫂塔芦尖。十九都、二十都倡修，至四十三年（1778年）落成。塔门之前的方形石亭一侧，留存着当年落成时的一方石碑《重修塔峰记》。碑文写道：

> 关锁塔者，泉南形胜也。位主离宫，焕文明之象；高出海甸，表堤岸之观。自辛卯秋震击去芦尖，越戊戌重修，两都倡议。自兴工迄落成，费百有十员，既属一时义举，爰志都人盛事。至踵起为全塔之修者，不能无厚望焉！
>
> 　　　　大清乾隆戊戌孟冬董事关山、郭仲山、许陈彪镌

碑文记载的就是当年由于地震、击毁塔刹葫芦，二都民众倡修的义举。据悉当时在台湾鹿港创办"日茂行"的永宁郊商林振嵩，也参与共举善事。

姑嫂塔雄踞宝盖山顶，四周方圆百里，虽然高只有209米，却是一峰独耸。每当海云初生，宝盖山头氤氲浮绕，犹如蓬莱仙境般美丽，"关锁烟霞"也因此成为"泉州十景"之一。每逢中秋月圆时，登宝盖山，倚姑嫂塔，品茗尝饼，赏明月于碧空，更有别样情怀。

位于宝盖山东麓的虎岫禅寺，西邻姑嫂塔，东濒风光旖旎的鳌城。鳌城再往东，便是碧波万顷的台湾海峡了。据道光版《晋江县志》记载："山南五里许有虎岫岩，云石光润，林木青葱，濒海特胜。"

这座始建于唐代的古寺，早年供奉北极玄天上帝，名真武宫。明洪武二十四年（1391年），定名为"虎岫寺"。明嘉靖年间，虎岫寺高僧去静赴京讲经弘法，深受嘉靖皇帝赞赏，赐封"虎岫禅寺"。从此脱颖而出，与真鲤寺、石佛寺、西资岩一起被誉为"泉南四大胜概"，虎岫寺居"四大胜概"之冠。

此后屡经修葺，并扩建关夫子殿、文昌祠、双塔、寺门等，使主体建

筑与配套建筑浑然一体。其中真武大殿高达十米，威武气派。大殿前有宽大的石埕，以及"飞来塔"和"半月池"。大殿后山腰建有祀奉文昌公、魁星爷的文昌祠。众多神祇供奉于寺庙中，掩映在绿荫翠峦之间，可谓各得其所，其乐融融。

与虎岫禅寺相邻的朝天寺是一座儒释道三教合一的寺庙，因坐落于山脊之背，好像老翁骑鹤升天，故名朝天寺。其建寺历史虽短，但四周山脉环抱，规模宏大，崇楼峻阁，绵延山脊，琳宇成片，气势恢宏，被称为"钟宝盖之灵，毓鹤穴之秀"。

朝天寺的主要建筑有天王殿、仙公阁、大雄宝殿、关圣帝宫、圆通宝殿、真武殿、玉皇阁及山门等。天王殿供奉着四大天王、弥勒佛和韦驮；仙公阁奉祀"道家十八仙"，大雄宝殿奉祀释迦牟尼、阿弥陀佛、药师如来三尊佛，以及千手观音、十八罗汉等，神像众多，佛道兼有。雕塑彩饰，仪态端肃，貌相庄严。俨然天上人间，菩萨国度，神仙阆苑。

宝盖山麓林木苍翠，壁松遮阴，岩间清泉流水潺潺。姑嫂塔与周边的虎岫寺、朝天寺融为一体，登临石塔、禅院，自得此间山水妙趣；极目海天，让人顿觉心旷神怡。

"天风吹落海云关，岩穴虚明渐可攀。时见凌空诸鹤下，更闻说法一僧闲。鳌城吞吐中秋月，虎岫逍遥落日山。释子若逢相借问，近来俯仰在人间。"夕阳时分，明代诗人庄一俊登临宝盖山，在落日余晖中看云卷云舒，品虎岫氤氲，留下诗作一首盛赞这里的天风海涛、落日秋月。

乘风听潮

宝盖山、万寿塔在古人诗句中，往往有着孤高、凌霄、苍茫的韵味。明代有"温陵五子"之称的朱梧在《登姑嫂塔》一诗中写道：

千寻碧玉削芙蓉，碍日含风四五重。

海入扶桑惊浪涌，山回葱岭翠微浓。

擎天八柱空驱石,绝世三维见此峰。

薄暮茫茫秋雨急,愁云何处隐飞龙?

诗人描写了在风雨浪涌中,宝盖山岿然屹立、姑嫂塔八柱擎天的豪壮气势,读来令人有荡气回肠的感觉。

明代以耿直扬名的御史詹仰庇在七言律诗《咏宝盖山》中,描写了宝盖山扼控东海的雄浑气势和万寿塔枕山漱海的秀丽景色,以及自己与何乔远同游宝盖山的感受。

宝盖峰孤控海东,西来金马远争雄。

手摩霄汉千山尽,眼入沧溟百岛通。

虎豹风生幽涧底,鱼龙云起大波中。

天涯恍有神仙气,一啸冷然若御空。

登临斯山不仅可"手摩云霄",一览众山小;而且可极目沧海,观"鱼龙云起大波中"。遥望海天,舟航诸番,连通百岛,那一幅"梯航万国"的美景徐徐展现在人们眼前。

明代诗人黄吾野也有一首五律《吟姑嫂塔》:"绝顶芙蓉塔,空怜结构劳。影孤悬碧汉,风落壮寒涛。元气苍苍阔,冥心杳杳高。时闻环佩响,二女出游遨。"古代诗人们从不同角度,写出了自己眼里的宝盖山和万寿塔奇观。

始建于南宋绍兴年间的姑嫂塔,见证了历代晋江、石狮一带先民大量移居台湾地区,乃至移民菲律宾及南洋等地,漂洋过海谋生的真实情景。据《泉州府志》载,从宋崇宁元年(1102年)到清乾隆二十三年(1758年),650年间泉州发生大旱11次,造成了"民多饿死""民多游移"的悲惨情景。在兵荒马乱,天灾人祸的困迫下,乡民为生活所迫,不得不离乡背井,出

远眺姑嫂塔

外谋生。

由于地理位置相近，客观上为早期晋江、石狮人移居台湾提供了方便。而政治上、经济上的密切联系，也成为晋江、石狮人移居台湾的重要社会因素。与此同时，也有大量乡民远涉重洋到菲岛谋生。

明朝何乔远在《镜山全集》中说：由于乡民"皆背离其室家，或十余年未返者，返则儿子长育至不相识。盖有新婚之别，娶以数日离者。"说明了晋江、石狮一代乡民出洋谋生的辛酸历程。因长期定居国外，待他们从"番邦"返"唐山"时，便被故乡人称为"番客"（即华侨）。当年不少往菲律宾谋生的人，都有一定的农业和手工业生产技术，在菲从事生产劳动，与菲人友好相处，共同开发菲岛，授以各种技能。菲律宾史学界公认，"华人带来他们祖国的绝好文明、忍耐、勤劳和历史悠久的民族手艺"。

据《大仑蔡氏宗谱》记载，早在明朝万历年间，侨居菲律宾的石狮华侨就有汇款回家"买田盖屋"的习惯和"借贷亲人经营商业"的事例。近代由于旅外华侨的事业有所发展，回乡投资或捐办各种事业的日益增多。许多华侨纷纷在石狮投资兴办钱庄，百货商场、旅社、交通业以及为家乡捐资办学等。

新中国成立后，特别是20世纪60年代以来，晋江、石狮侨属大量定居港澳地区或转往东南亚各国。由于历史和血缘的关系，生活在境外的晋江、石狮华侨、华人后代及港澳台同胞，一向热爱祖国，热爱故乡，在各个不同时期都作出过积极的贡献。

农历七八月间，秋高气爽，站在姑嫂塔上远眺台湾海峡，极目泉州湾，可以感受到历史的沧桑。千百年来，姑嫂塔为无数进出泉州湾的海船导航，见证了当年东方第一大港的繁荣。而以石塔为航标，也堪称世界航海史上的一大奇观。

邮说泉州"世遗"

邮票素来被称为"国家名片"。中国邮政历年发行的邮票中,与泉州有关的就有十多种,其中又大多具有泉州"世遗"元素。一枚枚邮票,讲述着泉州古代历史,凝聚着浓郁的"海丝"文化,成为泉州这座历史名城走向世界的"光荣使者"。

1. 泉州天后宫

妈祖

1987年泉州天后宫由国家公布为全国重点文物保护单位。1992年10月4日,为了宣传和研究妈祖文化,原中华人民共和国邮电部发行《妈祖》特种邮票一套一枚。

妈祖像图案为矗立在福建省湄洲岛湄峰上的巨型妈祖石雕像。采用略带仰视角度的大半身妈祖石雕像，妈祖头戴凤冠、冕流，身着龙袍，外披斗篷、云肩，内饰霞帔，双手抚持如意似抱小儿状，双目注视前方，显得庄严大度，既有阳刚之气，又富有慈祥仁和的母爱情感；那湛蓝湛蓝的背景，既是辽阔的天空，又像无际的大海，寓意妈祖将永远用自己的慈爱护佑着大海，让人们平安，幸福。

2. 泉州开元寺镇国塔

中国古塔：泉州开元寺镇国塔

1994年12月15日，为了宣传中国古塔建筑艺术，原中华人民共和国邮电部发行《中国古塔》特种邮票，全套四枚，其中第二枚为泉州开元寺镇国塔。其余三枚图案分别为西安慈恩寺大雁塔、杭州开化寺六和塔和开封祐国寺塔。

开元寺镇国塔是著名的泉州"东西双塔"之一，位于福建省东南沿海晋江下游北岸，是一座八角五层楼阁式仿木构花岗石塔。

每层开四门，设四龛，位置逐层互换。外有回廊，护以石栏，可环塔而行。每层皆辟一方洞。塔刹形式为典型楼阁式塔的金属塔利，挺秀耸拔。设计者采用竖式票幅，将古塔置于画面中心，耸天挺立；塔基周围凤尾鲜红，榕林丰茂，既表现出了镇国塔扶摇接碧天的雄浑气势，又点明了南国的地理植物特征，具有一种庄严肃穆的气氛。

由于泉州开元寺东西双塔已成为泉州地标性建筑，因此，在2002年8月6日发行的《泉州东西塔》普通邮资封邮资图和2014年11月25日发行的《东亚文化之都·2014泉州》普通邮资封邮资图，均以开元寺双塔作为表现内容。

泉州东西塔

东亚文化之都·2014泉州

开元寺东西双塔（东为镇国塔，西为仁寿塔），不仅是泉州的文化地标，也是中国海上丝绸之路的重要标志，并先后出现在国家邮政局2016年发行的《海上丝绸之路》和2017年发行的《"一带一路"国际合作高峰论坛》邮票的图案中。

海上丝绸之路——海上交通

《海上丝绸之路——海上交通》邮票图案的近景为海上钻井平台、游轮、集装箱货运轮船等元素，背景为北京天坛、上海浦东东方明珠和泉州东西塔。邮票的构思背后蕴含着"一带一路"的美好愿景。

"一带一路"国际合作高峰论坛

《"一带一路"国际合作高峰论坛》纪念邮票以论坛标识为主体，画面中水纹元素代表了财富和海上丝路，祥云代表了陆上丝绸之路，体现了水利万物和包容、圆融的思想。泉州开元寺东西塔作为"海丝"代表元素，与北京天坛和国家体育场、甘肃嘉峪关、新疆苏公塔、广西文昌塔、上海东方明珠广播电视塔和外滩、广州塔一道作为城市剪影展现在纪念邮票下方。

3. 德化窑瓷器

2012年10月20日，中国邮政发行《中国陶瓷——德化窑瓷器》特种邮票一套四枚，图案分别为第"德化窑瓷器·白釉夔龙纹双耳三足鼎""德化窑瓷器·白釉象耳弦纹尊""德化窑瓷器·白釉观音坐像""德化窑瓷器·白釉达摩立像"。这套邮票是泉州首次以地方题材独立发行的邮票。

（4-1）白釉夔龙纹双耳三足鼎　　（4-2）德化窑瓷器·白釉象耳弦纹尊
（4-3）德化窑瓷器·白釉观音坐像　　（4-4）德化窑瓷器·白釉达摩立像

德化县是中国三大古瓷都之一，是中国陶瓷文化发祥地之一，更是"世界白瓷之母"，被誉为"中国白的故乡、瓷艺术的摇篮"。其陶瓷制作生产始于新石器时代，兴于唐宋，盛于明清。在宋元时期，德化窑瓷器就漂洋过海，成为"海上丝绸之路"的重要出口商品，大量销往东南亚、中东地区。

德化窑是10—14世纪泉州地区最繁忙的外销瓷生产基地之一，

也是中国陶瓷文化发祥地之一，在中国陶瓷史上占有重要的历史地位。德化窑陶瓷也是古代中国对外文化交流的重要载体，为中国手工业史、陶瓷史、海外交通史、对外贸易与经济交流史等提供了重要的研究资料。

1951年，原国家邮电部在《伟大的祖国》系列邮票中，就曾将故宫博物院珍藏的明代德化瓷塑、何朝宗的"渡江达摩"作为特种邮票题材。1952年邮票设计家孙传哲设计完成雕刻版图稿，1953年北京人民印刷厂印出邮票图样。

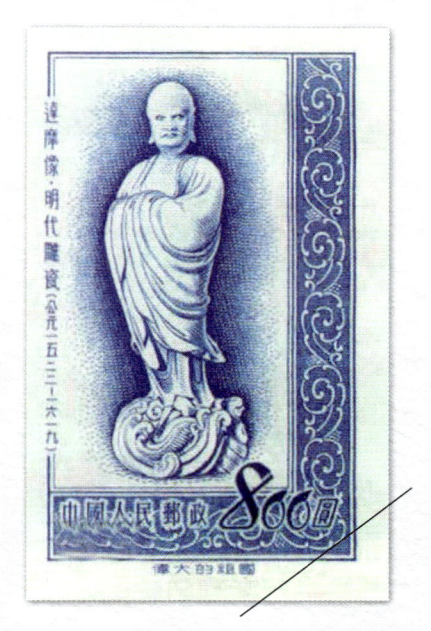

达摩像·明代陶瓷

达摩系中国禅宗始祖，曾于南朝梁武帝时期航海到广州，至南朝都城建业会梁武帝，后渡江北上嵩山少林寺，面壁九年，成为"东土第一代祖师"。邮票所表现的达摩容貌威严，身材伟岸，双手拢袖于胸前，赤足立于波涛之上，一苇渡过扬子江。邮票上有"伟大的祖国，达摩像·明代雕瓷，公元一五二二——一六一九年，中国人民邮政，800圆"等字样，该枚邮票原计划发行2000万枚，后因故没有发行，成为泉州人心中的一大"憾事"。

1999年北京世界邮展期间，当年由孙传哲完成的"达摩渡江"邮票设计稿，被中国邮票博物馆首次推出参展。2012年10月，《白釉达摩立像》成为中国邮政发行的《中国陶瓷——德化窑瓷器》特种邮票全套四枚之一，总算弥补了泉州人久藏心中40多年的遗憾。

2021年，德化窑址作为"宋元中国的世界海洋商贸中心"的组成部分，成为泉州22个遗产点之一，书写着"海丝"文化的独特历史记忆。

4. 九日山祈风石刻

祈风石刻

2015年7月18日，为展现祖国山河的壮美，中国邮政发行《清源山》特种邮票一套三枚，内容选自清源山最具代表性的景点，融入泉州多元的宗教文化、丰厚的历史底蕴和璀璨的海丝文化。其中第二枚为"祈风石刻"。九日山东、西峰现存宋至清历代摩崖石刻78方，其中祈风石刻有13方。

"祈风石刻"记载了宋代在泉州负责海外贸易管理的国家专

员、地方官员以及皇室成员等为海外贸易商舶举行祈风仪式的摩崖石刻，这一珍贵的石刻历史档案真实记录了宋代海洋贸易与季风密切关联的运行周期等历史信息，反映出海神信仰对贸易活动的精神促进。

5. 泉州老君岩

老君岩

在中国邮政发行的《清源山》特种邮票中，第三枚为"老君岩"。老君岩造像是道家学说创始人老子的石雕像，也是中国现存最大的道教石雕造像，雕工精细，形态生动，体现了泉州港口依托农业帝国的独特历史文脉。根据史书记载，这座石刻的雕刻者乃一好事者，但无论是他的无心之举，还是有意为之，老君岩石像都堪称是中国石雕艺术的瑰宝。

老君岩体现了泉州作为世界海洋贸易中心的多元、活跃的文化特征和港口的繁荣成就。2021年，老君岩与祈风石刻一起名列泉州22个世界遗产点之中。

《清源山》特种邮票的另一枚图案为"清源山天湖"。天湖位于清源山虎乳泉下方，海拔368米，坝高30米，坝顶长140米，最大水面面积12000平方米。

清源山天湖

泉州清源山是宗教文化、海丝文海、石刻文化的圣地,与九日山、灵山圣墓一起组成清源山旅游风景区,为国家重点名胜区。《清源山》特种邮票是继2012年《中国陶瓷——德化窑瓷器》邮票之后,泉州市第二套独立发行的地方题材邮票;也是"一带一路"倡议提出后,泉州在推进21世纪海上丝绸之路先行区建设中首次发行的带有海丝文化主题的特种邮票,格局恢宏,意义深远。

6. 泉州安平桥

安平桥

安平桥为中国现存最长的跨海梁式石桥,位于泉州城西南方,是泉州与其南部沿海地区,包括漳州、汕头、广州等地区联系的交通要道和陆运节点。2001年12月8日,中国邮政发行《安平桥》普通邮资明信片,邮资图为安平桥。

安海于南宋建炎四年(1130年)建镇,是著名的文化古镇,历代人文荟萃,文物古迹众多。2022年5月19日,中国邮政发行《中国古镇(四)》特种邮票一套四枚,"福建晋江安海镇"名列其中。

福建晋江安海镇

在安海古镇这枚邮票图案中,可见白塔和有"天下无桥长此桥"之称的安平桥。邮票特别设置了橘红色荧光油墨,紫外光灯下,呈现出古镇夜景照明效果,增添了古镇邮票的时代感。

福建晋江安海镇(荧光油墨)

7. 六胜塔

中国古代帆船

　　六胜塔位于晋江市蚶江石湖半岛，是泉州湾出海口的制高点，视野开阔，可以清晰地俯瞰泉州湾和深沪湾。不仅是东南沿海的一座重要航标塔，也是见证泉州悠久航海历史的重要遗产。虽为石制，但是保留了大量木结构的特点，为研究宋元时期建筑提供了宝贵资料。2021年，六胜塔成为泉州"世遗"22处代表性遗址之一。

　　在2001年中国与葡萄牙联合发行的《中国古代帆船》特种邮票中，中方选择1974年8月在泉州湾后渚港发掘出土的13世纪宋代海船的复原图为蓝本，在背景处设计上六胜塔起到了画龙点睛的作用。

　　这艘古代帆船是一艘尖底型多桅船，从现存船体造型和结构看，似为新建制造的中型远洋海船，是宋以后沿江、沿海四大船型之一的"福船"前身。其船型设计和制造综合了多种工艺和性能的要求。泉州作为"宋元中国的世界海洋商贸中心"，其先进的造船技术与海洋贸易的航行需要相适应。随船出土还有数千斤香料木及胡椒、贵重药物，唐宋的铜铁钱、木签，宋代陶瓷器等。这些文物对研究泉州的海上交通及古代经济贸易有很高的价值。

邮票展现了中葡两国作为历史上的海洋贸易大国与海洋结下的不解之缘，也表现了中华民族从土地走向海洋，自泉州港扬帆起航的历史主题。

8. 府文庙

孔子像

孔子（前551—前479年），名丘，字仲尼，春秋末期鲁国人。孔子是我国古代伟大的思想家，教育家，政治家，儒家学派创始人。孔子一生致力于教育，相传有弟子三千，贤人七十二。其言行思想主要载于语录体散文集《论语》及先秦和秦汉保存下的《史记·孔子世家》，对后世影响深远，被尊为"至圣""万世师表"。

泉州府文庙位于泉州市区中心，是中国东南地区现存规模最大的孔庙古建筑群，包含宋、元、明、清四个朝代建筑形式于一体。泉州府文庙始建于唐开元末年，初为"鲁司寇庙"，北宋太平兴国年间（976—984年）移至现址，南宋绍兴七年（1137年）重建，至嘉泰元年（1201年）建造棂星门，规模逐渐形成。

整体建筑坐北朝南，主体建筑贯穿于南北中轴线上，有大成门、金声门、玉振门、东西庑、大成殿等，皆保留着宋代石质建筑基础、台基等。历代屡经修葺，清乾隆年间对殿、庑、庭院、仪门等进行了大面积修缮，建筑木构件为清代按原貌复建。

2000年11月11日，中国邮政发行《中国古代思想家》纪念邮票一套六枚，其中第一枚为"孔子像"。2001年6月25日，泉州府文庙被国务院公布为第五批全国重点文物保护单位。

2010年9月28日，为了纪念孔子诞辰2560年，中国邮政又发行《孔庙、孔府、孔林》特种邮票一套三枚，分别为"孔庙""孔府""孔林"。邮票图案分别以孔庙大成殿和孔子行教像、孔府崇光门和论语书、万古长春坊和孔子墓为主图，背景附有论语中的经典语句。

（3-1）孔庙　（3-2）孔府　（3-3）孔林

"千年礼乐归东鲁，万古衣冠拜素王。"曲阜的孔庙、孔府、孔林是世界文化遗产，统称"三孔"。2021年，泉州府文庙作为泉州"世界海洋商贸中心"的重要，被联合国教科文组织确认为"世界文化遗产"。

9. 圣墓

郑和

泉州圣墓位于泉州市区东门外灵山脚下，相传系唐武德（618—626年）中来中国传教的穆罕默德门弟子三贤、四贤之墓，是我国现存最古老、最完好的伊斯兰教圣迹。

墓坐北朝南，靠山的东、北、西三面环抱半圆形带檐的柱廊。柱廊外侧石壁上安嵌着元、明、清重修该墓的碑刻七方。明永乐十五年（1417年）郑和第五次出使西洋经过泉州时，专门来此行香。现存"郑和行香碑"一方，系地方官蒲日和所立，以作纪念。上书："钦差总兵太监郑和，前往西洋忽鲁谟斯等国公干，永乐十五年十六日于此行香，望灵圣庇祐。"

圣墓已成为研究泉州海外交通史及伊斯兰教传播史的重要文物。1988年1月公布为全国重点文物保护单位。2021年成为泉州"世遗"22个遗址点之一。

为了反映中国古代在航海事业上的伟大成就，中华人民共和国邮电部于1985年7月11日发行《郑和下西洋五八〇周年》纪念邮票，一套四枚。其中第一枚为"郑和"。

郑和是明代中国的大航海家，本姓马，旧名三保，回族，云南昆阳（今晋宁）人。1405—1433年（永乐三年至宣德八年）的28年间，郑和先后奉命七次率船队出使南亚一带和非洲东部等30多个国家。在太平洋和印度洋上，郑和统率大小船舶200多艘，官兵和船工达27000多人，最远航程为6000多海里，为促进亚非各国与中国人民的友好往来和贸易关系的发展做出了贡献。

在"伟大的航海家郑和"邮票图案的画面中，郑和头戴内使乌纱帽，身穿绣有坐蜂图案的官服，手握一卷航海图，凝神远望，谦和、英武，年龄约在30～40岁之间；背景是翻卷的乌云，汹涌澎湃的茫茫大海，展翅飞翔的海鸥，乘风破浪前进的船队，既表现出了一位航海家所具有的坚定刚毅的性格，也寓意远洋航海的艰险。

《郑和下西洋五八〇周年》邮票中，其余三枚分别描绘了郑和航行到达印度古里、阿拉伯地区的情景及非洲人民欢送郑和的情景。邮票采用中国画的兼工带写的画法，以工笔水粉为基础，使线条的勾勒、颜色的渲染显得更生动活泼。

（4-1）伟大的航海家郑和　　（4-2）和平的使者
（4-3）贸易与文化交流　　（4-4）航海史上的壮举

10. 其他

除上述邮票外，1994年以来，中国邮政还发行了多套具有泉州元素或与泉州历史、文化密切相关的邮票。例如，2000年，中国和巴西联合发行《木偶与面具》特种邮票一套两枚。其中第一枚孙悟空木偶图案为泉州提线木偶，形象源于中国古典文学名著《西游记》。

泉州是著名的木偶艺术之乡。泉州提线木偶源于秦汉，兴于唐，盛于宋，可谓历史悠久，但是其出神入化，巧夺天工的精彩表演却历久弥新，令人叹为观止，泉州木偶剧种保留完整，多次参加国际木偶艺术节，享有世界一流的艺术珍品的极高声誉，入选联合国非遗名录，曾在纽约联合国总部举行专访演出和在奥运会开闭幕式上表演。

木偶

2001年12月13日，国家邮政局发行《郑成功收复台湾三百四十周年》纪念邮票一套三枚。

（3-1）闽海雄风　　（3-2）箪食壶浆　　（3-3）日月重光

郑成功是我国明末清初著名的民族英雄，福建南安人。本名森，字大木，因南明隆武帝赐姓朱，故号"国姓爷"。隆武二年，反对其父郑芝龙降清，于南澳（今广东）起兵抗清。

台湾于明朝末年被荷兰殖民者侵占，台湾人民遭受了残酷的殖民统治。永历十五年，为收复台湾，郑成功率领25000名将士，乘大小数百艘战船，于1661年3月从厦门出发，向台湾的荷兰殖民者发起进攻。在台湾人民的支援下，经过近一年战斗，1662年2月，荷兰殖民者缴械投降，从而结束了荷兰在台湾38年的殖民统治，收复了宝岛台湾。随后，他在台湾建立行政机构，推行屯田、开垦土地，改进耕作技术，促进了台湾社会经济的发展。

2008年中国邮政发行《海峡西岸建设》特种邮票一套四枚，其中第一枚为泉州"闽台缘博物馆"。

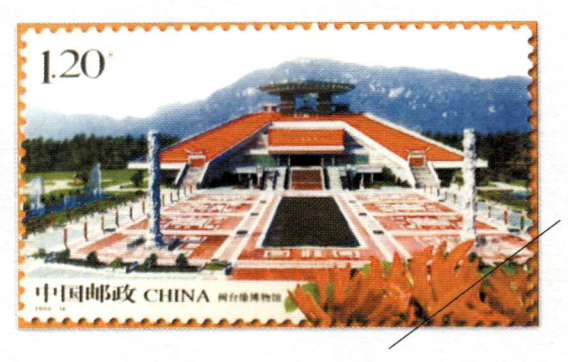

闽台缘博物馆

泉州闽台缘博物馆建立于2006年5月，是反映祖国大陆（福建）与宝岛台湾历史关系的国家级专题博物馆。位于泉州市西湖北侧，占地154.2亩，面积2.33万平方米。主体建筑分四层，高度为43米。其入口处的九龙柱高19米、宽2米，是祖国大陆最高的一对九龙柱。博物馆集收藏、展示、研究、交流和服务等功能为一体，是研究大陆与台湾地区关系史特别是闽台关系史的重要学术机构，也是中宣部授予的爱国主义教育示范基地。

2021年6月12日，为了弘扬"丝路精神"，中国邮政发行《丝绸之路文物（二）》特种邮票，全套四枚。票面图案是海上丝绸之路4件珍贵的文物，分别为"汉·凸瓣纹银盒""唐·长沙窑青釉褐斑模印贴花椰枣纹执壶""五代十国·波斯孔雀蓝釉陶瓶""宋·龙泉窑青釉菊瓣纹盘"。其中波斯孔雀蓝釉陶瓶出土于福州，为福建博物院馆藏，此次登上邮票这一"国家名片"，是福州作为海上丝绸之路重要城市的又一见证。

《丝绸之路文物（二）》邮票画面以灰色渐变为背景，主体图案分别为凸瓣纹银盒、长沙窑青釉褐斑模印贴花椰枣纹执壶、波斯孔雀蓝釉陶瓶、龙泉窑青釉菊瓣纹盘。邮票画面中以剪影的形式表现了由泉州海外交通史博物馆收藏的复原后的泉州湾宋代古船，背景表现了宋元时期海上丝绸之路路线示意图和海浪纹饰。

（4-1）汉·凸瓣纹银盒　　（4-2）唐·长沙窑青釉褐斑模印贴花椰枣纹执壶
（4-3）五代十国·波斯孔雀蓝釉陶瓶　（4-4）宋·龙泉窑青釉菊瓣纹盘

　　邮票包含着历史地理、地方特色和风土人情，是人们了解历史、传承文明、拓展沟通、弘扬地方品牌的一个重要载体，越来越受到人们的重视。泉州题材（或元素）邮票的发行，将使更多的人们走进泉州，全面系统地了解泉州，了解泉州这个宋元时期世界海洋商贸中心悠久的历史和文化，诠释"中国海上丝绸之路"和"东亚文化之都"的内涵，拉近泉州与世界、历史与现实的距离，进一步推动泉州文化的大发展大繁荣。

后记

一树春风千万枝，嫩于金色软于丝。

2021年7月25日，"泉州：宋元中国的世界海洋商贸中心"在第44届世界遗产大会上被正式列入世界遗产名录，成为中国第56项世界遗产。消息传来，泉州人民以及全省上下乃至海内外华侨华人，无不奔走相告，群情振奋，喜上眉梢，为中国世界遗产再添一颗璀璨明珠而倍感自豪。

作为10—14世纪世界海洋贸易网络中高度繁荣的商贸中心之一，泉州展现了中国完备的海洋贸易制度体系、发达的经济水平以及多元包容的文化态度，成为宋元中国与世界的对话窗口。为了更好地宣传泉州世遗、推广泉州文化、弘扬泉州精神，我们组织编写了《走读泉州：宋元中国的世界海洋商贸中心》一书。

本书概述了泉州作为宋元中国的世界海洋商贸中心的辉煌历史和遗产面貌，并从商贸往来、民间信仰、文化史迹、生产基地、运输网络等五个方面全面介绍了泉州的22处代表性古迹遗址，包括九日山祈风石刻、市舶司遗址、德济门遗址、天后宫、真武庙、南外宗正司遗址、泉州府文庙、开元寺、老君岩造像、清净寺、伊斯兰教圣墓、草庵摩尼光佛造像、磁灶窑址、德化窑址、安溪青阳下草埔冶铁遗址、洛阳桥、安平桥、顺济桥遗址、江口码头、石湖码头、六胜塔、万寿塔等。

本书在编写、出版过程中，得到中共福建省委宣传部、福建省新闻出版局的高度重视，并被列为2022年福建省重点图书出版项目；福建省人大常委会原副主任、省关工委主任刘群英，福建省政协原副主席、省乡村振兴促进会会长许维泽对泉州世遗也十分关心，并欣然担任本书编委会顾问；福建省政协原常委、专委会主任刘宏伟作为本书编委会主任，十分重视该书的编写、出版，亲自谋篇布局并多次听取编写、出版情况汇报；泉州市申遗办、市文旅局、市博物馆、《泉州晚报》社等有关部门、机构对该书编写、出版也给予各种支持，并提供了许多重要的参考资料。编写组成员王杰、于刚、李小安积极搜集资料、撰写文稿，为本书付出了许多心血；厦门大学出版社特约编审宋文艳及黄祥昌、林辉、张晞等摄友风尘仆仆，用手中相机、无人机拍摄了许多优美的泉州世遗图片，为本书增光添彩；福建省集邮协会、福建省爱国拥军促进会、南威软件集团、厦门市尚易科技有限公司、厦门壁岩臻品茶叶有限公司等为本书宣传推广付出了许多努力；厦门大学出版社责任编辑冀钦、美术编辑蒋卓群等也为本书出版付出了辛勤的劳动，在此我们一并表示衷心的感谢。

全书资料翔实，文笔生动，图文并茂，是广大读者了解泉州世界文化遗产的一部重要参考读物，也是海内外旅游者走进泉州、参观世遗景点的导游指南。

因本书所涉史迹年代久远，个别史实资料阙如，加之编写时间较为仓促，书中难免存在种种不足乃至错讹之处，尚祈读者谅解并给予批评指正。

读万卷书，行万里路。让我们走进泉州，读懂世遗。

编者

2023年3月20日